教学关键问题解析丛书

基于核心素养的
高中化学教学关键问题解析

Jiyu Hexin Suyang de Gaozhong Huaxue Jiaoxue Guanjian Wenti Jiexi

陈 颖 支 瑶 尹博远 著

高等教育出版社·北京

内容提要

    本书依据《普通高中化学课程标准（2017 年版 2020 年修订）》，紧密围绕学生核心素养培养编写。全书共分 5 个单元，梳理了 24 个高中化学教学关键问题，对这些问题进行了分析，提出了可操作性的解决途径和教学案例。每个教学关键问题都配有相应的数字资源，读者可以扫描二维码观看。本书及配套的数字资源全方位地呈现了基于核心素养的高中化学教学关键问题的课堂实践和教学指导，有助于教师提升教学能力，发展教师专业素养，从而促进学生化学学科核心素养的培养。

    本书可作为高中化学教师的培训教材，也可在高中化学教学研修中使用；可作为高中化学教师资格考试的参考书，也可供高等院校相关专业师范生学习参考；还可作为化学教育教学研究者的参考用书。

图书在版编目（CIP）数据

基于核心素养的高中化学教学关键问题解析／陈颖，支瑶，尹博远著．--北京：高等教育出版社，2022.10（2024.8重印）
ISBN 978-7-04-058026-6

Ⅰ.①基…　Ⅱ.①陈…②支…③尹…　Ⅲ.①中学化学课-教学研究-高中　Ⅳ.①G633.82

中国版本图书馆 CIP 数据核字（2022）第 019053 号

策划编辑	王文颖	责任编辑	王文颖	封面设计	王 鹏	版式设计　徐艳妮
插图绘制	邓 超	责任校对	刘娟娟	责任印制	沈心怡	

出版发行	高等教育出版社	网　址	http://www.hep.edu.cn
社　址	北京市西城区德外大街 4 号		http://www.hep.com.cn
邮政编码	100120	网上订购	http://www.hepmall.com.cn
印　刷	人卫印务（北京）有限公司		http://www.hepmall.com
开　本	787 mm×1092 mm　1/16		http://www.hepmall.cn
印　张	17.25		
字　数	370 千字	版　次	2022 年 10 月第 1 版
购书热线	010-58581118	印　次	2024 年 8 月第 2 次印刷
咨询电话	400-810-0598	定　价	45.00 元

本书如有缺页、倒页、脱页等质量问题，请到所购图书销售部门联系调换

版权所有　侵权必究

物 料 号　58026-00

序

构建高质量育人体系，培育优秀人才，是国家落实立德树人根本任务的要求，是每个学生生命成长的需求，也是每位教师的责任。在这个日新月异、不断变化的时代，跨界和创新无处不在。教师要在传道、授业和解惑的基础上，主动提升自己的育人能力，做学生成长的引导者、支持者和陪伴者。教师要让学科教学承载更多的素养功能，在学科知识和技能的基础上，促进学生在学习中获得价值观念、沟通能力、合作能力、共情能力、坚毅品质和多角度思维等的发展；要重视学生创新能力的形成，用具有挑战性的学习任务、担当责任的社会活动，激发学生的好奇心、想象力和创新思维，鼓励学生勤于实践，善于合作，敢于质疑，勇于创新，帮助学生形成未来发展需要的正确价值观、必备品格和关键能力。

进入 21 世纪后，本轮基础教育课程改革已经走过二十余年。随着高中课程改革的深入推进，育人为本的理念深入人心，教师的教学理念发生了显著变化，理论水平和教学实践能力均获提升，教师在教学中积累了丰富的经验，取得了丰硕的成果。2017年底新版普通高中课程标准颁布，2019 年启用新教材，面对促进学科核心素养发展的新要求，基于学生学科核心素养的发展来观察课堂教学现状，还普遍存在一些困难。教师还难以很好地解决"为什么教""教什么""怎样教""教得怎么样"等教学基本问题，具体表现为：一是难以把握本学科的育人价值，对学科本质和核心素养理解不深；二是在进行教学设计时，难以精准确定教学目标，难以合理选择情境素材，将素材加工成挑战性任务的能力不足；三是在教学组织过程中，引导学生思考的深度不够，教学结构化水平不高，难以设计出高水平、结构合理的作业，难以命制核心素养导向的试题，等等。此外，部分教师还存在教学实施与设计思路相脱离、教学理念和行为相脱节的情况，还存在部分教学改革实践仍停留在理念层面，课堂教学主要凭经验而行之的现象。

为了有效解决上述问题，帮助教师有能力、有信心迎接挑战，开展基于课程标准的教学。2018 年，在"初中学科教学关键问题实践研究"项目的基础上，教师教育资源联盟（以下简称"联盟"）各成员单位相继开展了核心素养导向的高中新课程、新教材实施的研究及实践，启动了"高中学科教学关键问题提炼与解决"项目。围绕着新课程标准、新教材、新高考方案的要求，教研团队聚焦学生核心素养的发展，遵循高中教师日常教学工作的逻辑，找到影响教学设计与实施质量的关键因素，开展了系统的理论研究和实践探索。特别是开展了一系列案例研究和教学实践，探寻解决问题的思路和策略，并对成果进行了系统梳理，将其转化为教师教育资源建设。

在过去的四年里，教师教育资源联盟的部分成员单位组建了高中语文、数学、英语、物理、化学、生物学、政治、历史和地理共九个学科团队。在各成员单位的组织和支持下，每个学科团队都由本区域学科教研员牵头形成核心团队，成员为当地学科骨干教师和学科专家。本着坚持课标导向、素养导向、问题导向、实践导向、需求导向的原则，各个团队在研究的基础上，走进学校、深入课堂，以具体的课例研究为载体推进项目。联盟秘书处定期组织学科团队开展专题研讨，分享地区和学科经验，解决实际问题，并邀请专家以专题讲座的方式进行高位引领，以保障统筹协调各学科团队按照项目计划有序推进各项工作。

促进核心素养发展的学科教学关键问题是决定课程实施质量的核心问题。本着努力为一线教师提供教学改革方向引领、提供教学改革专业指导、提供教学资源支持的出发点，针对教师学科教学能力发展的障碍点、关键点和生长点，涵盖教学设计与实施的重要环节，指向教师专业能力提升，各团队从三个维度提炼核心素养导向的教学关键问题：一是课程标准，包括学科核心素养、课程结构、内容要求、学业要求、学业质量等；二是单元教学设计与实施的核心要素，包括确定素养导向的学习目标、凝练引领性学习主题、设计挑战性学习任务和持续性学习评价；三是教师教学专业知识，包括课程知识、教学知识、学科知识、学生知识和评价知识。

为进一步总结和推广基于核心素养的高中学科教学关键问题项目的成果，促进资源内容更具科学性、系统性和适用性，让资源利用价值实现最大化，在联盟成员单位和高等教育出版社的大力支持下，各学科团队开始进行书稿撰写及配套视频资源整理。

"教学关键问题解析丛书"依据普通高中学科课程标准（2017 年版 2020 年修订），聚焦学生核心素养发展，呈现高中学科教学关键问题及解决方案。各册书对每一个教学关键问题进行问题表现及成因的深入分析，引导教师从现象思考本质。结合典型教学案例呈现教学关键问题的解决过程，提炼教学设计与实施的要点与策略，为教师提供具有可操作性的教学途径。

教育大计，教师为本。教师提升学科教学能力的关键在于学习，向专家和学者学习，向经验丰富的教师学习，向本校和其他学校的优秀教师学习。此外，基于自己和同伴教学实践的反思，有针对性地进行教学改进，是一条重要且有效的道路。本套丛书的出版回应了高中新课程新教材实施过程中教师的实践要求，丛书及配套资源全方位呈现了基于核心素养的高中学科教学关键问题的课堂实践和教学指导，为教师提供教学改进的专业支撑，为各地区教研、培训提供资源支持。本套丛书可用作高中教师的培训教材，供相关教研部门使用，也可作为高中教师资格考试的参考书和高等院校相关专业师范生的学习参考用书，还可供学科教学研究者参考使用。

我相信，这套丛书是一套具有"开放空间"的丛书，一定能帮助各地各学科一线教师打开一扇学生核心素养培养与发展的"门"，探索出一套学科核心素养培养的方法和策略，最终收获更加美好的未来！

让我们共同期待！

北京市海淀区教师进修学校校长 罗滨

2022 年 4 月 23 日

前言

　　自普通高中课程方案及包括化学在内的各学科课程标准颁布以来，一线教育工作者在实践层面深入开展素养导向的课程教学改进，立德树人、素养导向的教育改革理念深入人心。素养导向的教学更加关注学科育人价值的实现，关注学生的化学实践和活动体验，对教师的学科理解和学生的学习理解提出了更高要求，也意味着教师教学面临更多的挑战。

　　海淀区教师进修学校化学教研团队在高中化学新课程实施过程中，聚焦学生化学学科核心素养培育方面存在的主要教学问题，在区域层面，以"学科能力表现及教学策略""深度学习促教学改进"等课题为载体，持续开展课例研发及教学改进实践研究，整体提升区域内化学教师的学科育人能力。经过多年的研究和实践，系统研发了覆盖高中化学课程核心内容的单元教学案例，这些案例采用多样化的教学方式，如项目教学、探究教学、社会性议题教学等，提炼了促进学生素养发展的单元教学策略，同时也建立了核心素养导向的区域教研机制，并在教研课程建设、教研资源建设、单元作业评价等方面均有显著成效。本书以高中化学教学关键问题解析的形式，梳理和呈现了上述研究和实践成果的核心内容①。

　　高中化学教学关键问题是影响高中化学新课程实施质量的核心问题。问题的提炼基于课程标准中的核心素养目标和内容主题、学科基本思想方法、教师素养导向教学能力三个维度，问题呈现指向核心素养的教学水平提升的障碍点和关键点，问题解决指向课堂教学实践层面的教师素养导向教学行为改进。

　　本书以高中化学教学关键问题为章目录，包含跨内容主题的通识性教学关键问题4个和基于必修、选择性必修课程典型内容主题的实践性教学关键问题20个，共计24个教学关键问题。每个教学关键问题包括问题的提出、问题的分析、问题的解决和指导建议四个部分，完整呈现了问题分析解决的路径和效果，系统呈现了素养导向的单元设计案例及策略。

　　学科核心素养发展是教学关键问题分析的切入点，也是教学关键问题解决的落脚点，4个跨学科内容主题教学的通识性问题围绕素养导向的教、学、评一体化设计，紧密围绕课程标准，结合教学案例说明教学改进实践路径，最终明确素养导向单元设计的指导原则，包括单元学习主题确定、单元学习目标设定、单元学习活动和持续性评价设计的思路及方法。

　　基于必修、选择性必修课程典型内容主题的实践性教学关键问题，以课例研究为

---

　　① 本书为北京市教育科学"十三五"规划 2019 年度一般课题"核心素养导向的高中化学深度学习教学改进区域实践研究"（立项编号：CDDB19221）的主要研究成果。

载体，以课程标准为指导，明确教师教学改进的起点、路径及结果，最终提炼出素养导向的教学实践策略，呈现单元设计方案。21 个教学关键问题覆盖必修课程 4 个一级内容主题、选择性必修课程 3 个模块的 6 个一级内容主题。

教学关键问题的分析和解决方案以文本和视频两种方式呈现。文本即本书正文，视频以微课形式在二维码中呈现，每个教学关键问题包括 2~4 个微课视频，每个微课视频 8~20 分钟，包括问题分析或研讨，教学课例的上课、说课及课例点评。文本内容关注表述的完整性、逻辑性和流畅性，更能体现研究的理论基础和问题的来龙去脉；视频内容则更加直观、生动，向读者全方位提供课堂实践的丰富信息。期望本书能够给读者在以下几个方面带来参考和启示。

1. 基于课标的单元教学设计的高水平示范

课例研究的指导专家有高中化学课程标准研制组的核心成员，也有参与课程标准修订的教研员，多次承担各级各类高中化学课程标准培训工作，对课程标准有着深刻理解。研究团队既具有雄厚的教育学心理学背景、坚实的课程教学和化学学科专业功底，又具有丰富的一线教育教学实践经验和教育技术实践技能，在素养导向的高中化学学科教学方面积累了丰富的理论及实践经验，保证了课例研究成果的高质量，是基于课程标准的单元教学设计的高水平示范。

2. 素养导向的多样化教学及系统改进的深入实践

本书所呈现的素养导向的多样化教学涵盖主题学习、探究学习、项目学习、议题学习、问题解决学习等多种方式；课例研究基于学科的典型内容主题，以深度学习单元设计为实践模型，进行教、学、评一体化的教学全过程改进，是现代学习心理学及课程教学理论研究成果在教学实践层面的深度应用。

3. 素养导向的教师教学实践能力提升的完整路径

课例研发过程充分发挥了一线骨干教师的实践智慧。从教学关键问题提出阶段，我们便吸纳骨干教师加入，参与教学关键问题的梳理和提炼，使问题来源于教学实践中的真实困惑。指导专家、教研员和一线教师深度互动，就教学关键问题的解决方案进行反复研讨，并通过课堂教学实际效果进行反馈，对方案进行改进和完善，能够呈现出教师素养导向教学实践能力的提升路径。

书中的部分课例是北京师范大学化学教育研究所"高端备课"项目的研究课课例，由本书作者与北京师范大学王磊教授、胡久华教授、魏锐教授等联合指导。此外，三位教授在课题研究及区域教学改进实践中给予持续指导和支持。北京市八一学校、首都师范大学附属中学、北京市海淀区教师进修学校附属实验学校、北京市中关村中学、北京理工大学附属中学、北京市第二十中学、北京航空航天大学实验学校、北京市育英学校、清华大学附属中学等学校的化学教研组持续跟进，通过课例研发或应用实践开展校本研修，为研究成果的取得贡献了教学智慧。我们在此向指导专家和以上团队一并表达衷心的感谢！

编　者

2022 年 3 月 29 日

目录

单元 1 高中化学课程整体理解

1-1 怎样理解化学学科核心素养？

这是一个帮助教师整体认识高中化学新课程的通识性教学关键问题。通过对课程标准中学科核心素养目标体系进行全方位的剖析，引导教师站在"立德树人"的高度对学科核心素养进行再认识，进而明确素养导向的教学特征及教学改进方向。通过对这个教学关键问题的分析和解决，希望教师能够：

● 理解课程标准中学科核心素养的内涵及表现，明晰化学课程的育人价值。
● 知道核心素养导向的教学特征，明确教学实践改进的方向和思路。

1-1-1 如何研读高中化学 　 1-1-2 如何研读高中化学 　 1-1-3 素养导向的高中化学
新课标（一）（陈颖） 　　 新课标（二）（陈颖） 　　 教学改进方向（陈颖）

 问题的提出

新一轮高中课程改革提出了学生发展核心素养的目标体系，《普通高中化学课程标准（2017年版2020年修订）》（以下简称课程标准或课标）也明确提出：高中化学学科核心素养是高中学生发展核心素养的重要组成部分，是学生综合素质的具体体现，反映了社会主义核心价值观下化学学科育人的基本要求，全面展现了化学课程学习对学生未来发展的重要价值。在此基础上，课程标准构建了包括宏观辨识与微观探析、变化观念与平衡思想、证据推理与模型认知、科学探究与创新意识、科学态度与社会责任五个维度的化学学科核心素养体系。

学科育人的课程目标定位需要化学教师重新思考化学学科育人价值的具体内涵，对学科知识的育人功能进行再定位，对核心素养导向的教学形成整体理解并具备相应的策略体系，这对教师来说，从教学理念到教学行为都是全方位的挑战。

问题的分析

课程标准对每个素养进行了内涵界定，并基于素养阐述课程目标，进一步明确了每个维度的素养的不同表现水平。

以"科学探究与创新意识"素养为例，其内涵表述为：认识科学探究是进行科学解释和发现、创造和应用的科学实践活动；能发现和提出有探究价值的问题；能从问题和假设出发，依据探究目的，设计探究方案，运用化学实验、调查等方法进行实验探究；勤于实践，善于合作，敢于质疑，善于创新。可以看出，该素养既包括对科学探究活动属性和核心环节的认识及把握，还包括探究活动中所蕴含的实践、合作、质疑及创新能力。

"科学探究与创新意识"素养对应的课程目标则将其内涵进一步具体化和行为化：能发现和提出有探究价值的化学问题，能依据探究目的设计并优化实验方案，完成实验操作，能对观察记录的实验信息进行加工并获得结论；能和同学交流实验探究的成果，提出进一步探究或改进的设想；能尊重事实和证据，破除迷信，反对伪科学；养成独立思考、敢于质疑和勇于创新的精神。

"科学探究与创新意识"素养的四个表现水平依据科学探究核心环节进行梳理，侧重对不同核心环节中学生行为的具体表现进行阐述，水平由到高依次为：

水平1　能根据教材中给出的问题设计简单的实验方案，完成实验操作，观察物质及其变化的现象，客观地进行记录，对实验现象作出解释，发现和提出需要进一步研究的问题。

水平2　能对简单化学问题的解决提出可能的假设，依据假设设计实验方案，组装实验仪器，与同学合作完成实验操作，能运用多种方式收集实验证据，基于实验事实得出结论，提出自己的看法。

水平3　具有较强的问题意识，能在与同学讨论基础上提出探究的问题和假设，依据假设提出实验方案，独立完成实验，收集实验证据，基于现象和数据进行分析并得出结论，交流自己的探究成果。

水平4　能根据文献和实际需要提出综合性的探究课题，根据假设提出多种探究方案，评价和优化方案，能用数据、图表、符号等处理实验信息；对实验中的"异常现象"和已有结论能进行反思、提出质疑和新的实验设想，并进一步付诸实施。

从上述内容呈现中可以看出，课标对素养从内涵到目标再到水平划分及表现进行了非常全面的阐述，且每个维度的素养都充分体现了化学学科的特质，既能促进教师对学科育人价值的系统思考，又能在教学实践层面为教师提供整体依据。但要将素养目标真正落实到实践层面，还需要教师深入思考和追问：如何整体把握化学学科的核心素养体系？核心素养导向的教学有哪些关键特征？需要教师在教学实践层面发生哪些转变？

问题的解决

北京市海淀区在新一轮高中课程改革推进过程中，为使基于核心素养的课堂教学实践向纵深发展，区域内定期组织高中一线教师参加"风采杯""一师一优课"等教学评比展示活动，利用活动所提交的材料对教师教学现状进行分析和诊断。化学教研团队对高中化学教师提交的教学案例进行文本和课堂实录分析，对照素养导向的教学特征，概括和梳理出教师在素养导向的化学教学中存在的问题及改进方向。

教学情境方面，教师在教学中有较强的教学情境创设的意识和教学习惯，在素材选取上也能考虑到素材形式尽可能丰富多样，但在素材与教学内容、教学核心问题的融合，情境与教学主题的契合，不同情境素材之间的主题关联等方面还需要展开更多的探索。

核心问题方面，教师能在每个教学环节中设计相应的问题，引导学生在问题驱动下展开学习。但很多问题指向的是知识结果和概念辨析，问题呈现顺序一般依据学科知识进行组织。部分教学案例能围绕真实问题提出核心问题，但问题之间的递进关系还未充分考虑学生的认识发展脉络与真实问题解决路径的融合。

能力任务方面，大多教师能够布置理解和简单应用水平的任务，而对设计应用复杂知识的创新迁移水平的任务缺乏经验。此外，大多数教师对如何将真实问题解决与不同类型的学科任务进行关联也缺乏深入思考和系统规划。这也说明，任务的开放度和复杂性需要教师特别关注。

概括总结方面，部分教师在总结环节只梳理知识要点，不提炼思路和方法，这说明教师更加关注知识落实，容易忽略思路和方法的概括。此外，通过对核心教学活动的总结引导学生体会问题解决思路的形成过程，以及在板书和图示外显或模型化思路和方法方面，教师同样表现出经验和策略的缺失。

通过对课堂实录的分析，我们发现，教师教学时更习惯进行知识讲解，留给学生思考和回答问题的时间不足，往往在学生还没有充分表达观点时，就急于向学生讲解，使得原本设计好的驱动性问题和活动任务失去了其应有的教学价值。课堂师生互动对教师也是较大的挑战，大部分教师还缺少通过追问、反问等方式引导学生反思、自主纠偏和形成化学认识或真实问题解决思路的教学经验和策略。大量的教师访谈也表明，教师头脑中有基于具体内容的学科认识方式模型或问题解决的思维导图，但在教学中不会自觉地将其外显出来。

综上所述，在核心素养导向的高中化学课程改革背景下，教师在结构化教学设计和实施方面已经具备系统思考的视角，在每个教学环节中能够全面关注情境线索、问题线索、任务线索和思路方法的总结提炼，但在以下方面还有较大的提升空间，这也是教师教学系统改进的方向：

（1）情境素材与学习主题、活动任务的深度融合；

（2）指向认识发展和实际应用的驱动型问题的设计；

（3）问题递进应顺应学生的认识发展脉络；

（4）问题解决过程中的追问、引导和互动；

（5）学生能力任务类型的层级性、实践性、开放度和复杂性；

（6）概括总结时关注思路和方法的建构、外显和模型化。

一、整体理解化学学科核心素养

如何将知识转化为素养是本次课程改革要着力解决的关键问题。解决这个关键问题，一方面需要教师理解学科核心素养的整体结构，另一方面需要教师明确核心素养的内涵及其表现和培养途径。

宏观辨识与微观探析、变化观念与平衡思想、证据推理与模型认知、科学探究与创新意识、科学态度与社会责任五个维度的素养构成化学学科核心素养的整体结构，从内容属性上看，它们不是并列关系。其中，"宏观辨识与微观探析"和"变化观念与平衡思想"反映的是化学学科观念和化学学科思想，"证据推理与模型认知"反映的是化学学科思维方法，"科学探究与创新意识"属于化学科学实践范畴，"科学态度与社会责任"则属于化学科学价值或应用范畴。[1] 正是因为这五个维度的素养是一个整体结构，所以特定的核心知识与素养不存在——对应的关系，即不是某一知识对应某一个维度的素养。在确定具体内容的素养教学目标时，我们要对核心知识所承载的素养发展价值进行基于上述整体结构的分析。

课标中所提出的化学学科核心素养，反映的是"社会主义核心价值观下化学学科育人的基本要求"。化学学科核心素养是指学生通过化学学科学习而逐步形成的正确价值观、必备品格和关键能力。其中，"关键能力"属于智力因素，"必备品格"主要属于非智力因素，"正确价值观"属于价值取向，其关系如图 1-1-1 所示。

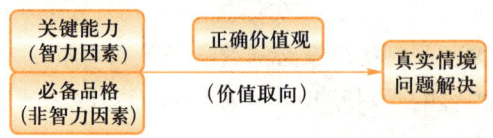

图 1-1-1　学科核心素养内涵[2]

从图 1-1-1 可以看出，素养是个体在真实情境中经历问题解决过程时所表现出来的。同时，我们还要关注，化学学科核心素养是具有化学学科特质的科学素养，是在化学学科层面来落实的科学素养，因而，它既是科学素养的深化和发展，又要反映和体现化学学科特质。基于此，我们也可以认为，化学学科核心素养是学生通过化学学科学习，在解决真实情境中的问题、经历化学学科活动时的综合表现。

已有研究表明[3]，知识能否转化为素养主要依赖于知识能否转化为学生自觉主动的认识方式。认识方式是个体对客观事物能动反映的方式，是学生在思考和处理问题时，

---

① 郑长龙. 2017 年版普通高中化学课程标准的重大变化及解析［J］. 化学教育，2018（9）：41-46.
② 郑长龙. 2017 年版普通高中化学课程标准的重大变化及解析［J］. 化学教育，2018（9）：41-46.
③ 王磊. 基于学生核心素养的化学学科能力研究［M］. 北京：北京师范大学出版社，2017.

所表现出来的倾向于使用某种思维模式，或是从一定角度来认识和解决问题的信息处理对策或模式。

化学学科认识方式是化学核心素养的内涵实质，是知识转化成素养的核心机制，因此，学生化学学科核心素养的发展实质是化学学科认识方式的培养。化学学科认识方式包含认识对象、认识角度和认识思路，不同的认识角度和思路也反映出不同的认识方式水平。通常，概念原理性知识承担的素养发展价值主要表现为对学生的认识角度和思路的发展价值。

【案例】

氧化还原反应和物质分类（知识的功能价值分析）

氧化还原反应、物质分类知识体系的素养发展价值，从内涵实质上看，分别是发展学生基于元素化合价（价）、基于物质类别（类）认识元素及物质的角度和思路（图 1-1-2），同时也承担着重要的问题解决思路的发展功能和价值。含铁物质、含硫物质等主题的事实性知识则是上述认识方式建立、发展和应用的内容载体。

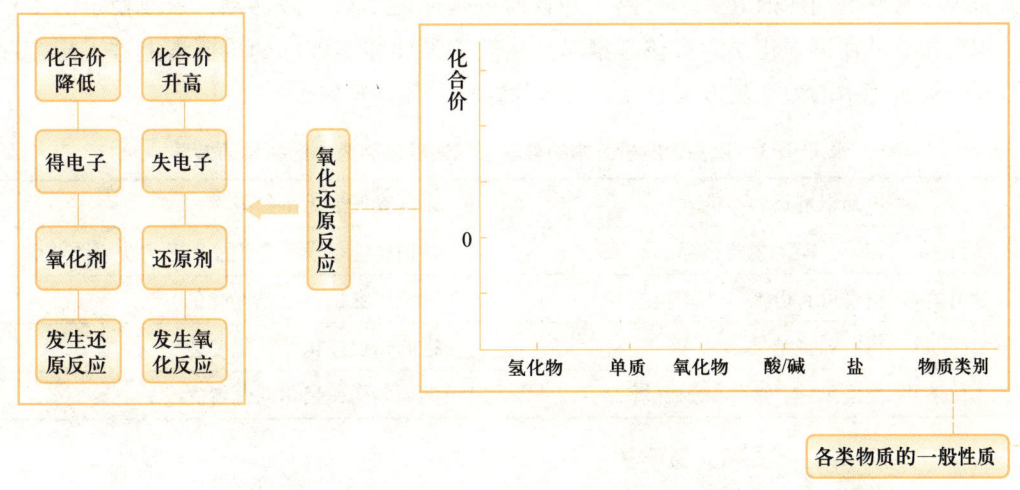

图 1-1-2　认识元素及物质的"价-类"二维模型

从学科核心素养的内涵及实质看，影响学生素养及其表现的重要外在变量包括两个方面：一是问题情境变量，二是学科任务类型变量。情境是熟悉的还是陌生的，问题是直接的还是间接的，决定了学生在问题解决过程中是否需要自主调用认识角度，是调用单一认识角度还是多个认识角度，是采用静态孤立的认识方式还是动态系统的认识方式。学科任务类型则与体现学科应用价值的活动类型（物质的保存使用、鉴别检验、分离提纯、制备合成、性质或反应探究等），以及在不同类型活动中所调用的认识方式水平（宏观与微观、动态与静态、孤立与系统等）相对应，学生在不同类型的任务驱动下会有不同水平的素养表现。

【案例】

铁及其化合物的性质（真实问题分析）

在必修模块的新授课教学中，"吃菠菜是否补铁"就是一个真实情境中的复杂问题，在问题解决过程中，学生要自主调用"价-类"二维视角和思路对含铁物质的性质展开探究，进而完成菠菜中铁元素含量的定量检测任务。学生在这样的问题解决中，对元素及物质的认识方式获得发展，并形成调用物质性质的知识解决营养健康领域中真实问题的思路和方法。

二、明晰以核心素养发展为本的教学的关键特征

化学学科核心素养的内涵实质是化学学科认识方式。与以知识解析为本的教学相比，促进学生化学学科核心素养发展的教学，不是把一个个零散的知识点作为教学的核心，而是重视学生认识方式的完善和发展，引导学生在学习过程中不断丰富认识对象，扩充认识角度和思路。在以素养发展为本的教学中，学生通过一个具体问题的学习，对一类问题形成明确、恰当的思路和方法，对问题的认识更趋近学科本质。这样可以大大提高学习效率，增强对学科价值的理解。在指向学生化学学科核心素养发展的教学中，学生不但要清楚化学知识说明的是什么，而且要将化学知识转化为观察、分析现象与解决问题的方式和思路，并且通过具体的学科实践活动，形成稳定的学科认识方式，从而形成化学学科核心素养。从教学设计和实施的构成要素上进一步梳理以知识解析为本的教学与以素养发展为本的教学，其差异如表 1-1-1 所示。

表 1-1-1　以知识解析为本的教学与以素养发展为本的教学的差异

类型	以知识解析为本的教学	以素养发展为本的教学
教学目标	知识技能为主要目标	知识技能、学科思维、问题解决思路兼顾
教学情境	情境可有可无（去情境的）	情境贯穿始终（情境化的）
核心问题	指向知识结果	指向知识建构、认识发展
能力任务	类型单一，聚焦知识解析	类型多样，聚焦问题解决

1. 以真实情境激发和支持学生学习

在以素养发展为本的教学中，教学情境应贯穿教学的始终，情境的素材内容反映化学学科的实际应用领域，素材形式还具有激发学生学习兴趣的重要作用。理想的教学情境在形式上应具有一定的丰富性，包括视频、文本、模型等；在内容上应由学习主题统领，且情境素材或对应问题形成系列；在与学生活动关联上应能支持学生活动并能让学生根据活动需要进行选择。

2. 用问题驱动学生学习的发生和持续

以素养发展为本的教学应关注核心教学环节中核心问题线索的设计，良好的核心问题应该是与情境融合的、真实的、开放的问题；问题线索的逻辑顺序与真实问题解决路径一致；问题提出后由学生解决，教师要持续引导或追问。

3. 使学生亲身经历问题解决过程

在以素养发展为本的教学中，学生的学习过程也是其问题解决的经历过程，且问题解决过程中涵盖不同层次、类型的能力任务。学习的能力任务类型要有一定的层级性，单元教学应涵盖学习理解型任务、实践应用型任务和创新迁移型任务等；能力任

务要有一定的实践性，如制作海报、模型搭建、实验探究等，要让学生动手操作；能力任务要有一定的开放度和复杂性，要让学生进行复杂推理、系统探究或创新迁移。

4. 促进学生获得全方位综合发展

在以素养发展为本的教学中，学生通过学习活动获得学科知识技能、学科方法、学科思维等全方位综合发展。学生活动需要更多的时间和空间，对教师的讲解概括也就提出了更高的要求。教师不仅要概括本节课或本单元的知识技能，而且要引导学生自己总结提炼思路和方法，并通过认识模型、思维导图等方式外显思路和方法。这样才能促进学生反思、提炼学习过程中的整体收获。

1-2　怎样理解基于核心素养的单元教学？

这是一个帮助教师整体认识高中化学新课程的通识性教学关键问题，围绕单元教学的价值和内涵要点展开探讨，明确单元教学是以素养发展为本的教学的关键途径，是知识转化为素养的教学通道。"单元"的实质是学生学习单元，单元教学的关键是确立体现核心知识结构化、功能化的单元学习主题。通过对这个教学关键问题的分析和解决，希望教师能够：

● 充分认识单元教学对素养目标达成的价值和意义。

● 理解单元教学的内涵要义，明确核心知识结构化和功能化的思路。

1-2-1　高中化学单元
教学设计及实施
（一）（陈颖）

1-2-2　高中化学单元
教学设计及实施
（二）（陈颖）

1-2-3　"电离和离子反
应"单元整体教学案例
解读（一）（尹博远）

1-2-4　"电离和离子反
应"单元整体教学案例
解读（二）（尹博远）

 问题的提出

以素养发展为本的教学强调学生学科知识、学科思想和观念、思路和方法、态度和责任、品格和价值观的综合发展，强调学生完整经历和深入体验学科实践活动，在真实问题解决的过程中实现上述综合发展。传统的单课时教学受时间限制，很难在学生活动上保证实践性和完整性，无法达成素养发展目标。以素养为本的教学要求教师突破单课时教学的局限，进行核心素养导向的单元整体设计和实施。

在实践层面，教师在单元教学方面展开了诸多探索，尝试将教材中的章节内容进行跨课时的整体规划，关注不同课时的内容关联和学生活动关联，并综合应用自主、合作、探究的方式开展单元内不同课时的教学，取得了初步成效。但课时之间的关联更多的是从学科逻辑层面进行的，学生学习过程中的认识发展脉络与单元学习活动进程的融合还不够充分；单元学习目标还是以知识技能层面的目标为主。上述现象的产生，与教师对学科知识的理解有着重要的关联。教师需要深入思考单元教学中"单元"的含义，明确学科核心知识对学生素养发展的价值，真正理解为什么以素养发展为本的教学一定要进行单元教学。

🔍 问题的分析

在课程理论中，单元是教材或教学的基本单位，也是教学设计的基本单位。单元是一个教学系统，由若干节具有内在联系的课组成。这些具有内在联系的若干节课形成一个有机的教学过程，其知识、方法、态度等内容也集合成一个统一的板块。一个单元应该有多大，并没有严格的规定，教师可以根据目标、内容、学生发展的需要等方面来确定。从教师专业发展的角度看，单元是衡量教师教学和教材驾驭能力的基本单位，也是教学设计的基本单位，也是教师专业知识结构诊断、形成和发展的基本单位。[①]

单元教学指教师在对课程标准、教材等教学指导性资源进行深入地解读和剖析后，根据自己对教学内容的理解，以及学生的情况和特点，对教学内容进行分析、整合和重组，形成相对完整的教学主题，并以一个完整的教学主题作为一个教学单元的教学。[②]

上述关于单元教学的阐述进一步明确了单元教学是以素养发展为本的教学必经之路。以素养发展为本的单元教学强调基于化学学科内容的学习主题提炼，是主题统领的整体设计，而不是单课时教学进行的标签式教学设计。

传统教学中的单元，通常是从课程内容或教材的角度，将一个主题下的内容作为一个单元，或者简单地将教材中的一章（节）内容看作一个单元，因为这些内容从学科知识体系来看，是有本体结构和密切关联的。而在素养导向的单元教学中，学生要经历相对完整的学科认识活动或问题解决过程，那就需要教师从学生素养发展及学习过程的角度对单元进行重新界定。单元教学与单课时教学的差别如表 1-2-1 所示。

表 1-2-1　单元教学与单课时教学的差别

要素	单元教学	单课时教学
目标	问题解决能力、高阶思维能力发展	知识技能目标具体，过程与方法、情感态度与价值观目标不易落实
内容	注重知识的内在联系，将知识系统化、结构化、功能化	忽略知识之间的关联，内容分散、碎片化
过程	经历问题解决过程、观念建构过程，学科方法体验过程	关注知识落实、技能训练
主题	主题统领、挑战性任务	缺少主题统领

① 何彩霞. 化学单元教学设计的探索 [J]. 化学教育. 2008（3）：6-9.
② 王磊，黄燕宁. 单元教学设计的实践与反思 [J]. 中学化学教学参考. 2009（3）：9-11.

🖥 问题的解决

以往我们提起单元，通常是站在课程内容或教材的角度，将课程中的一个主题下的内容作为一个单元，或者简单地将教材中的一章（节）内容看作一个单元，因为这些内容从学科知识体系来看，它们是有本体结构和密切关联的。而素养导向的单元教学中，学生要经历相对完整的学科认识活动或问题解决过程，那就需要我们从学生素养发展及学习过程的角度再来对单元进行界定。

一、深入理解单元的含义

在素养导向的单元教学中，单元是学科课程实施的基本单位，更是学生的学习单元，是一组相对独立的核心素养及关键能力发展的单元。

1. 单元是学习内容结构化的重要表现

结构化、情境化、凸显学科大概念的知识具有更强的发展核心素养的功能。以素养发展为本的化学教学要求教师整体理解化学学科的育人价值，在准确把握课程标准的基础上，系统分析教材内容及其所承载的素养发展价值和社会应用价值，根据学生实际情况，整体设计学习单元，明确每个单元的主题。基于单元整体的学习设计，可以帮助教师超越单课时教学在素养目标达成方面的局限。

2. 单元是指学生的学习单元

学习单元以学科核心素养及其进阶发展为目标，对相关学习内容进行梳理、整合，强调学习目标、学习情境、学习任务、学习活动和学习评价的一致性。从学习目标看，单元指向相对独立的、具体的学科核心素养的发展；从学习内容看，单元所覆盖学科的核心知识，符合课程标准的内容要求和学业要求，是高水平结构化的内容；从学习过程看，学生在完成一个具有挑战性的任务中学习，或经历相对完整的真实问题解决过程，或体验某学科核心观念（大概念）的建构和发展过程。

3. 选择学习单元有多种思路

一是按照教科书章节的主要内容来组织。这种方法操作起来比较容易，也比较符合学科学习的逻辑和教材编写的逻辑。二是按照学科核心素养发展的进阶来组织，打通年级甚至学段学习内容，同时考虑具体学习内容，跨教材单元、章节的相关内容整合单元主题。这种方法对教师的要求较高。三是按专题性任务组织，专题紧密关联本学科核心内容，又广泛链接学生的日常生活、社会生活、政治生活和科技前沿等。这种方法比较适合学科内的项目式学习。四是设计真实情境下的跨学科学习任务，以发展学生综合运用各学科知识、技能和方法解决实际问题的能力。这种方法比较适合基于学科又超越学科的综合实践类学习。

单元可以有大有小，但每个单元必须有内容主题，有相对完整的育人价值和学习目标，单元的学习主题和目标要服务于学科课程目标。

要将"内容单元"真正转化为"学习单元",对教师来说,核心问题是要将原有的内容单元中的知识进行重构,把基于学科体系的、静态的知识结构转化为基于学生能力素养发展的、动态的知识结构,使知识情境化、思路化、凸显学科大观念,真正体现知识对学生核心素养发展的功能。

二、单元学习主题的提炼

重构单元学习内容的过程也是提炼知识的素养发展价值的过程,引领性学习主题是对单元学习核心内容的价值提炼,既要反映学科本质和单元大观念,又要与真实世界和学生的基础与兴趣相联系,体现核心素养落实的具体化与整体化。那么,如何对单元内容进行重构,提炼单元学习主题呢?

【案例】

"有机化学反应类型"的知识结构及单元主题探讨

(一)课标分析

"有机反应类型与有机合成"是课程标准选择性必修模块3"有机化学基础"主题2"烃及其衍生物的性质与应用"内容要求中的一个核心条目,关于有机反应类型的具体要求为"认识加成、取代、消去反应及氧化还原反应的特点和规律,了解有机反应类型和有机化合物组成结构特点的关系"。可见,有机反应类型是核心概念,其重要价值和意义在于引导学生从多种角度来认识和理解有机化学反应,对于不同类型的有机反应,既关注参加反应的有机物及其结构特点、试剂的特性、发生反应的条件,又关注产物及其结构特点,对反应的认识角度和思路为后面章节里有关烃的衍生物的性质学习提供很好的理论和方法支持。课程标准揭示了有机化学反应的认识对象与角度,进一步可提炼出"基于化学键的转化认识有机化学反应"这一学科大概念。

(二)学科分析

有机反应类型是有机化学重要的概念理论性知识,它使得人们能够对数目繁多的有机化学反应进行分类研究,认识新的反应,并在此基础上创造新反应。

有机化学反应类型包括从反应物和生成物特点的角度进行分类的加成反应、取代反应和消去反应;从得失氧或得失氢角度进行分类的氧化反应和还原反应。本单元主要涉及的是第一组分类,它们是有机化学反应类型的核心知识,是本单元内容的重点所在。如其中的加成反应,从参与反应的有机物的结构特点来看,要有不饱和键;从反应的试剂来看,有氢气、卤素单质、卤化氢和水等典型加成试剂;不同的反应物和反应试剂还需要在一定条件下才能发生反应;从官能团转化看,加成反应的特征比较丰富,可能是烯烃的碳碳双键、炔烃的碳碳三键或醛酮的碳氧双键发生变化,转变成碳卤键、羟基等;从化学键转化看,加成反应的特征则更加体现内在的统一性,即不饱和键局部断裂后,其两端的原子与加成试剂断键后的原子或者原子团重新结合形成较饱和的化学键。

对有机化学反应类型的概括，揭示丰富多样的有机化学反应的内在规律，并建立认识有机化学反应的角度和思路，即有机化学反应认识模型，可以为研究有机物的化学性质、进行有机物制备等活动提供方法指导。

（三）学科应用

课标还提到认识卤代烃的组成和结构特点、性质、转化关系及其在生产、生活中的重要应用，必做实验部分也将"有机化合物中常见官能团的检验"纳入其中。鲁科版教科书将"卤代烃的性质与制备"作为应用有机反应类型知识的案例，是对有机化学反应认识模型的重要应用。由此可进一步确定本单元的统领性学习主题为"探究卤代烃的性质和制备——基于化学键的转化认识有机化学反应"。

基于上述分析，"有机化学反应类型"的知识结构可概括如图1-2-1所示，并确定本单元的统领性学习主题为"认识有机化学反应的思路方法——有机化学反应类型"。

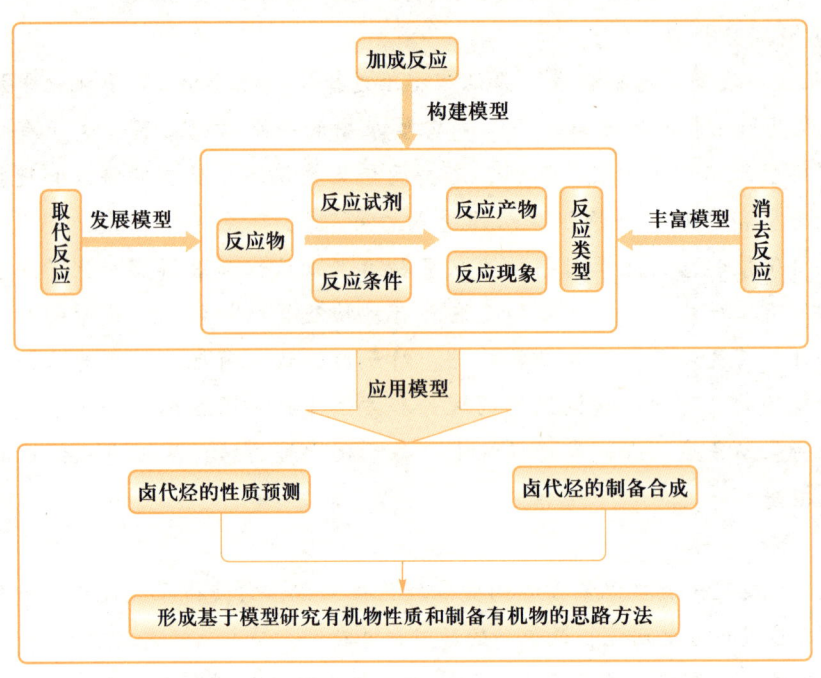

图1-2-1 "有机化学反应类型"的知识结构图

教师应充分认识到课程的根本目的是实现学生的核心素养发展，课程内容是素养价值的载体。素养价值不能脱离于课程内容而存在，但课程内容也不能自然地、自发地形成价值。上述"有机化学反应类型"的单元主题提炼，是在教学内容的核心知识及知识结构分析的基础上进行的，体现学科大概念的单元学习主题的提炼路径如图1-2-2所示。

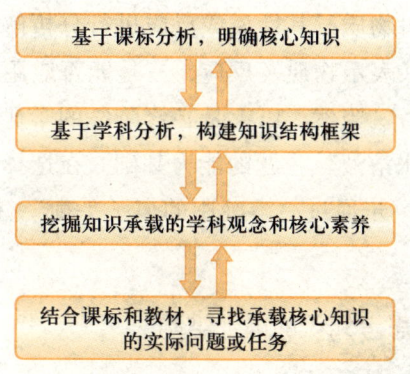

图1-2-2　体现学科大概念的单元学习主题的提炼路径

 指导建议

一、基于课程标准深入分析知识的功能和价值

在单元学习主题的提炼过程中，首先我们应参照教学设计的重要文本依据——课程标准，对课程标准中相应主题的内容要求和学业要求进行深入分析，从中抽提出核心知识及其对应的学科观念或思想方法。以"电离和离子反应"为例，该主题是必修课程中主题2"常见无机物及其应用"的重要内容，课程标准中相应的内容要求及学业要求如下。

内容要求： 认识酸、碱、盐等电解质在水溶液中或熔融状态下能发生电离。通过实验事实认识离子反应及其发生的条件，了解常见离子的检验方法。

学业要求：

1. 能利用电离、离子反应、氧化还原反应等概念对常见的反应进行分类和分析说明。能用电离方程式表示某些酸、碱、盐的电离。

2. 能用化学方程式正确表示典型物质的主要化学性质。

3. 能利用典型代表物的性质和反应，设计常见物质制备、分离、提纯、检验等简单任务的方案。

从内容要求看，电离和离子反应聚焦的认识对象是酸、碱、盐等物质，以及这些物质在水溶液中或熔融状态下的反应。有了电离概念的支撑，学生对酸、碱、盐的认识从宏观类别发展到微观离子的水平；有了离子反应概念的支撑，学生对酸、碱、盐在溶液中的复分解反应从宏观现象发展到微观离子重新组合的水平。即通过电离和离子反应概念的建立，发展学生对物质（准确地说是电解质）及其变化的微观认识角度和思路。内容要求中还体现出，这种微观认识需要通过实验事实的验证，即微观认识发展的途径是实验证据推理，要让学生以实验事实为证据，推论出物质及变化的微观本质。

从学业要求看，学生是否建立了上述微观认识主要从以下方面体现：一是能否调用电离、离子反应的概念对物质及其性质或反应进行分析解释或说明论证，二是能否用电离方程式或离子方程式表示物质及反应，三是能否应用典型物质的离子反应等性质完成物质分离等简单任务。当然，以上是必修阶段的学业要求，这样的能力表现也是学生到选修阶段学习"水溶液"主题的能力基础。在选择性必修模块"化学反应原理"的学习中，学生将进一步通过"溶液中的离子平衡"建立"微观—动态—系统"的水溶液问题分析思路。

二、从学科本体角度思考知识的内部结构

课标分析可以帮助我们明确核心知识及其功能和价值，要对核心知识的内部结构、核心知识与其他具体知识点的相互关系形成清晰的认识，还需要我们从学科本体的角度进行深入思考。

下面我们仍然以"电离、离子反应"为例。值得关注的是，在内容要求和学业要求中，课程标准对电解质、非电解质这样一组在传统教学中很受重视且作为核心内容展开教学的概念似乎并未提及，难道是这些概念不重要或者不做要求了吗？这个问题需要我们回到学科本体层面来思考：将物质分为电解质、非电解质的原因是这两类物质有不同的属性，这种不同属性的表观现象是它们在水溶液中或熔融状态下能否导电等，而其本质是物质在相应条件下能否发生电离。因此，在电解质、非电解质、电离、电离方程式这样一组概念性知识中，最核心的概念显然是电离，有了电离的概念，就能够从本质上解释化合物分为电解质和非电解质的原因，并能进一步理解二者在导电性等性质上的差异，这里的性质包括与离子反应相关的化学性质。因此，当我们从电离的角度再来认识物质时，就认识到电解质、非电解质是由电离概念衍生出来的了。反思我们的教学，过多进行电解质、非电解质的概念辨析而忽略了电离概念的发现和建立，其实是偏离了课标要求的。

同样，从学科本体角度再来看离子反应，相对离子方程式的书写，离子反应概念的发现和建立显然更为重要。有了离子反应的概念，学生对水溶液的认识才能够进入微观层面，从而进一步认识反应的实质。

基于上述分析，可以进一步明确，对学生化学认识方式的形成和发展来说，电离和离子反应承担着建立微观认识角度和认识思路的功能，其知识结构如图1-2-3所示。从

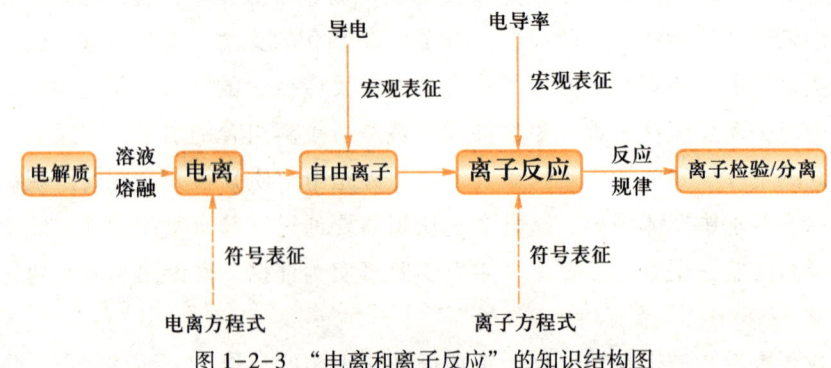

图1-2-3 "电离和离子反应"的知识结构图

学科观念的角度来说，电离和离子反应承担着发展学生的微粒观和变化观的功能，具体的学科大概念可以概述为"基于电离和离子反应从微观角度认识物质在水溶液中的存在与变化"，这也是宏观辨识与微观探析、证据推理与模型认知等核心素养在电离和离子反应概念教学中的具体化。

三、从学科应用角度提炼单元学习主题

以素养为本的单元教学强调主题的统领，单元主题通常是对单元学习核心内容的价值提炼，既要反映学科本质和单元大观念，又要与真实世界和学生的基础与兴趣相联系，体现核心素养的落实的具体化与整体化。单元主题通常具有以下特征：反映学科本质和大概念；促使知识的结构化、素养化；体现核心素养的具体化；有利于学生构建认识模型和经验图式；具有一定的复杂性和综合性，推进单元的全程持续学习；学生感兴趣，有驱动性且能实施。衡量一个主题是不是好的单元主题，也可以依据以上特征进行评价。

基于课标分析和学科本体分析，明确了核心知识所承载的学科观念、学科认识方式之后，直接用相应的学科大概念作为单元主题也是可以的。如"电离和离子反应"的单元主题可以确立为"基于电离和离子反应从微观角度认识物质在水溶液中的存在与变化"。类似的主题还有"从价-类视角认识氮及其化合物的性质及转化""基于化学键视角分析醇的结构与性质""从微观视角认识物质在溶液中的存在形态及变化"等。

这些单元主题都能体现出核心知识所对应的学科大概念，但依据上述单元主题的特征来看，这些单元主题还没有与真实情境中的实际问题关联起来，所以，要进一步挖掘核心知识的素养发展价值，还需要我们思考能够承载核心知识及学科认识方式的实际问题或任务，这样才能让学生在问题解决过程中获得素养发展。

实际问题和任务往往来源于核心知识的应用领域，因此，可以从学科应用的角度进行单元主题的提炼。仍以"电离和离子反应"为例，其实际应用领域主要为涉及电解质水溶液及反应的环境、能源、健康、材料或化工生产领域，其中包含的学科任务可以是物质的鉴别和检验、分离和提纯、制备及合成等，相应的实际问题如污水中重金属离子等污染源的检测和去除、食品化工中的食盐精制、生产中的"三废"处理、实验室中的常见离子检验，等等。上述真实问题是否适合作为必修课程的学习任务，还要再考虑课标要求。课标要求与问题解决相关的一是离子检验，二是必做实验"用化学沉淀法去除粗盐中的杂质离子"，即食盐精制。相对污水处理等问题而言，食盐精制中涉及的离子反应大多是常见、简单的典型离子反应，且不涉及复杂的条件调控问题，即不需要从离子平衡的角度进行分析。由此，将食盐精制作为贯穿单元学习的挑战性任务，能够进一步体现核心知识在真实问题解决方面的功能和价值。

将"食盐精制——基于电离和离子反应从微观角度看物质在水溶液中的存在与变化"作为单元学习主题，单元教学中的驱动问题可设计为：海水经过晾晒可得到粗盐，

初中阶段学习的粗盐提纯实验，通过过滤除去了不可溶的杂质，但是粗盐中仍含有可溶性杂质，如何获取纯净的食盐？怎么设计食盐精制的方案并实施？

这样的主题既体现"电离与离子反应"对学科认识方式发展的价值，涵盖电解质、电离、离子反应、离子反应的发生条件、离子反应的应用等主要教学内容，又承载学生必做实验"用化学沉淀法除去粗盐中的杂质离子"。食盐精制的挑战性任务能够凸显真实情境创设和综合问题解决，通过单元教学引导学生自主设计并完成任务，可以促进学生对电离和离子反应核心概念的深入理解，构建除去杂质的思路和方法，形成宏观、微观、符号相结合的思维方式。

综上所述，好的单元学习主题应符合以下特征：主题有助于学生聚焦单元中最核心、最具有育人价值的内容，打通学科知识到学科素养的通道；主题能够引发学生的学习兴趣，使得学生积极参与学习活动；主题与学生先前的知识经验、与学科的其他重要思想和概念之间均有丰富的联系。

1-3　如何通过单元教学实现教、学、评一体化？

这个问题是帮助教师整体认识高中化学新课程的通识性教学关键问题，围绕以素养发展为本的单元教学的教、学、评一体化设计展开探讨，聚焦单元学习目标、活动和持续性评价，结合案例提炼相应的设计和实施策略。通过对这个教学关键问题的分析和解决，希望教师能够：

- 围绕素养发展对单元教学的目标、活动和评价进行系统思考。
- 应用设计思路对具体内容的单元教学进行教、学、评系统规划。

1-3-1 "食盐精制"第1课时
课堂实录片段（庞雪）

1-3-2 "食盐精制"第3课时
课堂实录片段（王严）

⚙ 问题的提出

课程内容的素养发展价值需要从不同角度深入挖掘，还需要通过学科大概念和具体的单元学习目标外显出来。确定了体现素养发展的单元学习目标后，教师还要设计相应的学习活动作为目标达成的载体或途径，并跟进相应的活动评价即时检测目标的达成情况。素养发展为本的教学主要就是教、学、评一体化设计和系统规划，这是对教师教学实践能力的高水平要求。

实际工作中，许多教师习惯做基于经验的教学设计，具体表现为更擅长设计具体的教学活动，所以教学设计通常会从与已有教学经验最为密切的教学活动切入，但说不清楚各学习活动分别能够达成什么样的单元学习目标，更谈不上如何通过学生的活动表现来衡量目标的达成情况。在日常教学中评价设计则往往被忽视，许多教师只有在布置考试或作业任务时才会对评价进行思考。这样导致的结果就是活动内部结构的随意性较大，活动之间的逻辑关联模糊，活动所对应的目标虚化、评价缺失，即出现教、学、评不一致的现象。

问题的分析

在以素养发展为本的教学中，主题、目标、活动和评价是四位一体的关系，是教学设计的核心要素（如图1-3-1所示）。要实现以素养发展为本的教、学、评一体化，首先要明确这些要素的关系、内涵及特征，整体把握四个核心要素。在教学关键问题1-2中，我们明确了单元学习主题的内涵及提炼方法。单元学习主题主要解决知识结构化和功能化的问题，好的单元学习主题能体现学科核心知识、学科大概念及学科知识在问题解决中的应用。因此，单元学习主题对单元学习目标、活动和评价是具有统摄作用的。那么，怎样进一步理解单元学习目标、单元学习活动和单元学习评价这几个要素呢？

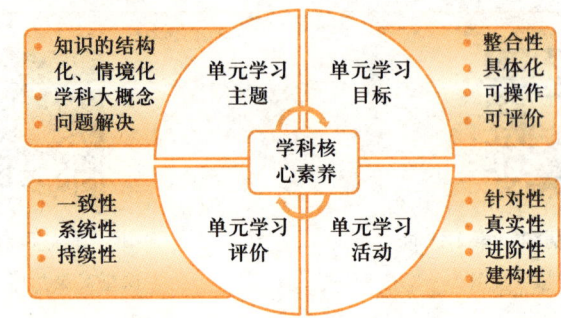

图1-3-1 以素养发展为本的单元教学设计的核心要素及特征

问题的解决

一、单元学习目标

单元学习目标是素养的具体化，是指学生通过单元学习应该获得的学科核心素养的具体表现，具体包括学生对化学学科核心知识的深度加工，对学科思想和方法的灵活运用，对相关新情境或新问题的应对措施，对学习过程和结果的自我调控，以及对与单元学习内容有关的人、事、物的态度和价值评判，等等。

好的单元学习目标具有以下特征：

（1）整合性。学习目标体现知识、方法及情意的整合。

（2）具体化。学习目标围绕核心知识阐述素养的具体表现。

（3）可操作。学习目标有相应的活动载体。

（4）可评价。学习目标强调学生的行为表现。

二、单元学习活动

单元学习活动是学习目标达成的载体，是主题统领下的一系列彼此关联的、结构化的、有逻辑的学生思维活动和动手实践活动的总和。单元学习活动应具有一定的挑战性，即任务相对学生现有水平具有一定的难度，学生依靠现有的知识经验或思想方法难以完成，必须吸收新的知识、建立新的联系，或者转变思路、调整方法等，即在上述各方面有综合发展，才能够完成学习任务。

好的单元学习活动具有以下特征：

（1）针对性。学习活动指向具体的单元学习目标，对接相应的活动表现评价。

（2）真实性。学生真实地参与探究、讨论等学习过程，学习活动链接真实世界的情境素材，有实际意义和价值。

（3）进阶性。学习活动顺应学生的能力素养进阶，形成完整的问题解决过程。

（4）建构性。学生是学习活动主体，学习活动强调学生的主动建构，包括与已有经验建立关联、深度理解、迁移等。

三、单元学习评价

单元学习评价是指教师在学习过程中或者学习结束后，通过对话、观察、作业等多种方式，对学生学习目标达成情况进行分析、诊断，调整教学。评价的功能包括探查学生认识、发现问题、调控学习过程、促进学生反思改进以及反馈与指导教学改进。对学生的活动表现进行评价是素养发展为本的教学的重要评价方式。

好的单元学习评价具有以下特征：

（1）一致性。评价内容与单元学习目标对应，凸显对学生能力素养的评价。

（2）系统性。评价内容与评价指标、评价活动、评价工具及评价方式相对应。

（3）持续性。评价贯穿始终，尤其关注对学习过程的评价，且反馈具体、有针对性。

教师在明确了单元教学设计系统的核心要素及其特征后，接下来就要思考在具体课程内容的教学设计中，统整主题、目标、活动和评价，进行教、学、评一体化设计的具体路径和方法。

 **指导建议**

一、单元学习目标的确立

基于素养发展价值确立单元学习目标，容易出现以下问题：① 目标过于知识化和应试化，难以体现学科观念和应用价值；② 思路方法和态度责任目标缺位或过于笼统，与课程内容缺乏关联；③ 目标被情境素材"带偏"，主次目标不清晰；④ 目标缺乏关联性，难以在单元中形成合力；⑤ 目标缺乏进阶性，未体现学生能力发展障碍点的突破。

问题①比较基础，教师需要梳理课标主题或教材单元的知识结构及其内在逻辑，提炼核心知识和知识体系建构的目标。问题②需要教师转变观念，关注知识载体与思路方法、态度责任目标之间的关联。问题③④⑤需要教师补充有关课程和学生的知识，关注课标要求和学生实际表现，提升课程规划能力。总体来说，教师需要考虑目标与知识结构、学科观念、问题解决思路之间的关系，先规划单元整体学习目标，再将其拆分到课时学习目标，避免"只见树木不见森林"的单课时学习目标设计。

单元学习目标是教、学、评一体化设计的起点，也是教学实施的落点，目标源于课标要求，体现单元学习主题的内涵，并关照学生的发展基础和需求。完整的学习目标中应包含学习内容、学习对象、学习行为及相应的行为水平，表述清晰、规范的目标是组织学习内容和选择教学方法的依据，也是评价学生学习效果的依据。

确立单元学习目标的过程也是单元学习主题再次回应课标要求并将其具体化的过程。一方面，教师要对照课程标准中的学业要求和学业质量标准，联系教科书或其他学习材料中的具体内容，将单元学习主题具体化；另一方面，教师要分析学生在相应素养指标上的实际表现，确定能体现水平进阶的预期行为表现。单元学习目标表述应以学生为主语，包含具体的素养维度、相应的学科知识内容、行为表现和水平以及行为发生的情境或条件。

【案例】

电离与离子反应（单元学习目标）

单元学习主题：食盐精制——从微观角度看粗盐中可溶性杂质的去除。

单元学习目标：

1. 能通过对食盐固体、溶液的微观想象和导电性实验，建立并论证电离概念；能基于电离概念从微观角度认识不同物质在溶液中的存在状态，概括形成电解质的概念；能用电离方程式表征电解质电离的过程。

2. 能通过导电性和传感器实验，论证溶液中反应的本质是离子间的反应，建立离子反应概念；能基于离子反应再认识酸、碱、盐溶液间的反应，并概括离子反应的规律；能用离子方程式表征离子反应的过程。

3. 能基于电离、离子反应进行离子检验；通过设计食盐精制方案，明确试剂种类、加入量和顺序，实施方案并检验除杂效果，综合应用离子反应规律进行证据推理，干扰排除，概括复杂离子检验的思路。

4. 能从成本、除杂效果和安全性等方面评价和优化食盐精制的实验方案，能理解并分析历史和工业上食盐精制的方案；能体会盐对人体健康、社会发展的重要性，认识历史上盐和制盐技术的重要地位，以及我国在制盐方面的成就。

上述单元学习目标的确立，一方面是基于课标分析及单元学习主题的提炼，另一方面是基于学情分析。学情分析包括两个方面，一是对学生已有基础和发展空间的分析，二是对学生发展路径中的障碍点分析。教师在进行学情分析时，要特别关注学生对核心知识的把握，但不能只对知识结论进行探查和描述，而要通过问题探查其对知识的理解，即要关注知识背后的认识对象、角度和表现，体现知识所承载的思想方法。

【案例】

电离和离子反应（学情分析）

已有基础：初中阶段，学生学习过酸、碱、盐，能够从宏观物质角度分析酸、碱、盐在水溶液中的行为，仅能基于一些酸、碱、盐的代表物，从宏观角度、孤立地分析酸、碱、盐之间的反应。

发展空间：高中必修阶段，学生需要在宏观视角的基础上基于电离、离子反应概念建立起微观角度，并定性、定量相结合地认识酸、碱、盐溶液中微粒的种类与数量的关系。

前测结果显示，学生存在以下障碍点：

（1）大部分学生知道酸、碱、盐在水溶液中以离子形式存在，但由于没有建立电离、电解质等关键概念，因此对"什么样的物质能产生离子""如何产生离子""多种物质产生的离子之间能否共存"等问题不明确，也不能准确运用化学用语进行表征。

（2）部分学生只能从宏观物质的角度分析，不能从微观离子的角度分析酸、碱、盐之间的反应。

（3）大部分学生只能关注离子的种类，不能关注离子的数量，从定量的角度分析问题的意识和能力比较薄弱。

二、单元学习活动的设计

单元学习活动应基于主题和目标进行整体规划，活动的进阶顺序或顺应真实问题解决路径，或顺应学生的学科思维发展路径，从知识关联到知识表征再到知识应用。每个学习活动与学习目标有明确的对应关系，同时活动内部有其系统构成，每个学习活动由学习情境、驱动性问题、任务流程（操作性要求）和学习内容组成。

单元学习活动通常有两种组织方式。一种是大任务统领下的单元学习活动，其任务序列以复杂问题解决作为整个教学的外显明线，以核心概念建立路径、学生的认知逻辑和关键能力发展作为暗线，不同课时、阶段教学间的关系是实际问题解决的过程。另一种是知识逻辑与能力素养发展逻辑融合下的单元学习活动，其任务序列的明线是核心知识、认识模型等的建立、理解、应用，外显核心知识的功能价值，不同课时、阶段教学间的关系是能力的进阶和发展。

学情分析同样也是单元学习活动设计的重要基础，无论是哪种方式组织活动，都需要充分考虑学生的认识发展起点和发展脉络，即学生在认识发展中的障碍点、关键点。这样才能使驱动性问题、具体学习任务和活动支架更加适合学生，既能保证活动对学生有一定的挑战性，又能使其在有限的时间内完成学习任务。

【案例】

电离和离子反应（单元学习活动）

本单元基于主题和目标，结合学生在微观认识物质和反应的障碍点分析，设计了4课时的单元学习活动。

第1课时的主题是从微观角度看粗盐中的杂质，通过活动①探查学生对物质的已有认识水平；通过活动②促进学生从宏观走进微观，建立电离概念；通过活动③巩固学生物质视角的变化。

第 2 课时的主题是从微观角度看粗盐中除杂反应，通过活动①探查学生基于电离概念形成的对反应的新认识；通过活动②促使学生关联宏观与微观，建立离子反应概念，从微观角度认识反应本质；通过活动③巩固、发展学生认识反应角度的变化。

第 3 课时的主题是系统设计和完善除杂方案，学生进一步体会、形成利用微观认识物质及变化的角度来解决真实问题的思路。

第 4 课时是对单元学习收获的反思与总结，引导学生完善本单元的知识结构与认识思路。

（一）单元学习活动规划

设计要点	第 1 课时	第 2 课时	第 3 课时	第 4 课时
驱动性问题	如何去除食盐中的氯化钙杂质？	如何去除食盐中的杂质离子？	如何去除食盐中的所有可溶性杂质？	通过本单元的学习，你有哪些学习收获？
学生认识发展	发现和建立电离概念，从微观角度认识物质在水溶液中的存在	发现和建立离子反应概念，从微观角度认识水溶液中的物质变化	概括和应用离子反应条件，完成食盐精制实验	完善本单元的知识结构，概括梳理核心知识及相应的认识思路
具体学习活动	① 实验体验，初识杂质； ② 分析数据，推测和论证杂质的微观存在； ③ 实物模型模拟和符号表征，从微观角度再认识杂质	① 实物模型模拟用 Na_2CO_3 溶液除去 Ca^{2+} 的微观过程； ② 分析数据，推测和论证用 Na_2CO_3 溶液除去 Ca^{2+} 的微观过程； ③设计去除 Mg^{2+}、SO_4^{2-} 等杂质离子的方案	① 食盐精制方案的交流与改进； ② 食盐精制方案的实施与反思； ③ 工业生产中除杂方案的分析与评价	① 再认识酸、碱、盐，梳理电离、电解质与物质类别的关联； ② 再认识酸、碱、盐在水溶液中的复分解反应，梳理离子反应发生条件等规律； ③ 再认识离子方程式的含义与书写

（二）具体活动示例：课时 1 的活动①实验体验，初识杂质

教师活动	学生活动
走进海盐产量最大的长芦盐场，了解获得粗盐的方法，回顾初中学习过的溶解、过滤、蒸发，这样制得的粗盐 NaCl（$CaCl_2$、$MgCl_2$、Na_2SO_4）能否直接食用？其杂质是什么？	粗盐中含有杂质，无法直接食用，需要精制。明确经提纯后的粗盐中的杂质：$CaCl_2$、$MgCl_2$、Na_2SO_4。 （探查学生对物质的认识：宏观、物质层面）
假设你们现在就是长芦盐场的化工工程师，你会如何除去粗盐中的氯化钙杂质？ 　　利用所提供的仪器和药品，试一试你的方案是否可行，小组讨论实验要点，并用化学语言表达涉及的反应。 　　药品：粗盐固体、碳酸钠固体、蒸馏水	基于已有经验，选择试剂：碳酸钠；书写碳酸钠与氯化钙反应的化学反应方程式。 　　进行实验，观察现象，讨论杂质是否能去除，讨论结果：只有配成溶液才能发生反应。 （探查学生对反应的已有认识：酸、碱、盐的复分解反应）

三、单元学习评价

单元学习评价是对单元学习目标达成情况的测查，同时起到监测与调控学习过程、反馈与指导改进教学的作用。评价贯穿单元学习始终，包括课前、课中和课后，力求体现持续性。评价方案要体现出：评价目标与学习目标一致，评价任务与学习活动整合，学习过程和结果评价并重。

活动表现评价是单元学习评价的重要组成部分，也是体现评价持续性的重要方式。在实践过程中，活动表现评价与活动可以进行一体化设计，依据学生在学习活动中的表现，对学习目标是否达成及核心素养发展进行评价。在具体设计时，教师要对学生在课堂上核心活动中的表现进行预设，不同的活动表现对应不同的发展水平，体现学生的认识发展进阶；评价结果不仅能成为教学有效性的判据，也能成为课堂教学环节推进采用的依据。

【案例】

电离和离子反应（单元学习评价）

"电离和离子反应"单元学习评价中的学生活动表现评价示例如下。

评价目标	评价任务	评价标准
从微观角度认识氯化钠进入水前后的本质区别——钠离子和氯离子之间是否存在强烈的相互作用，能否自由移动	第1课时活动①：画出氯化钠进入溶液后的示意图，阐述氯化钠进入水中前后的差异	水平1：一个钠离子与一个氯离子紧密相连为一组（或直接画成分子），多组分子未分散在水中。 水平2：钠离子和氯离子分散在水中，整齐排列，不自由移动，钠离子和氯离子之间依然存在比较强烈的相互作用。 水平3：钠离子和氯离子均匀分散在水中，自由移动，钠离子与氯离子之间不存在强烈的相互作用
自主地从微观角度定性与定量相结合地认识混合溶液的组成	第1课时活动③：从微观角度认识粗盐溶液的组成，将认识结果模拟在白板上	水平1：钠离子、氯离子、钙离子、镁离子和硫酸根各摆1个。 水平2：认为每种溶质只有"一个"，即钠离子摆3个，氯离子摆5个，钙离子、镁离子和硫酸根各摆1个。 水平3：钠离子和氯离子个数明显多于其他离子，但离子数目不满足电荷守恒。 水平4：钠离子和氯离子个数明显多于其他离子，且离子之间满足电荷守恒
从微观角度认识酸、碱、盐之间的离子反应，能正确书写离子方程式	第2课时活动①：从微观角度分析在水溶液中 Na_2CO_3 与 $CaCl_2$ 反应的过程，将分析结果模拟在白板上，写出离子方程式	水平1：反应后将钠离子和氯离子摆在一起，离子方程式的产物中出现 $NaCl$。 水平2：反应前后均能以离子形式表示物质，但所加碳酸钠的量不足或与氯化钙恰好完全反应，离子方程式正确。 水平3：反应前后均能以离子形式表示物质，且所加碳酸钠稍过量，离子方程式正确

评价目标	评价任务	评价标准
初步建构应用离子反应除去杂质的思路和方法	第 2 课时活动③：选择合适的试剂除去粗盐溶液中的 Mg^{2+} 和 SO_4^{2-}，阐述选择试剂的理由	水平 1：试剂选择错误，未关注到可能新引入的杂质离子。 水平 2：试剂选择正确，但未考虑加入的除杂试剂应稍过量。 水平 3：选择 $Ba(OH)_2$ 作为除杂试剂，未考虑 Mg^{2+} 和 SO_4^{2-} 的量是未知的。 水平 4：选择 $NaOH$ 和 $BaCl_2$ 作为除杂试剂，且加入的试剂稍过量

　　除了活动表现评价外，运用一定的量表进行课堂观察、单元作业及单元前后测等也是单元学习评价的重要组成。单元作业检验每节课的学习效果，巩固课时目标并为后续学习做准备。单元前测考查学生的已有水平，包括核心知识、认识角度、问题解决的思路等；单元后测则考查单元学习目标的落实，巩固和发展学生的关键能力。单元持续性评价的设计，需要教师深入研读课程标准和教科书，真正将学生的核心素养发展转化为外显的思维或行为表现。

1-4 如何进行基于核心素养的作业设计和试题命制？

这是一个帮助教师整体认识高中化学新课程的通识性教学关键问题，探讨在素养导向的高中课程改革背景下，化学试题分析和命制策略。基于学科能力活动及其表现理论，制定命题框架，明确命题流程，命制高中化学学业水平测试题，结合测试结果开展素养导向的学情诊断及教情反思。通过对这个教学关键问题的分析和解决，希望教师能够：

- 理解基于学科能力活动及其表现理论的试题分析框架。
- 基于试题分析框架形成素养导向的单元作业设计和命题策略。

1-4-1 素养导向的学业水平试题 分析和命制策略（一）（陈颖）　　1-4-2 素养导向的学业水平试题 分析和命制策略（二）（陈颖）　　1-4-3 "食盐精制"单元 作业设计（富瑶）

 ### 问题的提出

素养导向的学业水平考试改革是新一轮高中课程改革的重要组成部分。面对新的高考方案和学业水平合格考和等级考试题，教师们一方面感受到素养导向的化学试卷越来越凸显情境素材丰富、设问方式灵活等特征；另一方面也发现，以往在教学实践中行之有效的强化训练、题海战术等方法越来越没有效果，甚至会引起学生厌学等不良后果。

为帮助教师解决上述困惑，自 2017 年 7 月以来，北京市海淀区高中化学学业水平考试研究团队基于王磊教授的学科能力理论制定命题框架，命制高中化学学业水平合格考及等级考区域统练试题，结合测试结果指导教师开展素养导向的学情诊断及教情反思，聚焦学生学科能力进阶优化复习课教学。引导教师探索在复习课教学中落实学科核心素养的方法策略，取得了较为显著的实践成效。

 ### 问题的分析

分析课程标准中的学科核心素养内涵可以发现，素养导向的目标是以往三维目标的继承和发展。例如，课程标准中"宏观辨识与微观探析"素养的内涵为：能从不同层次认识物质的多样性，并对物质进行分类；能从元素和原子、分子水平认识物质的组成、结构、性质和变化，形成"结构决定性质"的观念；能从宏观和微观相结合的视角分析解决实际问题。其中没有变化的是相应的核心知识——"物质的分类""物质的组成、结构、性质和变化"，以及化学学科的大观念——"结构决定性质"。变化表现在两方面，一是强调从静态的知识转化为动态的认识方式（内隐）及能力表现（外显）——"从不同层次认识物质的多样性""从元素和分子、原子水平认识物质""能从宏观和微观相结合的视角分析与解决实际问题"；二是强调学科大观念的形成途径，通过建立认识方式和经历学科能力活动来形成。总之，素养目标更加凸显学科本质，更加关注学生的化学思维方式——用化学的视角认识真实世界，用化学的方法解决实际问题。

基于上述分析可知，学科核心素养发展的关键是学生学科能力的发展。因此，通过设计不同任务类型的学科能力活动，可以测查学生的素养发展情况。素养导向的命题需要命题者从以往考查落实"双基"的命题思路专向考查学科能力的命题思路。高中学生化学学科能力的内核是化学认识方式，包括对物质和变化的认识角度、认识思路、认识水平，可以通过创设特定问题情境、设计相应水平的任务进行测查。

🖳 问题的解决

为体现素养导向的试题特质，整体规划试题的素养测查目标，依据中学生化学学科能力构成模型确定如图 1-4-1 所示的三维命题框架。

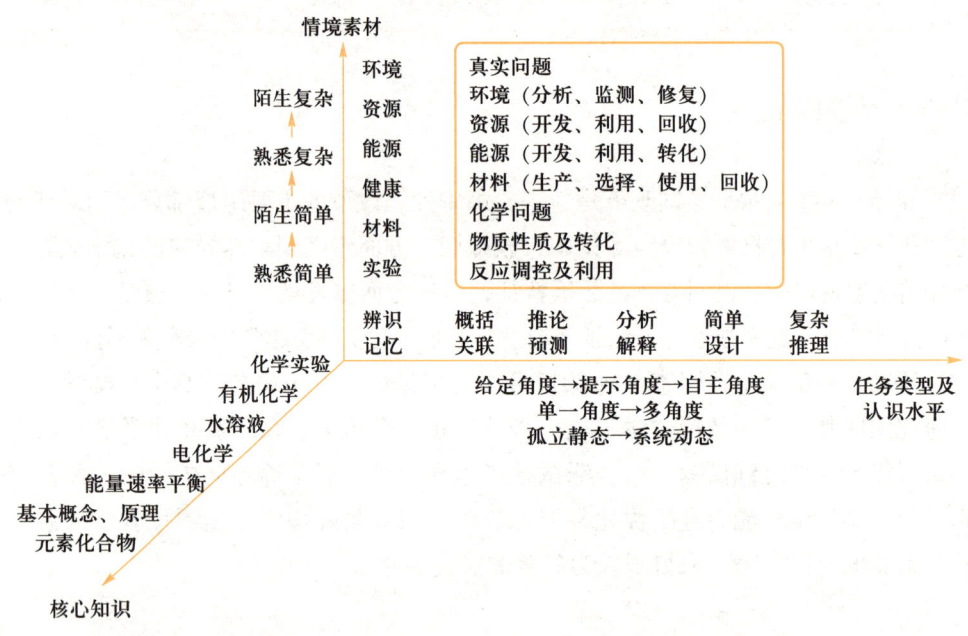

图 1-4-1　基于学科能力构成模型的三维命题框架

1. 任务类型及认识水平维度

该维度是最能体现能力特质的维度，与以往考纲中的"知道""理解""掌握"的笼统能力要求不同，借助学科能力构成模型，无论是能力内涵还是能力表现，都更为具体，更具有命题的可操作性。任务类型即学科能力活动的表现类型，考虑到考试时间限制和阅卷便捷，选择了辨识记忆、概括关联、推论预测、分析解释、简单设计、复杂推理等六种类型。从辨识记忆到复杂推理，不同任务类型对应的认识水平逐渐增高，表现为从提示角度到自主角度、从单一角度到多个角度、从孤立静止到系统动态等。

2. 情境素材维度

学生在真实情境中解决实际问题的表现才可能是素养的体现，因此情境素材是素养测查的必需要素，该维度包括问题情境领域和素材类型。化学应用于真实问题解决的领域通常有环境、资源、能源、材料、健康等领域，不同领域所涉及的素材对学生来说从熟悉到陌生、从简单到复杂都有可能。

此外，还应关注不同情境领域中的真实问题也是特定的，如环境领域所涉及的问题通常包括环境中污染源分析、检测及环境修复等。但真实问题转化成化学问题后，基本上可以概括为物质性质及转化、反应调控和利用两类。

3. 核心知识维度

学科知识是学科核心素养的构成部分，也是素养的基础。该维度以高中化学的核心内容主题为标签来呈现，包括该主题下的具体知识及相应的活动经验。同一主题的核心知识，可以用于不同情境领域中的真实问题解决。反之，同一情境领域中的真实问题，可以应用不同的核心知识，涉及不同的任务类型，在问题解决过程中对应不同的认识思路和认识水平。

✏️ 指导建议

在实践中，上述三维命题框架既是学业水平测试试题的编制依据，也可用于分析学业水平测试题，还可用于设计复习课的课堂学习活动。

我们可以依据图 1-4-1 所示的三维命题框架，按照图 1-4-2 所示的流程进行学业水平模拟测试的试题规划和编制。

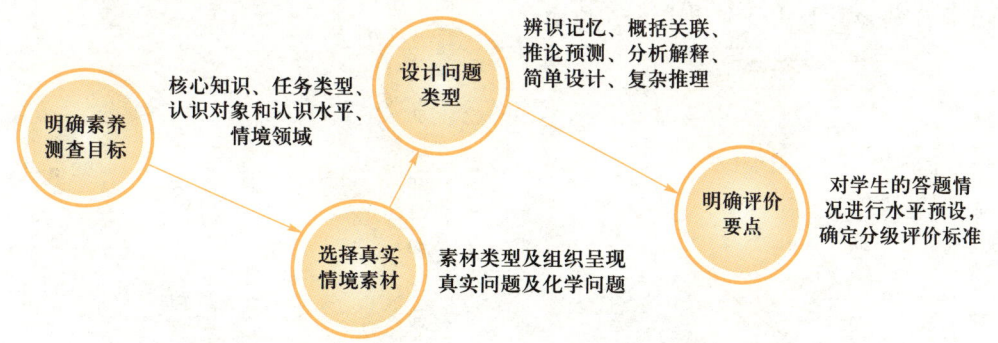

图 1-4-2　基于三维命题框架的试题规划和编制流程

首先要依据三维命题框架确定素养测查目标，即对整份试卷进行试题规划，结合学生的复习进度在核心知识维度进行分数分布规划；在任务类型及认识水平维度进行试题的难度规划；从核心知识的应用价值或任务类型及认识水平出发，对情境领域和素材选取方向进行规划。然后根据试题规划进一步组织素材、设计问题和评价标准。

具体操作方法从以下四个方面举例说明。

一、从化学学科的核心应用领域中选取并组织素材

化学知识广泛地应用于人类社会生产及日常生活，不同知识的应用价值和功能不同，例如化学变化的能量、平衡及速率等知识理论，能使人们更好地调控和利用化学反应，通过调节进料比、温度等条件使反应限度和速率符合预期。这样的应用在环境、资源、能源、材料等所有领域都有体现。例如，环境领域中对污染源生成或消除反应的调控，资源领域中对从原料到产品的各步物质转化反应的调控，能源领域中对能源开发或转化所对应的化学反应的调控，等等。

教师在具体查找和组织素材时，要考虑学生的复习阶段，考虑是否涉及跨内容主题的测查目标等。例如，在高三上学期学生刚开始进行第一轮复习，更适合进行单一内容主题测查，可以用资源、能源领域中的石油化工原料生产的素材考查学生在"化学变化的能量、平衡及速率"主题的学科能力。具体资料如下：

资料1 以丁烯和乙烯为原料反应生成丙烯的方法被称为"烯烃歧化法"，主要反应为

$$C_4H_8(g)+C_2H_4(g) \Longleftrightarrow 2C_3H_6(g)$$

相关燃烧热数据：

$$C_2H_4(g)+3O_2(g) \Longrightarrow 2CO_2(g)+2H_2O(l) \qquad \Delta H_1 = -1411 \text{ kJ} \cdot \text{mol}^{-1}$$

$$C_3H_6(g)+9/2O_2(g) \Longrightarrow 3CO_2(g)+3H_2O(l) \qquad \Delta H_2 = -2049 \text{ kJ} \cdot \text{mol}^{-1}$$

$$C_4H_8(g)+6O_2(g) \Longrightarrow 4CO_2(g)+4H_2O(l) \qquad \Delta H_3 = -2539 \text{ kJ} \cdot \text{mol}^{-1}$$

资料2 "丁烯裂解法"是另一种重要的丙烯生产法，但生产过程中会有生成乙烯的副反应发生。反应如下：

主反应：$3C_4H_8 \Longleftrightarrow 4C_3H_6$；   副反应：$C_4H_8 \Longleftrightarrow 2C_2H_4$

测得上述两反应的平衡体系中，各组分的质量分数（w）随温度（T）和压强（p）的变化分别如图1-4-3和图1-4-4所示。

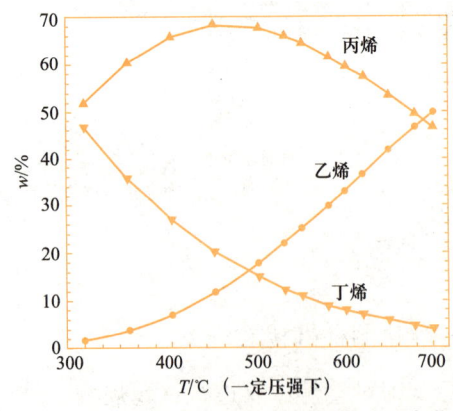

图1-4-3 各组分的质量分数随温度的变化

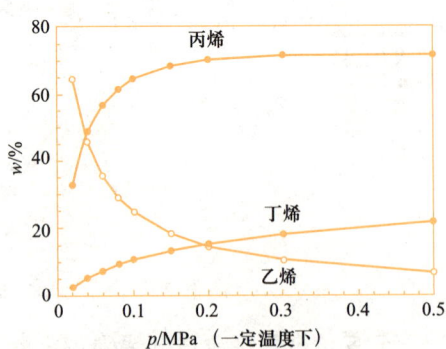

图1-4-4 各组分的质量分数随压强的变化

上述资料中的化学反应是有机化合物的转化，对学生来说虽然陌生但不复杂，同时素材不涉及水溶液、电化学等其他内容主题。资料1可用于测查学生对盖斯定律的

应用，资料 2 可用于测查学生对单一平衡体系或多平衡体系的认识思路，问题难度的设计空间较大。

二、设问指向真实问题解决过程中的任务类型及认识水平

初步完成情境素材的选取及呈现后，基于素材中所蕴含的真实问题进行设问，设问的重要依据是三维命题框架中的任务类型及认识水平维度。不同内容主题下，学科能力活动表现是有层级划分的，仍以化学平衡及速率为例，在课程标准中"变化观念与平衡思想"素养的内涵对该内容有明确要求：认识化学变化有一定限度、速率，是可以调控的，能多角度、动态地分析化学变化，运用化学反应原理解决简单的实际问题。从中可以看出，该素养包含学生对化学变化的多角度认识方式，以及多角度、动态的认识水平要求。在设计学科能力活动的任务类型时，可以结合情境素材中的真实问题，将真实问题解决过程进一步分解，设计分析解释、推论预测或复杂推理等类型的问题，在不同水平上进行该内容主题所对应的素养测查。

以前述素材的资料 2 为例，其中要解决的真实问题是"丁烯裂解法"制丙烯的反应条件控制。为了解决该问题，研究者需要从限度、速率多角度权衡、确定影响反应的外界条件，同时，该反应过程伴随副反应，所以也要考虑副反应的影响，才能最终确定合适的反应条件，包括温度、压强等。资料 2 的图像数据正是在上述问题解决过程中获得的，将问题解决过程进一步分解，可设计如下问题：

（1）平衡体系中的丙烯和乙烯的质量比 $\left[\dfrac{m(C_3H_6)}{m(C_2H_4)}\right]$ 是工业生产丙烯时选择反应条件的重要指标之一，从产物的纯度考虑，该数值越高越好，从图 1-4-3 和图 1-4-4 中表现的趋势来看，下列反应条件最适宜的是_____（填字母序号）。

A. 300℃　0.1 MPa　　　　　B. 700℃　0.1 MPa
C. 300℃　0.5 MPa　　　　　D. 700℃　0.5 MPa

（2）有研究者结合图 1-4-3 的数据并综合考虑各种因素，认为 450℃的反应温度比 300℃或 700℃更合适，从反应原理角度分析其理由可能是_____。

（3）在图 1-4-4 中，随着压强增大，平衡体系中丙烯的百分含量呈上升趋势，从平衡角度解释其原因是_____。

答案：

（1）C

（2）450℃比 300℃的反应速率快；比 700℃的副反应程度小

（3）压强增大，生成乙烯的副反应平衡右移，丁烯浓度增大，导致主反应的平衡正向移动，丙烯含量增大。

设问（1）为推论预测型问题，需要学生在给定的平衡角度下进行条件推论和预测。学生只要能够从图像数据中正确提取乙烯与丙烯的质量比与温度、压强的变化关系，就能推断出合适的反应条件。

设问（2）为分析解释型问题，需要学生自主调用平衡、速率等多角度对反应条件

进行分析解释。图像数据是体系处于平衡态时的相应数据，实际选择反应条件时还要考虑速率问题。与300℃相比，450℃的优势在于反应速率能够加快，虽然副反应相对多一些，但生产能加快；而与700℃相比，450℃的副反应程度小，丁烯转化成丙烯的转化率高。该设问还有一定的开放性，从速率角度看，选择450℃还可能是因为该温度下催化剂的选择性最高或该温度是催化剂的活性温度等，学生如果这样作答也说明其能够从速率角度对反应条件进行分析解释。

设问（3）为复杂推理型问题，考查学生应用多角度认识反应的思路对多平衡体系进行系统、动态的分析推断能力。解题时，学生首先需要将多平衡体系的反应区分为分析对象（主反应）和影响因素（副反应），然后将压强增大作为推理起点，应用平衡移动原理分析副反应和主反应，找到推论过程中的关键变量，形成推理链。最终得出"压强增大，生成乙烯的副反应平衡逆向移动，使丁烯浓度增大，导致主反应的平衡正向移动，从而使丙烯含量增大"的完整答案。

三、同一内容主题的设问关注学科能力任务类型的全覆盖

高三学年不同阶段会侧重不同的内容主题进行复习，因此，在阶段性的学业水平测试中，可以针对本阶段的重点复习内容进行整体规划。针对重点主题的核心知识设计学习理解、实践应用和迁移创新等不同类型和水平的问题，做到学科能力任务类型的全覆盖，更好地利用模拟测试结果发现学生能力发展中存在的问题，以便通过后续复习进行弥补和改善。以下列举的两道选择题是"化学变化的能量、平衡及速率"主题的学习理解类型的测试题。

例1 一定温度下，向 10 mL 0.40 mol·L^{-1} 的 H_2O_2 溶液中加入适量 $FeCl_3$ 溶液，不同时刻测得生成 O_2 的体积（已折算为标准状况）如表 1-4-1 所示。

表 1-4-1 不同时刻测得生成 O_2 的体积

t/min	0	2	4	6
$V(O_2)$/mL	0	9.9	17.2	22.4

资料显示，反应分两步进行：

① $2Fe^{3+}+H_2O_2 === 2Fe^{2+}+O_2\uparrow +2H^+$，

② $H_2O_2+2Fe^{2+}+2H^+===2H_2O+2Fe^{3+}$，

反应过程中的能量变化如图 1-4-5 所示。

下列说法不正确的是（　　）。

A. 0~6 min 的平均反应速率为 $v(H_2O_2)=$ 3.33×10^{-2} mol·L^{-1}·min^{-1}

B. Fe^{3+} 的作用是增大过氧化氢的分解速率

C. 反应①是吸热反应、反应②是放热反应

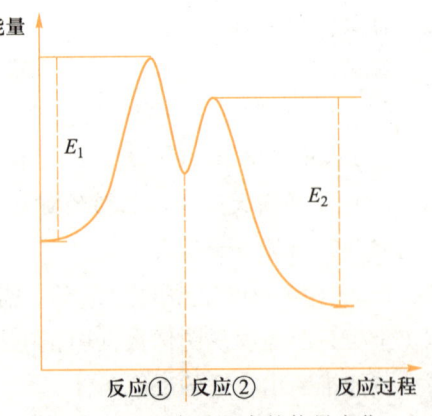

图 1-4-5 反应过程中的能量变化

D. 反应 $2H_2O_2(aq) \Longrightarrow 2H_2O(l)+O_2(g)$ 的 $\Delta H=E_1-E_2<0$

例2 羰基硫（COS）可用于合成除草剂、杀草丹等农药。可通过 H_2S 与 CO_2 在高温下反应制得 COS：$H_2S(g)+CO_2(g) \Longrightarrow COS(g)+H_2O(g)$，$\Delta H>0$。在 2 L 容器中充入一定量的 H_2S 和 CO_2 发生上述反应，在不同温度下获得的反应数据如表 1-4-2 所示。

表 1-4-2　不同温度下获得的反应数据

实验	温度/℃	起始时				平衡时	平衡常数
		$n(CO_2)$/mol	$n(H_2S)$/mol	$n(COS)$/mol	$n(H_2O)$/mol	$n(COS)$/mol	
1	T_1	0.200	0.200	0	0	0.0200	K_1
2	T_2	0.200	0.200	0	0	n_2	$K_2=1/36$
3	T_3	0.400	0.400	0	0	n_3	K_3

下列判断不正确的是（　　）。

A. $K_1=1/81$

B. $K_2=K_3$ 且 $n_3=2n_2$

C. 初始反应速率：$v($实验3$)>v($实验2$)>v($实验1$)$

D. 实验 2 中平衡时的 $c(COS)$ 约为 $0.0286\ mol \cdot L^{-1}$

与实践应用层面的测试题相比，学习理解类问题提供的素材通常是学生比较熟悉的，有些是在新授课中就经常接触到的反应信息，如单一反应过程中的能量、组分浓度等变化数据。此外，问题解决所需的推理路径通常比较短，基本上是给定角度，对角度进行概括和关联。

四、试题评分标准体现问题解决思路的水平差异并促进思路转化

在测试实施过程中发现，对于推论预测、分析解释等简答题形式的问题，学生的答案往往五花八门，不同答案反映出问题解决思路的水平差异。在设计试题评分标准时，对不同水平的答案进行不同的赋分，有利于教师更好地进行学情诊断，也有利于学生进行自我诊断。

前面针对资料 2 的设问（2）和设问（3），其评分标准如表 1-4-3 所示。

体现水平层级的评分标准设定对学生问题解决思路的诊断不再是简单的"对"与"错"，而是体现一个从不完善到完善的发展过程。

表 1-4-3　评 分 标 准

得分	设问（2）评分标准	得分	设问（3）评分标准
2分	全角度分析：从速率、平衡两个角度作答	2分	完整推理：副反应受压强影响—丁烯浓度变化—主反应平衡移动
1分	单一角度分析：只从速率或平衡一个角度作答	1分	局部推理：副反应导致主反应平衡移动、丁烯浓度导致主反应平衡移动等
0分	无角度	0分	错误推理：压强导致主反应平衡移动等

基于学科能力活动及其表现理论开展学业水平模拟测试，对一线教学的指导作用是显著的。教师能够深入理解素养导向的学业水平测试的命题思路，能够基于测试数据对学情进行全面、精准诊断，同时跟进更有针对性的反馈指导，使素养导向的教、学、评一致性得以实现。

上述试题分析框架及命制策略也是素养导向的单元作业设计和题目选编的方法工具，为单元作业的目标确定、题目类型规划、情境素材选取、难度分布、评标确定等提供了可操作的思路和方法。

【案例】

电离和离子反应（单元作业设计）

下面以"食盐精制"单元作业题为例，呈现"电离和离子反应"单元作业设计。

作业目标	题目内容	答案及评分标准
知道酸、碱、盐属于电解质，在水中可以发生电离	在中学所学的单质、氧化物、酸、碱、盐中，一定能发生电离的是_____，这类物质被称为_____	答案：酸、碱、盐；电解质 评分标准：与答案完全一致，1分，其余0分
建立物质类别（酸、碱、盐）与物质是否属于电解质，是否可以发生电离之间的关联	下列物质属于电解质的是_____ A. Na_2SO_4　　B. HNO_3 C. $NaOH$　　D. $AgCl$ E. $BaSO_4$　　F. 酒精 G. 蔗糖	答案：ABCDE 评分标准：ABCDE（知道酸、碱、盐属于电解质，且与物质的溶解性无关），2分；ABC 或 ABCD 或 ABCE（知道酸、碱、盐属于电解质，但认为难溶物由于溶解度小而在水中无法电离，忽略熔融是电解质电离的另一种途径），1分；其他0分
用电离方程式表示强电解质的电离	书写以下物质的电离方程式：H_2SO_4；$NaOH$；$Fe_2(SO_4)_3$	答案：$H_2SO_4 {=\!=\!=} 2H^+ + SO_4^{2-}$；$NaOH {=\!=\!=} Na^+ + OH^-$；$Fe_2(SO_4)_3 {=\!=\!=} 2Fe^{3+} + 3SO_4^{2-}$ 评分标准：写对1个得1分
判断常见离子方程式书写是否正确（建立具体离子反应与离子方程式的关联）	下列离子方程式正确的是_____ A. 稀硫酸滴在铁片上：$2Fe + 6H^+ {=\!=\!=} 2Fe^{3+} + 3H_2 \uparrow$ B. 硫酸铜溶液与氢氧化钠溶液混合：$CuSO_4 + 2OH^- {=\!=\!=} Cu(OH)_2 \downarrow + SO_4^{2-}$ C. 硝酸银溶液与氯化钠溶液混合：$Ag^+ + Cl^- {=\!=\!=} AgCl \downarrow$ D. 碳酸钙溶于稀盐酸中：$CO_3^{2-} + 2H^+ {=\!=\!=} H_2O + CO_2 \uparrow$	答案：C 评分标准：选C，1分，其余0分
能从电离的角度说明酸、碱、盐的微观本质，论证酸、碱、盐的类别通性	请你从微观角度举例说明硫酸和盐酸在组成和性质方面的相同点和不同点	2分：能够从电离角度分析两种物质产生微粒的共性和差异，从离子的角度分析物质的性质，并能举例说明。 1分：能够从电离角度分析两种物质产生微粒的共性和差异，从离子的角度分析物质的性质，但不能举例说明。 0分：仅能从类别角度进行说明和论证

作业目标	题目内容	答案及评分标准
能从电离及离子反应的角度对一份混合溶液的成分进行微观分析解释	在盛有 100 mL 水的烧杯中加入 0.1 mol NaCl 固体和 0.1 mol KOH 固体得到溶液 A，在另一个盛有 100 mL 水的烧杯中加入 0.1 mol NaOH 固体和 0.1 mol KCl 固体得到溶液 B，对于溶液 A 和溶液 B 以及两者之间的关系，你有什么认识？请完整地表达你的想法	**2 分：**从离子种类和数量的角度分析两份溶液，结论正确；只分析了离子种类，忽略离子数量，结论正确。 **1 分：**结论错误或仅从宏观角度分析或认为 NaCl 与 KOH 会反应生成 NaOH 和 KCl。 **0 分：**其他答案
（1）能设计实验检验、鉴别、分离常见离子 （2）能依据离子反应的发生条件预测陌生反应的产物，写出离子方程式 （3）系统设计实验方案，进行多种微粒体系中某微粒的鉴别或提纯	Cu^{2+}、Ag^+ 和 Ba^{2+} 是典型的重金属离子，具有毒性，可以用沉淀法使三者分别形成沉淀，进而实现分离，同时可以减少污染。 （1）请你选择能够分别除去这三种重金属离子的试剂，并解释选择试剂的原因。 （2）写出你所选的试剂与沉淀的离子发生的离子方程式。 （3）请你设计实验方案，使这三种重金属离子分别形成沉淀从而分离出去，画出流程图	（1）选择 NaOH 除去 Cu^{2+}，因为 OH^- 可以与 Cu^{2+} 反应生成 $Cu(OH)_2$ 沉淀；选择 NaCl 除去 Ag^+，因为 Cl^- 可以与 Ag^+ 反应生成 AgCl 沉淀；选择 Na_2CO_3 或 Na_2SO_4 除去 Ba^{2+}，因为 CO_3^{2-} 或 SO_4^{2-} 可以与 Ba^{2+} 反应生成 $BaCO_3$ 或 $BaSO_4$ 沉淀。 选对三种试剂各 1 分，选择的理由各 1 分（除去 Ba^{2+} 的试剂答出一种即可）。 （2）每个离子方程式（略）1 分。 （3）如图 1-4-6 所示。 试剂的加入顺序 1 分，每产生一种沉淀之后过滤 1 分

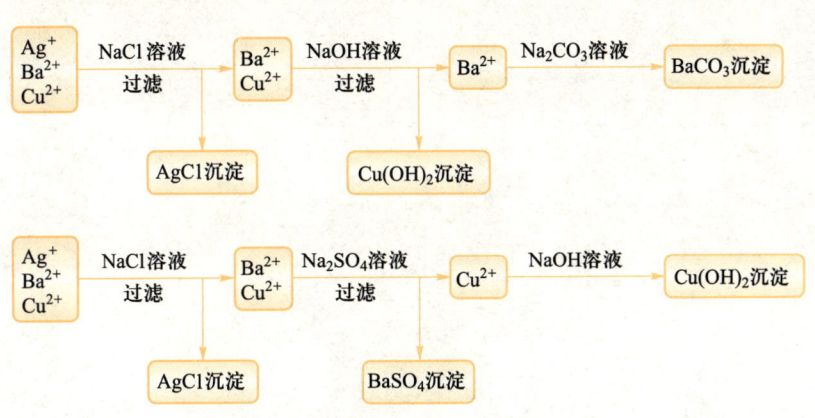

图 1-4-6　多种微粒体系中某微粒的鉴别或提纯

　　当然，在素养导向的试题命制和作业设计的实践过程中，还有很多问题值得我们进一步反思和改进。例如，可以进一步丰富试题和作业的任务类型，尤其是系统探究、迁移创新类作业；随着学生答题数据的丰富，在设计试题和作业的评分标准时可以进一步细化，体现多样化的问题解题思路；对真实情境中的实际问题，还可以进一步提高问题的开放度；等等。

单元 2 必修课程教学关键问题

2-1　怎样整体理解必修课程的内容价值？

这个教学关键问题旨在通过整体分析必修课程内容对核心素养发展的独特价值，使教师重视必修课程内容，达到深入研究和改进必修课程教学的目的。通过对这个教学关键问题的分析和解决，希望教师能够：

- 理解不同必修课程内容对素养发展的不同价值。
- 理解素养价值分析对单元教学设计的影响和重要意义。

2-1-1 "元素与物质世界"　　2-1-2 "煤改电真的有利于　　2-1-3 "煤改电真的有利于
大单元教学内容分析及学习　　解决雾霾问题吗?" 第 1 课时　　解决雾霾问题吗" 第 2 课时
活动设计（刘亚俊）　　　　　课堂实录片段（韩建丰）　　　课堂实录片段（郭文惠）

 问题的提出

课程标准明确了学科核心素养，对教师的教学提出了更高的要求。但由于课程标准的篇幅有限，很难对学科核心素养做深入和充分的阐释。教师需要主动将学科核心素养的内涵与具体教学内容的要求结合起来理解，需要具备较高的课程把握能力。实践中，教师对学科核心素养的理解不一，很多时候只是"贴素养标签"，将教学内容与学科核心素养的用词做简单对应。另外，某一个教学内容对应所有素养的情况也非常常见。很多时候，素养与核心内容、核心活动的匹配并不恰当。因此，理解教学内容对学科核心素养发展的价值就显得非常重要。必修课程内容是其他内容的基础，需要首先进行分析。

 问题的分析

一、必修课程内容对发展学科核心素养的独特价值

化学学科核心素养是学生发展核心素养的重要组成部分，既具有一般素养的特征，又具有学科的视角和特质。学科核心素养的发展是以课程内容为载体的，因此要充分挖掘课程内容的认识功能与育人价值，让不同内容发挥独特的素养发展作用。在必修

课程的 5 个主题中，"化学科学与实验探究"和"化学与社会发展"是具有贯穿性的学习主题，培养的是学科普适的基本观念与意识；而"常见的无机物及其应用""物质结构基础与化学反应规律""简单的有机物及其应用"主题则有相对具体的研究对象，培养的是相对独特的学科观念和认识思路。无论哪个主题，都会对学生学科核心素养的发展产生独特贡献。分析和理解这些独特贡献，教师才能真正基于课程内容将学科核心素养具体化和落实。

二、必修课程内容是不同学生素养发展的共同基础

从群体定位上看，必修课程是不同学生学科核心素养发展的共同基础。学生应通过学习必修课程内容，深化对化学学科的理解，明确化学学科的研究问题和研究方法，体会化学思维方式，认同化学在现实生活中的价值，并能利用化学知识解决简单的实际问题。必修课程内容包括"化学科学与实验探究""常见的无机物及其应用""物质结构基础与化学反应规律""简单的有机物及其应用""化学与社会发展"5 个主题，既体现了核心物质、反应与生产生活的紧密联系，又涵盖了化学学科发展的各个方面，与大学化学的一些二级学科相呼应，为学生进一步学习深造留出了空间。

从阶段定位上看，化学必修课程无论在内容上还是在方法上，都具有明显的初高中衔接与素养发展作用。研究对象从单一代表物发展到同类物质、同种元素组成的物质，以及元素周期表中相邻元素对应的物质；研究方法从直接概括实验结果发展到先理论预测再实验，有时还需要反思、修正理论预测；认识水平从宏观、静态、定性为主发展到微观、动态、定性与定量相结合。必修课程这种衔接功能对不同水平的学生都有意义，不仅使学生理解新知识，还要使学生在研究方法、认识水平等方面全面提升，为后续学习做好准备。

教师和各级教研工作者应重视化学必修课程的基础性，充分挖掘和发挥必修课程内容对学生学科核心素养各方面的促进作用，强调核心知识的知识关联、实验探究、真实问题解决以及相应思路和方法的形成，将必修内容教足、教活、教好。教师在面对课时压力时，应对课程整合保持谨慎态度，在充分研究的基础上实施，避免直接用选择性必修课程内容代替必修课程内容的"超前"整合。

▣ 问题的解决

课程标准是确定教学目标的重要依据。在实践中，教师独立概括课程内容的素养发展价值并据此确定教学目标是比较困难的，因此需要系统分析课程标准中的课程内容、学业要求、素养发展水平等，从中提取课程内容的素养发展价值。

教师在使用课程标准时，不仅要关注与核心知识直接相关的内容要求，也要关注主题中的其他内容要求，分析主题中不同内容要求之间的关系，还要关注体现育人价值的表述。下面以"硫及其化合物"单元教学案例（节选单元学习目标部分），来讨论如何基于课程标准挖掘课程内容的素养发展价值，确定单元学习目标，并说明在确

定单元学习目标时的一些注意事项。

【案例】

硫及其化合物（单元学习目标）

【单元学习主题】

"硫及其化合物"单元教学——煤改电真的有利于解决雾霾问题吗？

【单元学习目标】

1. 能从元素价态和物质类别两个维度（价-类二维视角）认识硫元素在自然界中的存在与转化，能通过资料阅读提取出硫单质、二氧化硫、亚硫酸、硫酸等重要的含硫物质的信息，能基于价-类二维视角预测其性质，巩固基于元素认识物质的基本观念。

2. 能在预测性质的基础上选取试剂，实现不同价态硫元素的转化，预测产物，解释现象，提升实验探究和推理能力。

3. 通过阅读雾霾形成、燃煤脱硫、煤改电的相关资料，能从化学视角认识雾霾形成的原因，理解各种燃煤脱硫的方法，能解释通过煤改电减少雾霾的原理。

4. 能结合国情考虑现实因素，预测煤改电可能存在的问题和质疑，充分论证，权衡利弊，做出科学、负责任、可持续发展的决策。

该案例中的单元学习主题和目标，反映出教师对必修课程内容素养发展价值的深入理解。"煤改电"这一社会性科学议题体现了必修课程培养合格公民的基本定位，并且与硫及其化合物部分的课标要求高度匹配。该案例除了关注课程标准中"非金属及其化合物"的相关要求外，还关注了"元素与物质"的相关要求。"元素与物质"是学科大概念，具体的硫及其化合物的学习要支持学科大概念的形成，因此在该案例中强调了基于元素认识物质的基本观点，并提到基于价-类二维视角认识硫元素及其化合物的存在、性质与转化。此外，还应当关注与物质性质与转化的价值相关的课标要求，让学生体会元素化合物知识在"促进社会文明进步、自然资源综合利用和环境保护"等方面的重要价值。这也是该案例选取煤改电、雾霾等真实情境，关注社会议题的分析与解决的原因。

该案例中单元学习目标的表述体现了核心知识、学科思维、正确价值观、关键能力和必备品格的整合。单元学习目标紧密围绕"硫及其化合物的性质""不同价态含硫物质的转化"等核心知识；有"基于价-类二维视角预测性质"等明确的学科思维和能力发展目标；有"结合国情考虑现实因素，预测煤改电可能存在的问题和质疑"等重要活动载体。这样的单元学习目标的整合，有利于将知识学习与正确价值观、关键能力发展和必备品格培养结合起来，让学科核心素养真正落地。

另外，上述单元学习目标是以学生为中心来阐述的，潜在的主语是学生。学习目标描述了学生在单元学习中能做什么、能学到什么。这样的单元学习目标更能支持单元学习活动的设计，以及学习的诊断与评价。

基于课程内容把握学科核心素养对教师而言非常重要，课程标准的内容要求和学业要求中实际上渗透着对学科核心素养的要求，有必要将它们梳理、外显出来，以便于教师理解。以下以"化学科学与实验探究""常见的无机物及其应用""物质结构基础与化学反应规律"主题为例进行说明。

一、"化学科学与实验探究"的素养发展价值

"化学科学与实验探究"是一个整体性的、贯穿整个高中化学学习的内容主题。本主题包含"化学科学的主要特征""科学探究过程""化学实验""科学态度与安全意识"等内容要求，另有若干学生必做实验分散在各个主题中。该主题强调化学科学的研究问题、思想方法、研究方法和基本态度，对"科学探究与创新意识""证据推理与模型认知"素养发展的贡献最为显著，具体表现在以下方面。

1. 增强问题意识和目的意识

科学探究源自科学问题，实验设计服务于实验目的，可见问题意识和目的意识对实验探究的重要性。课程标准在本主题的"化学科学的主要特征"部分概括了化学科学的基本研究问题、任务和追求，这对学生认识、反思实验和探究活动的目的、类型、思路以及学习价值是至关重要的。增强问题意识和目的意识，可以减少"照方抓药"式的实验探究，增强学生的参与性，促进学生对实验探究过程的理解。

2. 明确实验和探究的核心思路与方法

课程标准提出要"学习研究物质性质，探究反应规律，进行物质分离、检验和制备等不同类型化学实验及探究活动的核心思路与基本方法"，可见研究问题和任务的类型不同，研究的核心思路、基本方法也不同。例如，定量的反应规律探究需要确定反应中的自变量（如反应条件）和因变量（如反应速率），建构变量关联，进而概括形成反应规律；而物质检验探究则需要发现和利用物质性质差异，并反思和排除体系中可能的干扰因素。明确这些核心思路和方法，有助于学生理解、评价他人的实验方案，或者自主设计实验探究。

3. 认识科学探究的过程与本质

课程标准在本主题的"科学探究过程"部分，除了明确教师所熟悉的科学探究要素外，还明确了"科学探究是进行科学解释和发现、创造和应用的科学实践活动"这一基本定性，其中渗透了科学本质观，强调了科学探究的创造性，突出了探究者的主动性。可见，科学探究并不是遵从统一的方法发现客观真理，而是提出多样化的猜想假设，并设计各种实验，基于证据证明或证伪假设，得出阶段性结论的过程。研究者不同，探究假设、实验方案以及对结果的解释都可能不同。理解科学本质观，有助于教师进一步放手，在提出假设、设计方案、解释结果等环节适当增加开放度并寻求不同观点，提升学生的参与感、主动性和创造性。

4. 培养科学态度和安全意识

课程标准在本主题的"科学态度与安全意识"部分提出，要"发展对化学实验探究活动的好奇心和兴趣，养成注重实证、严谨求实的科学态度，增强合作探究意识，养成独立思考、敢于质疑和勇于创新的精神"。探究过程需要体现探究者的主动性和创造性，这样才能增强学生的好奇心与兴趣。学生在经历独立思考、团队合作、合理质疑的过程中，不仅应享受获得新知的快乐，更应体验主动建构解释和创新解决方法的快乐，并形成安全意识和环保意识等。

二、"常见的无机物及其应用"的素养发展价值

"常见无机物及其应用"总体上属于物质性质类主题，也有一部分概念原理类内容。本主题的课程内容包含"元素与物质""氧化还原反应""电离与离子反应""金属及其化合物""非金属及其化合物""物质性质及物质转化的价值"等，以及3个学生必做实验。该主题侧重物质性质及其变化的研究，对"宏观辨识与微观探析""变化观念与平衡思想""科学态度与社会责任"等素养发展有突出而独特的贡献，具体表现在以下方面。

1. 发展了基于元素的宏观辨识与基于电子转移、离子的微观探析

在本主题中，课程标准首先提出了"元素与物质"这一大概念，要求"认识元素可以组成不同种类的物质，根据物质的组成和性质可以对物质进行分类；同类物质具有相似的性质；认识元素在物质中可以具有不同价态"，由此建立基于元素（具体包括基于物质类别和基于元素价态两个视角）认识物质的宏观视角。再基于"氧化还原反应"和"电离与离子反应"这两个核心概念，建立基于电子转移和离子认识物质性质与反应的微观视角。

2. 发展了基于物质类别和元素价态实现物质转化的变化观念

课程标准中提到"一定条件下各类物质可以相互转化"，以及"可通过氧化还原反应实现含有不同价态同种元素的物质的相互转化"，清晰地呈现了"物质类别"和"价态"两个认识化学变化的基本角度。在此基础上，学生通过"金属及其化合物"和"非金属及其化合物"的学习，进一步巩固实现物质转化的基本思路。教师应理解实现物质转化与研究物质性质在思路上的同与不同，理解在实验室中和在实际生产中实现物质转化的不同需求，将物质类别和元素价态这两个角度灵活运用在原料和试剂选取、产物预测和检验等问题中。

3. 基于物质转化和实际问题解决强化社会责任

课程标准中提到要"结合真实情境中的应用实例"认识金属、非金属及其化合物的性质，同时要"了解通过化学反应可以探索物质性质、实现物质转化，认识物质及其转化在促进社会文明进步、自然资源综合利用和环境保护中的重要价值"。科学态度与社会责任不是空泛的口号。化学科学的核心是物质及其变化，其社会责任的根本在于合理、有效地利用物质变化服务于社会的可持续发展，具体包括高效、环保地制备物质和生产产品、治理污染、合理保存和使用化学品等。值得注意的是，上述内容属

于课程内容要求，而不只是教学策略建议。教师在设计教学时，既要考虑元素化合物知识的落实，也要引导学生建立从化学视角分析上述问题的思路，体会化学在解决上述问题时发挥的重要作用。

三、"物质结构基础与化学反应规律"的素养发展价值

"物质结构基础与化学反应规律"是典型的概念原理类主题。本主题包含"原子结构与元素周期律""化学键""化学反应的限度与快慢""化学反应与能量转化"等内容要求，以及3个学生必做实验。该主题侧重让学生形成对物质结构和化学反应的基本认识，对"宏观辨识与微观探析""变化观念与平衡思想""证据推理与模型认知"等素养发展有突出而独特的贡献，具体表现在以下方面。

1. 发展了基于原子结构的微观探析能力，并与元素性质、典型物质性质等关联

课程标准中提到"结合有关数据和实验事实认识原子结构、元素性质呈周期性变化的规律"。原子结构是化学学科进行微观探析的基础，其中包含核电荷数、电子层数和最外层电子数三个重要变量；元素性质是联结微观与宏观的桥梁，包括化合价、金属性/非金属性等重要概念；与此相关的典型物质性质包括金属单质与水或酸反应的能力，非金属单质与氢气化合的能力，以及最高价氧化物对应的水化物的酸性或碱性等。建立原子结构与元素性质、典型物质性质等的关联，可以在一定条件下实现氧化性、还原性强弱的比较与解释。

2. 发展了基于反应速率与限度的变化观念，以及初步的平衡思想

课程标准中明确提到"体会从限度和速率两个方面去认识和调控化学反应的重要性"，可见限度与速率是认识化学变化的两个基本角度，同时还需要关注反应的调控，对此课程标准既有能力方面的要求——"通过实验探究影响化学反应速率的因素""学习运用变量控制方法研究化学反应"，也有态度方面的要求——"了解控制反应条件在生产和科学研究中的作用"。关于平衡思想，课程标准要求"了解可逆反应的含义，知道可逆反应在一定条件下能达到化学平衡"，由此形成对反应存在限度的解释。

3. 基于原子结构与元素周期律建立"位-构-性"认识模型

基于原电池建立包含原理和装置两个维度（以及电极反应物、电极材料、电子导体、离子导体四要素）的电化学认识模型等。相较于无机元素化合物主题的"价-类"二维认识模型，在模型复杂性上有了进一步的发展，在证据推理方面也从简单、直接推理（例如从实验现象到直接推论）进阶到基于模型的多角度、复杂、间接的推理。这种基于学科或真实复杂体系的模型建构任务，可以促进学生证据推理与模型认知素养的发展。

如何开展"常见无机物及其应用"主题的单元教学？

这个教学关键问题通过讨论概念原理类知识与无机物性质知识的不同功能定位与教学策略，提升教师整体规划和设计"常见无机物及其应用"主题单元教学的能力。通过对这个教学关键问题的分析和解决，希望教师能够：

- 以形成价-类二维视角为目标，开展概念原理类知识的教学。
- 应用价-类二维视角，在实际问题解决中认识无机元素化合物的存在、性质与转化。

2-2-1 "离子反应及离子方程式"课堂实录片段（赵明哲）　2-2-2 "氧化还原反应"课堂实录片段（陈建托）　2-2-3 "科学使用含氯消毒剂"课堂实录片段（陈伯瀚）

 问题的提出

"常见的无机物及其应用"主题既包含物质分类、离子反应、氧化还原反应等概念原理类内容，也包含铁、硫、氮等元素化合物内容。在实践中，原理类内容教学往往强调定义和概念的解析，如电解质，树状分类法和交叉分类法等；还强调技能的训练，如离子方程式的书写，用单、双线桥表示氧化还原反应中的电子转移，以及氧化还原方程式的配平等。这类教学最突出的问题是内容抽象，学生往往不清楚自己在做什么、为什么做，因而缺乏兴趣。

传统元素化合物内容的教学主要侧重物质性质的记忆，实验现象的记录和解释，以及常见反应的化学方程式和离子方程式的书写。在这部分内容的教学中，最突出的问题是内容零散，缺乏整体性的逻辑主线。学生在学习中较为被动，往往需要进行大量记忆。

 **问题的分析**

一、对概念原理类知识的功能价值缺乏认识

物质分类、离子反应、氧化还原反应等概念原理类知识教学存在的问题说明，教师对概念原理类知识的功能价值还缺乏深入的认识。以物质分类知识为例，其关键不

在于理解树状分类法、交叉分类法的具体内涵，而是要通过不同的分类方法，体会分类思想以及分类的价值。分类是人们认识世界的一种方式，是应对大量具体现象和问题的一种策略。分类最大的功能是简化认知——通过概括来认识同类物质的共性，通过比较明确不同类别间物质的差异，进而形成分类标准。分类标准以及围绕分类标准形成的分类法都是人为确定的，服务于特定的目标。因此，物质分类的教学不能舍本逐末地以"分类法"为目标，而应当回到分类目的和标准的讨论上，回到认识物质性质这一基本问题上。学生可以有多种分类标准和分类方法，但哪种分类方法更有助于认识和概括物质性质，哪种分类方法就更有价值。如果教师理解到这一层面，自然就会在物质分类的教学中设计交流、评价和反思活动。可见，对概念原理类知识功能价值的认识不足会严重影响概念原理类教学的效果。

二、缺少认识无机元素化合物的基本角度和思路

无机元素化合物的知识本身比较细碎，如果没有基本的认识角度和思路，师生都容易"陷入"具体物质性质和反应细节中。类似地，如果没有认识无机元素化合物的基本角度和思路，关于无机物性质与转化的实验探究就很难真正开展。在实践中，很多实验探究实际上是"照方抓药"，学生只是按要求操作，记录实验现象。这背后的根本问题在于学生缺乏自主提出关于无机物性质和转化的猜想假设的能力。猜想假设是实验探究的灵魂，其他环节都是对猜想假设的验证。当学生不能提出猜想假设时，为了推进教学，教师只能给出实验方案和操作要求。在一些实验探究课中，教师为了改变"照方抓药"的现状，增强"探究味儿"，增加了很多变量控制、装置改进类的内容。这又容易导致教学重点的偏移——虽然强调了一般探究思想和能力，但是弱化了实验探究作为工具支持无机物性质学习的功能。

三、基于孤立代表物性质开展教学，过分强调特性

物质的性质既有共性，也有特性。特别是在钠及其化合物、氯及其化合物中，具有特性的物质较多。例如，金属钠能与水、与盐溶液中的水反应，与氧气反应能形成氧化钠和过氧化钠；又如，氯气与水能发生歧化反应，高氯酸不具有氧化性等。在以往的教学中，铝及其化合物因为具有特殊性，也是很多教师强调的重点。同时，许多物质的物理性质也是独特的，没有明确的规律。如果教师基于一个又一个典型代表物开展物质性质教学，并过分强调物质的特性，就会强化学生"学习无机物性质就是记背方程式"的感受和学习体验。

 问题的解决

一、研读课程标准，聚焦认识角度与思路

在上述对无机元素化合物教学的问题分析中，缺乏基本认识角度和思路是核心问

题。教师可以仔细研读课程标准，关注本主题中"元素与物质"这一上位的学科大概念，这部分的具体表述如下：

认识元素可以组成不同种类的物质，根据物质的组成和性质可以对物质进行分类；同类物质具有相似的性质，一定条件下各类物质可以相互转化；认识元素在物质中可以具有不同价态，可通过氧化还原反应实现含有不同价态同种元素的物质的相互转化。

可见，学习物质分类的目的是让学生认识到"同类物质具有相似的性质，一定条件下各类物质可以相互转化"；学习氧化还原的目的是让学生认识到"元素在物质中可以具有不同价态，可通过氧化还原反应实现含有不同价态同种元素的物质的相互转化"。这既是物质分类、氧化还原反应等概念原理类知识的功能价值，也是认识无机元素化合物的基本角度和思路，我们把它简称为价-类二维视角。其中"价"是指元素价态，"类"是指物质类别。价-类二维视角体现了无机元素化合物主题的学科思维和认识方式，本主题的教学都应该围绕建立和应用价-类二维视角这条主线来展开。

二、以建构价-类二维视角为目标，开展概念原理类内容的教学

教师在明确无机元素化合物主题的教学目标后，应整体规划建构价-类二维视角的教学，这就需要统筹考虑物质分类、氧化还原反应等概念原理类知识的教学方式，形成一个以认识发展为主线的小单元。因为价-类二维视角不是具体知识，而是一种学科思维和认识方式。这类内容的教学不同于知识结论的教学，不能通过简单讲解的方式传授给学生，而需要通过一系列学习活动让学生领悟，因此学习活动的设计非常关键。通常来说，这类内容的教学需要教师设计实践体验类活动、比较评价类活动和概括反思类活动等。

实践体验类活动主要起到探查作用，有助于教师了解学生的原有经验和原始想法，同时为后续活动做好铺垫。以物质分类为例，可以让学生给一系列物质进行分类，并要求学生明确自己分类的标准和目的。通过分类结果，教师可以快速判断学生的现状——从哪些角度对物质进行的分类；这些角度是表象的（如颜色、物态）还是本质的（元素组成或性质特征）；类别内的物质与分类标准是否自洽（如氧化物类别中是否为氧化物）等。类似地，对于电离和离子反应，教师可以设计实践体验类活动，让学生画出物质进入水中后发生的变化；对于氧化还原反应，教师可以设计实践体验类活动，让学生给若干反应进行分类。

比较评价类活动主要起到激发冲突、提出假设或达成共识的作用。在比较评价类活动中，教师要关注和捕捉学生间的差异，以此激发学生的思考和讨论，并通过理论论证、实验探究或效果比较，促使学生理解和认同某种观点或思维。以物质分类为例，通过交流、比较不同分类标准对研究物质性质的作用，让学生认同基于物质或元素组成（混合物与纯净物，单质与化合物、氧化物等）及物质性质（酸、碱、盐，氧化物中的酸性氧化物和碱性氧化物）的分类更有意义，从而达成共识。对于电离，则侧重讨论物质在溶液中是简单分散，还是形成自由移动的离子，并通过导电性实验加以

论证。

概括反思类活动主要起到抽提、概括认识角度和思路的作用，是从感性体验到理性认识的关键。概括反思类活动对时机把握的要求较高，这类活动既可以是一个单独的教学环节，也可以分散在其他活动中，通过追问和引导的方式开展。例如，对于电离和离子反应，可以在课堂教学最后一个环节开展概括反思类活动，反思"学习电离、离子反应概念后对物质在溶液中的行为有哪些新的认识"；而对于物质分类、氧化还原反应，教师可以在概括反思类活动中追问："这样分类有什么好处，对研究物质性质与转化有什么帮助？""你是如何判断物质的氧化性、还原性的？"等等。

【案例】

元素与物质世界（单元教学）

【单元学习主题】

从元素视角认识物质的分类

【单元学习目标】

1. 通过对已有的物质的分类，落实：① 元素可以组成不同种类的物质，根据物质的组成可以对物质进行分类；② 不同类别物质的化学组成和特点（混合物与纯净物，单质与化合物，氧化物，酸、碱、盐）；③ 单质可以继续分为金属单质与非金属单质，氧化物可继续分为非金属氧化物与金属氧化物；④ 能依据物质类别列举某种元素的典型代表物，从物质的化学组成辨识其所属的物质类别。

2. 通过对各类物质性质的预测，知道同类物质具有相似的性质，能用化学方程式正确表示典型物质的主要化学性质，能在此基础上概括物质的类别通性，能基于物质的类别通性说明常见物质的性质和应用的关系。

【单元学习活动和评价】

课时	内容主题	核心活动	评价指标
课时1	分类初探	自选角度，对含碳物质进行分类	现有的分类角度和标准
	从元素组成角度分类	比较不同分类角度的价值，从元素组成角度对一系列新物质进行分类	能否从元素组成角度说明分类依据，分类标准与分类结果是否一致
	从化合价角度分类	再看前述含碳物质，寻找其他可能的含碳物质，并反思寻找的角度和思路	能否意识到元素价态角度，能否从元素价态和物质类别角度进行系统的物质分类
课时2	概括一类物质的一般性质	根据元素组成分类，根据已有知识和信息概括该类物质的通性	能否通过比较具体物质的性质，排除特性，概括类别通性
	依据类别预测并验证物质的性质	预测类别中的某一陌生物质的性质，并实验验证	能否预测物质性质并说明依据，能否通过实验证据验证物质性质

【板书设计】

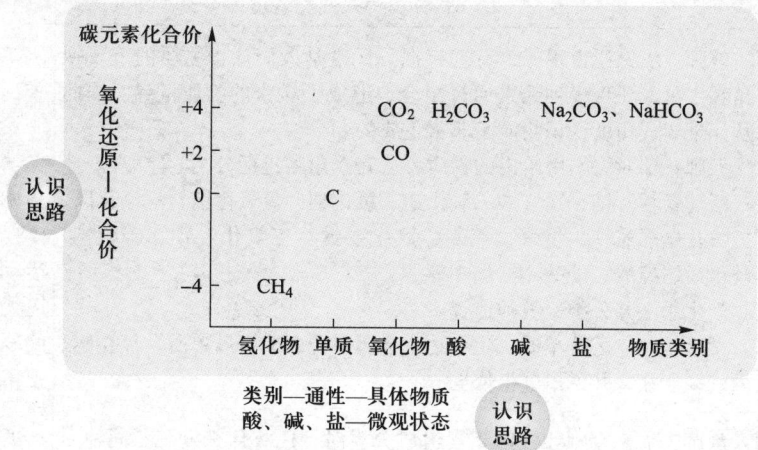

类别—通性—具体物质
酸、碱、盐—微观状态 认识思路

认识思路 氧化还原—化合价

【教学实施过程】（节选第 1 课时）

第 1 课时　元素与物质的分类

环节	活动实录	点评
分类初探	教师：分类是人们认识和研究问题的一种重要方法，今天我们来讨论如何对物质进行分类的问题。 教师：请对课本给出的一些含碳元素的物质进行分类，并说出你的依据。 活动素材：课本给出的物质图片（$CaCO_3$、CO_2、$NaHCO_3$、Na_2CO_3、H_2CO_3、CH_4、石墨、钻石）。 学生思考、讨论、交流。 学生 1：物质可分为气态（CH_4、CO_2），液态（H_2CO_3），固态（$CaCO_3$、$NaHCO_3$、Na_2CO_3、石墨、钻石）。 学生 2：物质可分为单质（石墨、钻石），化合物（$CaCO_3$、CO_2、$NaHCO_3$、Na_2CO_3、H_2CO_3、CH_4），酸（H_2CO_3），盐（$NaHCO_3$、Na_2CO_3），氧化物（CO_2）。 教师：分类要依据一定的标准，不同的分类可以有不同的依据和标准，这两位同学的分类依据分别是什么？ 学生：第一种分类是根据物质的三态，第二种分类似乎跟组成元素有关，比如单质是由同一种元素组成的，而化合物是由多种元素组成的，氧化物是由两种元素组成的且其中一种是氧元素。 学生：我认为第二种分类的依据，不完全是元素种类，还有一些特定的元素组合，例如酸的分类是氢离子与酸根，盐的分类是金属阳离子与酸根离子的组合	该活动的主要功能是探查，帮助教师发现学生现有的分类角度和依据。教师无须做分类角度的提示和引导
从元素组成角度分类	教师：虽然大家可以从不同的角度对物质进行分类，但是化学毕竟是研究物质组成、结构、性质、转化及其应用的一门科学。请你们比较和评价一下，上面哪种分类方法更能帮助我们认识物质？更接近物质的本质？ 学生：我觉得是第二种。第一种根据物态分类，我们在小学科学课中就知道，而且只把物质分成三类太粗了，不能更好地帮我们认识物质。 学生：我也觉得是第二种。它体现了物质的元素组成特点，而且像酸、碱、盐、氧化物这种分类，根据我们初中所学的，具有一些通性，可以帮我们认识物质性质。	对不同分类标准的比较非常重要，需要教师引导学生完成，重在认同元素视角更有助于认识物质组成与性质，而不是把分类标准和结果强加给学生。

环节	活动实录	点评
从元素组成角度分类	教师：大家说得很好，有理有据。元素是人们认识物质的重要视角和工具，一百多种元素通过组合，形成了纷繁的物质世界。因此从元素组成角度认识物质是非常重要的。 教师：请对课本中给出的物质，从元素角度进行分类。 活动素材：钠、镁、铁、氧化镁、氯化钠、氢氧化钠、一氧化碳、二氧化碳、氯气、氢气、氧气、氯化亚铁、三氧化二铁、碳酸钠、碳单质、硫酸、碳酸、氯化铁等。 学生思考并分类，教师巡视。 学生基本能区分单质、化合物、金属单质、非金属单质、氧化物、酸、碱、盐，并说出分类依据	学生已有一些基础，可以让学生自主完成分类活动，教师通过巡视发现和指出问题，完善这个视角的分类能力
从化合价角度分类	教师：大家在刚才根据元素组成分类时，还有什么发现？同种元素组成的物质是唯一的吗？ 学生：不是，比如一氧化碳和二氧化碳，氯化铁和氯化亚铁。 教师：为什么会这样？它们之间的区别是什么？ 学生：区别是元素价态不同，例如，一氧化碳中碳元素是+2价，而二氧化碳中碳元素是+4价。 教师：一氧化碳、二氧化碳的化学性质相同吗？这种元素价态的差异值得我们关注吗？ 学生：一氧化碳具有可燃性，二氧化碳不可燃也不助燃，性质有差异，所以元素的价态是需要我们关注的。 教师：确实如此，元素是我们认识物质的核心，我们在对物质进行分类时，既要关注组成物质的元素种类，也要关注元素的价态。接下来我们应用一下这种思路。 教师：除了课本中的图所列出的含碳物质之外，还有哪些含碳物质？你是怎么找到它们的？ 学生：还有一氧化碳，也属于碳的氧化物，它的价态与二氧化碳不同；另外我记得有机物都含有碳，比如乙醇是 C_2H_5OH，其中的 C 应该是-2价，跟其他含碳物质都不同。 教师：很好，这位同学已经开始从物质类别和元素价态两个角度来思考问题了，这是一个非常重要的思考视角	通过适当的引领，促使学生开始关注价态对分类的影响，并逐渐将其与物质性质相关联。 通过寻找其他含碳元素的物质，进一步促进学生从价-类二维视角对物质进行有序分类。 结尾处，教师可明示价-类二维视角的重要作用

三、应用价-类二维视角，认识物质的存在、性质与转化

应用价-类二维视角认识物质存在、性质与转化，首先要选好代表物。总体看来，价-类二维视角可以贯穿无机元素化合物的教学，成为物质性质与转化教学的主线。但在实践中，教师如果不能选好代表物，就会在具体物质性质的教学中遇到问题。应当注意，不同的无机元素化合物具有不同的特点，适合不同的教学方式。铁、硫、氮等元素及其化合物具有比较丰富的价态变化，在物质类别转化方面也比较有规律，非常适合应用价-类二维视角来开展教学。而根据前面的问题分析可知，钠、氯等元素及其化合物的特性较多，需要搭配或主要使用科学探究的方式开展教学。教师应当明确，价-类二维视角是人们认识物质性质的一种方式，它不是客观规律。如果在教学中过多强调特性和"异常"，则不仅无法支持无机物性质的教学，还会使学生对价-类二维视角的有效性产生怀疑。

价-类二维视角本质上是元素观、变化观的一种具体表现形式，可以帮助学生直观地建立起同种元素不同代表物之间的关系，形成对某种元素及其化合物的总体认识。因此，应用价-类二维视角认识某种元素化合物时，建议教师设计 2~3 个核心活动：① 认识某种元素化合物的主要代表物及其在自然界和生产生活中的存在；② 预测和探究主要代表物的性质；③ 设计并探究主要代表物的转化。当学生比较熟练后，②和③可以合并，或者用③代替②。这样的设计一方面是对元素化合物教学内容的结构化，满足元素化合物的知识学习要求；另一方面可以循序渐进地利用价-类二维视角引领元素化合物学习。将主要代表物及其存在独立出来，可以让学生在整体认识某种元素化合物时，聚焦核心物质，便于后面的学习。另外，认识物质的存在也是价-类二维视角的基本功能和静态应用，教师可以将价-类二维视角作为板书框架，在其中标出若干典型代表物，便于学生形成整体理解。

【案例】

硫及其化合物（单元教学）

【单元学习主题】

煤改电真的有利于解决雾霾问题吗？

【单元学习目标】

1. 能从元素价态和物质类别两个维度（价-类二维视角）认识硫元素在自然界中的存在与转化，能通过资料阅读提取出硫单质、二氧化硫、亚硫酸、硫酸等重要的含硫物质，能基于价-类二维视角预测其性质，巩固基于元素认识物质的基本观念。

2. 能在预测性质的基础上选取试剂，预测产物，解释现象，实现不同价态硫元素的转化，提升实验探究和推理能力。

3. 通过阅读雾霾形成、燃煤脱硫、煤改电的相关资料，能从化学视角认识雾霾形成的原因，理解各种燃煤脱硫方法，能解释通过煤改电减少雾霾的原理。

4. 能结合国情考虑现实因素，预测煤改电可能存在的问题和质疑，充分论证，权衡利弊，做出科学、负责任、可持续的决策。

【单元学习活动和评价】

课时	内容主题	核心活动	评价指标
课时 1	雾霾与燃煤的关系	基于价-类二维视角，分析煤和雾霾中含硫物质的存在，推测转化的可能性	能否提取出含硫物质的信息，并主动分析其价态和物质类别
	实验室模拟含硫物质的转化	设计、模拟实验室中实现含硫物质转化的实验	能否根据含硫物质价态变化，选择氧化/还原剂，或者实现物质类别转化的试剂；能否预测产物；能否选择有明显现象的反应进行验证

课时	内容主题	核 心 活 动	评 价 指 标
课时2	分析脱硫方法的原理与局限性	基于价-类二维视角，分析、理解不同脱硫方法的原理	能否提取不同脱硫方法中的有效信息，分析价态、类别的变化，解释脱硫原理
	辩证认识煤改电	比较直接燃煤取暖与集中燃煤发电再取暖两种路径，多角度辩证认识	能否从脱硫效率、能量转化效率、国家能源结构等角度辩证分析煤改电

【板书设计】

煤改电真的有利于解决雾霾问题吗？

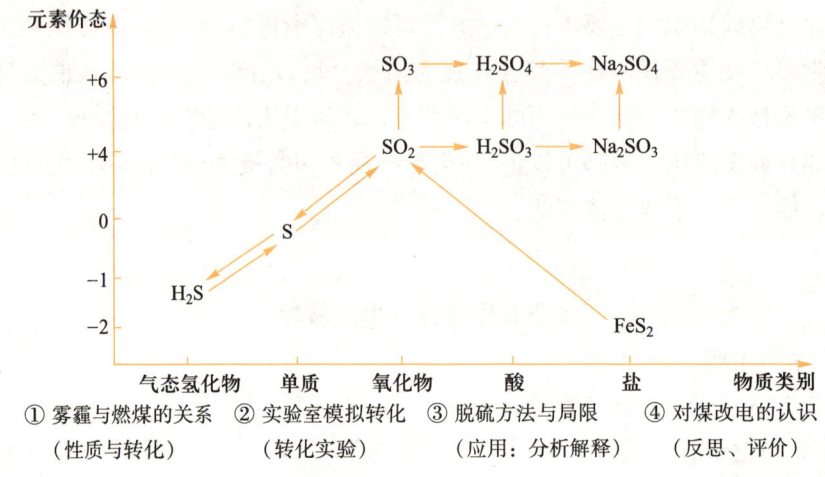

① 雾霾与燃煤的关系　② 实验室模拟转化　③ 脱硫方法与局限　④ 对煤改电的认识
　（性质与转化）　　　（转化实验）　　　（应用：分析解释）　（反思、评价）

【教学实施过程】

第1课时　讨论雾霾与燃煤的关系，并实验模拟验证

环节	活 动 实 录	点　评
雾霾与燃煤的关系	教师：如果请同学们来解答关于煤改电的相应问题，大家觉得应该从哪里入手呢？ 学生：首先考虑雾霾从哪里来，考虑煤和雾霾的关系。 教师：通过阅读资料，你们认为煤和雾霾有关系吗？ 学生：有。 教师：在哪方面呢？ 学生：元素守恒。 教师：什么元素？ 学生：硫元素。 教师：通过资料分析，请大家说说：煤中含硫物质有哪些？雾霾中含硫物质有哪些？ 学生：煤中有硫单质、硫化锌等硫化物，雾霾中有二氧化硫、硫酸。 教师：很好。那么，煤中的含硫物质是如何转化为雾霾中的含硫物质——二氧化硫的？ 学生1：硫单质0价，能升价，空气中的氧气可以和硫单质反应生成二氧化硫。	由社会热点问题引入，促使学生关注社会，培养社会责任。 通过资料分析，学生获取信息、提取信息，获得了本节课主题，煤和雾霾两者之间与含硫物质有关系，从而提出了多价态含硫物质的转化。

环节	活动实录	点评
雾霾与燃煤的关系	学生2：硫化锌中硫元素-2价，能升价，空气中氧气可以作氧化剂，两者反应生成二氧化硫。 教师：硫单质和硫化锌，你是如何判断的？有什么方法？ 学生2：通过价-类二维视角。 教师：你认为二氧化硫是如何转化为硫酸的？ 学生：二氧化硫有还原性，与氧气反应，生成三氧化硫。 教师：三氧化硫是如何转化为硫酸的呢？ 学生：和水反应。 教师：好！你怎么知道它们能反应呢？ 学生：元素守恒。 教师：根据元素守恒就行吗？看看三氧化硫和硫酸的化合价。 学生：都是正六价，不是氧化还原反应。嗯，三氧化硫是酸性氧化物，可以和水反应。 教师：很好。很多酸性氧化物和水反应生成相应的酸。 教师：二氧化硫还可以如何转化为硫酸？看老师写出的亚硫酸，你有什么想法？ 学生：二氧化硫是酸性氧化物，可以和水反应生成亚硫酸，亚硫酸有还原性，与氧气可以生成硫酸。 教师：咱们现在还处于预测阶段，咱们研究的二氧化硫转化为硫酸的三条路径是不是都有可能实现？ 学生：有可能。 教师：请大家阅读一下工业制硫酸的资料，写出其中的关键反应。	学生将已经形成的价-类二维视角的认识模型应用于多价态含硫物质的转化中，进一步巩固认识模型应用方法。 教师通过反思性的追问，促进学生进一步明确价-类二维视角。 教师通过追问，促使学生全面考虑价态和物质类别的转化。 学生通过资料阅读，完成第一条转化路径的证明
实验室模拟含硫物质的转化	教师：在刚才的讨论中，我们利用价-类二维视角完成了预测，接下来我们在实验室中模拟一下，看看能不能发生转化。通过前面的资料，第一条转化路径已经不需要证明了，现在咱们重点用实验证明第二条路径：$S—SO_2—H_2SO_4$。其中 S 转化为 SO_2 是你们在初中已经做过的实验，所以主要问题就是 SO_2 能否转化为 H_2SO_4。 教师：实验室没有给大家二氧化硫，只给了西林瓶和其中的白色粉末，需要大家自己制取二氧化硫。大家能不能推测一下，白色粉末是什么物质？ 学生：硫。 教师：硫是黄色粉末，这个白色粉末是亚硫酸钠，为什么要使用亚硫酸钠呢？ 学生：亚硫酸钠中硫元素为+4价，二氧化硫也是+4价，且亚硫酸钠是弱酸盐，可以转化为亚硫酸。 教师：得出这个假设，大家利用了什么原理？ 学生：盐的通性，强酸制弱酸。 教师：西林瓶中亚硫酸钠粉末加入硫酸，产生二氧化硫。我们如何利用产生的二氧化硫进行后续的实验呢？ 学生：通过西林瓶和针管的配合，收集二氧化硫进行后续实验。 教师：很好。通过前面的路径设计，我们知道二氧化硫可以和水反应生成亚硫酸，亚硫酸和氧气反应生成硫酸。那么，请同学们想一想：老师给大家准备的第二个西林瓶里边装的是什么？ 学生：水，用pH试纸测亚硫酸、硫酸。	通过这一段教学，让学生明白做实验的目的是论证假设，实验是基于假设来设计的。 教师在此处关于反应物选亚硫酸钠的追问很重要，促使学生从价-类二维视角去思考。

环节	活 动 实 录	点　评
实验室模拟含硫物质的转化	教师：不错。那么，氯化钡什么时候加入？大家做实验时注意，可以分别试试。 （教师强调实验操作注意事项和安全注意事项。） 教师：大家在实验操作上还有什么问题吗？ 学生：没有。 教师：请同学们三人一组，开始你们的实验。 （学生分组实验，学生讨论、实施、记录、分析，教师进行巡视和指导。） 教师：咱们在实验过程中，用 pH 试纸检验二氧化硫和水反应生成亚硫酸，亚硫酸和氧气反应生成硫酸，两者 pH 不同。哪组成功了？请给大家展示一下。 （学生上台展示两次实验的 pH 试纸。） 教师：大家先来猜一下，从颜色上看，哪个是测过亚硫酸的试纸，哪个是通入氧气后测过硫酸的？ 学生：浅一些的是亚硫酸，深一些的是硫酸。但是不够明显。 教师：哪组的 pH 试纸颜色区别很明显？ 学生：区别不太明显。 教师：区别不明显，不能作为生成硫酸的证明依据。该怎么说明呢？ 学生：通过加入氯化钡产生白色沉淀，可以证明产生了硫酸。因为亚硫酸不能和氯化钡产生沉淀。 教师：我们总结了价-类二维视角在预测、设计、证明中的作用。在做实验过程中，我们认为 pH 应该能测出亚硫酸和硫酸，但从实验结果看，效果不好。随着社会发展、科技进步，传感器的应用越来越广。 教师：咱们班有同学利用 pH 传感器提前进行了一下定量实验，并录制了视频，我们一起来看，说说你由此得到的结论。 （学生观看提前录制的实验视频。） 学生：在亚硫酸溶液中通入氧气，会观察到 pH 突变，说明亚硫酸转化为硫酸。 教师：本节课学习了哪些含硫物质，它们有哪些性质？请在学案上标注好	化学实验就是对猜想假设的实现，如果猜想假设是一个化学反应，那么实验就要提供化学反应的物质和条件，并设法检测出化学反应产物，由此论证假设。通过师生对话，可以让学生形成这种基本认识。 教师通过追问和现象对比，让学生体会到，不明显的现象差异不足以成为证据，进而思考其他证明方式，提升了学生的实验探究能力。 引出科学研究的进步，通过传感器的应用，促使学生从定量角度认识变化，弥补了前面定性现象不足以得出结论的问题。 学生通过反思与梳理，进一步体会价-类二维视角的应用

第 2 课时　分析脱硫方法的原理和局限性，辩证认识煤改电

环节	活 动 实 录	点　评
分析脱硫的方法与局限性	教师：通过前一节课的学习，我们应该可以确认雾霾确实与燃煤有关。但是一定需要煤改电吗？燃煤中产生的硫不能用其他方法处理掉吗？ 学生：我听说过，燃煤是需要脱硫的，如果能较好地脱硫，就不会导致雾霾问题。 教师：燃煤脱硫是环境保护的一项重要措施，请同学们阅读材料 1，尝试解释其中几种原煤脱硫的基本原理，概括硫单质和硫化物的相关性质。 教师：材料 1 中是否有不理解的内容，需要老师解释？ 学生：化学脱硫法中的全氯乙烯脱硫工艺是怎么回事？	仍然从社会问题引入，激发学生兴趣，提升学生社会责任，并将关注点自然地引导到燃煤脱硫上。

环节	活 动 实 录	点 评
分析脱硫的 方法与局限性	教师：它是利用全氯乙烯萃取煤中的含硫的有机化合物和硫单质，从而与其他物质分离。 教师：你在阅读中找到哪些硫单质和硫化物的相关性质。 学生：硫单质易溶解于有机溶剂，H_2S 和 SO_2 气体反应可以生成硫单质。 （教师做单质硫的溶解实验，以及 H_2S 和 SO_2 反应的演示实验。） 教师：目前减少 SO_2 排放的主要方法是烟气脱硫，如果你是火力发电厂的工程师，你会采用什么方法来吸收 SO_2 气体呢？ 学生1：利用碱性药品，如 $NaOH$、$Ca(OH)_2$ 吸收 SO_2 气体，将其转化成有用的物质。 学生2：用水吸收 SO_2 气体，因为水便宜。 学生3：利用还原性药品，如 H_2S 吸收 SO_2 气体。 教师（边板书边提问）：利用这三种吸收剂，SO_2 气体会转化成什么物质呢？引导学生思考烟气中除了含有 SO_2 气体外，还含有空气。 学生：① $SO_2 \rightarrow Na_2SO_3 \rightarrow Na_2SO_4$ $SO_2 \rightarrow CaSO_3 \rightarrow CaSO_4$ $SO_2 \rightarrow H_2SO_3 \rightarrow H_2SO_4$ ② $SO_2 \rightarrow S$ 教师：为什么会设计①的转化路径？ 学生1：先根据物质的类别关系，把 SO_2 转化成 Na_2SO_3，然后空气中的氧气把 Na_2SO_3 氧化成稳定的 Na_2SO_4。 教师：为什么会设计②的转化路径？ 学生3：含有+4价的硫元素的 SO_2 具有氧化性，可以降价转化为单质硫。 教师：同学们来看看老师设计的四条转化路径（图2-2-1）？ 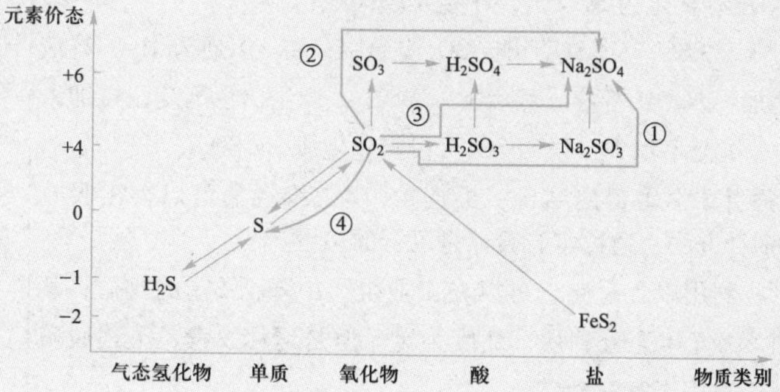 图2-2-1 教师：能否先让 SO_2 氧化成 SO_3，然后再转化为 Na_2SO_4？或者 SO_2 直接转化成 $H_2SO_4(Na_2SO_4)$？	聚焦物质的性质是实际问题解决的关键，下面的演示实验并非必须，主要是增强说服力。 通过角色扮演增加学生的学习兴趣和社会责任感，教师可以引导学生动态应用价-类二维视角寻找吸收 SO_2 的方法，设计转化路径。

55

环节	活 动 实 录	点 评
	教师：同学们设计的转化路径是否可行，要通过实验来进行验证。由于实验条件的限制，我们来验证价-类二维图中的①和③两条转化路径。 教师：阅读以下资料，设计实验方案，画出简单的实验流程，记录现象，得出实验结论。 资料1：Na_2SO_3 溶液呈碱性，$NaHSO_3$ 溶液呈酸性。 资料2：$Na_2SO_3+BaCl_2=2NaCl+BaSO_3\downarrow$（白色沉淀） 资料3：$Na_2SO_4+BaCl_2=2NaCl+BaSO_4\downarrow$（白色沉淀） 资料4：$BaSO_3$ 溶于稀盐酸，而 $BaSO_4$ 不溶于稀盐酸。 教师：设计实验验证烟气脱硫的方法是否可行？完成学案内容。 ① $SO_2\rightarrow H_2SO_3\rightarrow Na_2SO_3\rightarrow Na_2SO_4$ 实验设计 ③ $SO_2\rightarrow H_2SO_4\rightarrow Na_2SO_4$ 实验设计 实验要求：使用西林瓶和针筒，小组讨论后设计和实施实验。 A. 制取和收集二氧化硫 B. 不同试剂吸收二氧化硫 C. 产物的检验 D. 根据现象得出结论 （学生设计实验方案，简单画出实验流程图，动手实验，记录现象，得出结论。） （教师根据学生的小组汇报，将二氧化硫的不同转化路径，实验现象和结论总结在黑板上。） 学生1：① $SO_2\rightarrow Na_2SO_3\rightarrow Na_2SO_4$ 实验中，将 SO_2 通入 NaOH 溶液中，再打入足量的空气。然后加入 $BaCl_2$，产生白色沉淀，再加入稀 HCl。如果沉淀不消失或部分消失，说明 SO_2 可以转化生成 Na_2SO_4。 学生2：如果沉淀全部消失，说明通入溶液中的空气不够，Na_2SO_3 没有转化为 Na_2SO_4，小组实验失败。 学生3：③ $SO_2\rightarrow H_2SO_4\rightarrow Na_2SO_4$ 实验中，将 SO_2 通入 H_2O_2 溶液中，再加入 NaOH 溶液。然后加入 $BaCl_2$，产生白色沉淀，再加入稀 HCl，沉淀不消失，说明 SO_2 可以转化生成 Na_2SO_4。 （教师引导学生得出结论：根据价-类二维视角可以得出吸收 SO_2 的多种方法，通过实验验证是可行的。） 教师：利用以上思路，可以在工业生产中降低 SO_2 的排放，甚至是将 SO_2 气体充分利用，变废为宝。但是请你思考：上述脱硫方法是否适用于家庭燃煤？ 学生：不适用，因为缺乏条件，而且不可能家家户户都配备相应的脱硫设备。 教师：因此，虽然燃煤脱硫技术已经相对成熟，但是依然有明显的局限性，家庭燃煤很难使用脱硫技术。	教师引导学生完善 SO_2 的转化路径，同时提醒学生关注转化所需的反应条件。另外，转化路径是否可行，需要实验验证。 教师通过设计和实施实验方案，让学生体验科学探究的过程，增强学生学习化学的兴趣。 学生通过倾听其他组汇报，理解二氧化硫的不同转化路径，并体会价-类二维视角对研究烟气脱硫有指导意义。 针对脱硫技术局限性的反思很重要，为后续探讨煤改电做好铺垫

环节列："分析脱硫的方法与局限性"

环节	活 动 实 录	点 评
辩证认识 煤改电	教师：让我们再回到煤改电的话题，北京市民将燃煤取暖改成用电取暖，可以有效地减少 SO_2 排放吗？为什么？ 学生1：可以，因为用电取暖并不会产生污染。 学生2：不见得，发电厂也主要是燃煤发电。 学生1：但是刚才说了，发电厂燃煤可以使用脱硫技术，产生的 SO_2 排放比家庭燃煤少得多。 学生3：我也觉得可以，发电厂也不只是火力发电，也有风力发电、水力发电等。 学生2：我同意你们说的，但是火力发电在中国依然是主要的，而且先燃煤发电，电再转化为电热，这个效率肯定不如直接燃煤产生热，我觉得还得考虑效率、成本和国情问题。 教师：大家的讨论非常精彩，考虑的角度多，比较全面，并且用到了咱们所学的知识。通过这两节课的学习，我们认识了含硫物质的性质与转化，并且做了很多实验来证明转化可以发生。我们已经能比较熟练地使用价-类二维视角来分析、解决实际问题。关于煤改电的实际效果，大家可以持续关注，辩证地认识，相信随着技术进步和低碳环保要求的提高，煤改电的优势将逐渐凸显，各种实际问题将逐渐被解决	在教师的引导下，学生通过讨论，回应主题，真正将知识和态度融合起来，表达出自己的立场，增强了思维的全面性、辩证性。 教师通过总结，一方面梳理知识和思路，另一方面引导学生形成绿色环保、低碳可持续发展的观念

（案例提供者：首都师范大学第二附属中学　韩建丰　郭文惠）

 **指导建议**

无机元素化合物主题的内容多、跨度大，单元教学设计具有一定的挑战性。教师可以在整体规划的基础上，将其具体拆分成概念原理类内容和元素化合物内容两大部分，各自组成小单元来具体规划。两部分内容需要相互照应，教师在设计概念原理类内容的教学时，需要考虑它如何帮助学生对元素化合物的后续学习；而在设计元素化合物类内容的教学时，需要考虑如何应用前面所学来支持学生主动预测、验证物质性质和转化规律。此外值得注意的是，概念原理类内容和元素化合物内容适合的教学策略有所不同，在设计和实施中有一些值得关注的教学问题。

一、关注具体认识模型的建构

前面已经多次提及价-类二维视角，它是一个大的思维框架，在建构具体的认识模型时，还需要关注具体的认识角度和推理过程。例如，在建立物质类别角度时，不仅要强调分类标准和依据，还要关注学生分类的自洽性——物质的具体归属与其分类标准是否一致，避免出现有分类角度，却不能正确分类的情况。再如，建立元素与物质分类的关系后，还要进一步建构物质分类与物质性质的关系。利用类别中熟悉的代表物的性质，去推测一类物质的通性，再通过实验进行检验和确认，因为类别通性未必能在每一个具体物质中表现出来，例如氧化铁属于碱性氧化物，能与酸反应生成盐和水，但并不能与水反应。对于电离和离子反应，需要具体建构物质类别与电解质的关系，能发生反应的典型离子间的关系等。对于氧化还原反应，需要建立氧化还原反应、得失电子、氧化剂和还原剂、氧化性和还原性等概念间的关系，以及典型氧化剂、还原剂及其特征等，并完善对物质氧化/还原性质的预测和检验思路。这些具体的知识关联、认识角度和认识思路保证了价-类二维视角能够形成并发挥作用。

二、重视实验探究和真实情境在单元教学中的作用

物质的性质与转化是实验探究的目标，实验探究使物质性质得以体现，使物质转化得以实现。因此，在单元设计时，物质的性质与转化应当以猜想假设的形式呈现，价-类二维视角就是做出猜想假设的依据，而实验探究就是要选取验证性质的试剂，或者实现转化的实际与反应条件，并通过明显的、无干扰的现象来论证猜想假设。这样实验探究就与物质性质和转化融为一体，相互促进。

传统教学中，做实验只是为了加深学生对知识结论的印象。而使用真实情境和问题不只是为了增加学生兴趣和加深学生对结论的印象，而是为价-类二维视角的应用提供必要的条件和丰富的变式。在面对复杂问题时，价-类二维视角能明显体现出其优势，将知识学习、思维发展和实际应用结合起来。另外，有些学生习惯机械记忆物质性质和方程式，使用非化学的方式学习化学。当他们面对去情境化的问题时还可以解决，一旦面对灵活的、有情境的复杂问题就会遇到困难。为了避免到考试时才暴露这种问题，教师在日常教学中应当经常使用真实情境和问题。

三、充分发挥教师在思路方法和育人方面的引领作用

学生是学习的主体，教师在教学设计中应当给学生思考和体验留出空间，但教师一定要注意在关键节点发挥主导作用。关键节点一方面是指学科思维（如价-类二维视角）发展，另一方面是指态度、价值观的形成。相比学生，教师对学科的理解和概括能力，以及在价值观的成熟程度方面，都有明显的优势，因此一定要在课前做好准备，选好时机，将学生的认识和感悟再提升一个层次。

通常来说，无论是学科思维发展还是态度、价值观的形成，最佳时机都是在学生思考、交流和体验之后。教师对学科思维的概括和点评要"实"，要结合学生前面的经历；还要"细"，要明示具体的知识关联、认识角度和推理过程，不能笼统地表达，如提升探究能力、形成微粒观等。教师对学生态度、价值观的引领要"真"，要真诚、贴切；还要"巧"，要结合学生的体验和表现出的价值立场，引发情感共鸣，不能喊口号、唱高调，也不能千篇一律，枯燥乏味。

2-3 如何开展"物质结构基础与化学反应规律"主题的单元教学？

这个教学关键问题将分析"物质结构基础与化学反应规律"主题核心知识的素养发展价值，探讨促进学生学科核心素养发展的单元教学设计思路和教学策略。通过对这个教学关键问题的分析和解决，希望教师能够：

● 明确本主题的学科核心素养发展内涵和目标。

● 了解本主题单元教学设计思路。

● 初步掌握促进本主题学科核心素养发展的关键策略并应用在教学实践中。

2-3-1 "原子结构 元素周期律表"
单元整体教学分析（支瑶）

2-3-2 "预测陌生元素及物质性质"
说课（庞岳）

 问题的提出

新版课标的"物质结构基础与化学反应规律"主题包括原子结构与元素周期律、化学键、化学反应的限度和快慢、化学反应与能量转化 4 个二级主题。该主题的学业要求既提出了"能画出 1~20 号元素的原子结构示意图""能判断简单离子化合物和共价化合物中化学键的类型""能举出化学能转化为电能的实例"等知识技能型学业要求，也提出了"能用原子结构解释元素性质及其递变规律，能利用元素在元素周期表中的位置和原子结构，分析、预测、比较元素及其化合物的性质""能从化学反应限度和快慢的角度解释生产、生活中简单的化学现象""能辨识简单原电池的构成要素""能结合有关资料说明元素周期律（表）对合成新物质、制造新材料的指导作用。能从物质及其能量变化的视角评价燃料的使用价值"等能力素养要求。

从教学实践层面看，一线教师普遍认为这个主题的教学内容是高中化学的经典教学内容，多年来积累了大量成熟、优秀的教学案例。因此，尽管本主题内容是必修模块的教学重点也是学生学习的难点，但从教学设计与实施看，教师对本主题的教学还是很有信心的。

从学生学习效果看，本主题4个二级主题存在明显差异。学生对"化学键""化学反应的限度和快慢"两个二级主题的学习效果明显优于"原子结构与元素周期律"和"化学反应与能量转化"（特别是化学能与电能）两个二级主题。学生在原子结构与元素周期律主题的问题解决中表现出来的主要问题有两个方面：一是用原子结构解释元素性质时，逻辑混乱；二是在物质性质预测任务中，不能发挥元素周期律表对物质性质预测的作用。学生在化学能与电能学习中表现出来的问题主要是与后续选择性必修模块脱节，无法实现有效迁移。

可见，为了提高本主题的课堂教学品质，需要结合本主题4个二级主题的内容特点，深入分析学生学习的障碍点，据此确定待突破的教学重难点问题，反思改进教学。

问题的分析

原子结构与元素周期律、化学能与电能是"物质结构基础与化学反应规律"主题的重点内容，也是高中化学的经典教学内容，但是教师教学效果自评结果和学生学习效果评价结果之间却存在反差。为了找到学生学习障碍点，进而分析出教学改进需要解决的关键问题，我们对学生学习表现进行了测评与分析。

下面是原子结构与元素周期律单元新授课后学生的部分测评表现。

问题1：请你尝试用图示概括"原子结构元素周期律"单元的学习内容。

参加本问题测试的学生为北京市某示范性高中实验班学生，学生表现测查结果显示，60%的学生表现如图2-3-1（a）和（b）所示，10%的学生表现如图2-3-1（c）和（d）所示，剩余30%的学生表现介于二者之间。

问题2：你认为金属钠的还原性比金属镁强的原因是什么？

学生典型表现1：钠只有0价（单质）和+1价（化合物中），镁只有0价（单质）和+2价（化合物中），从0到+1价比从0到+2价升价容易，即还原性更强。

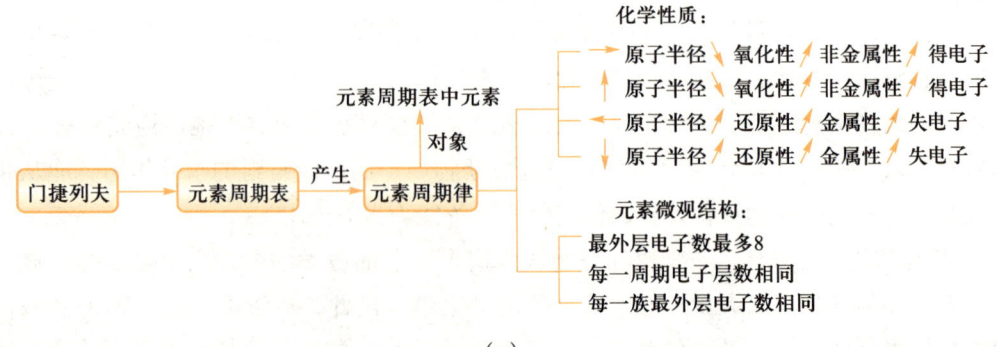

（a）

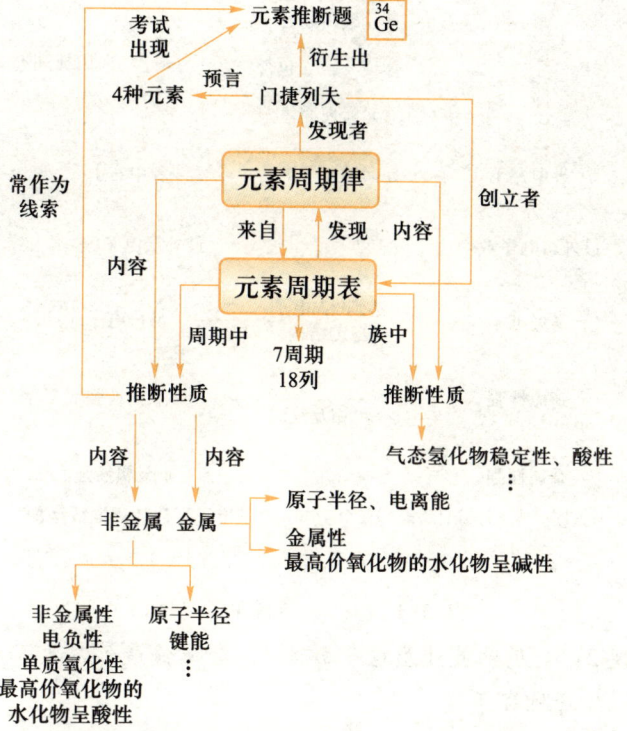

（b）

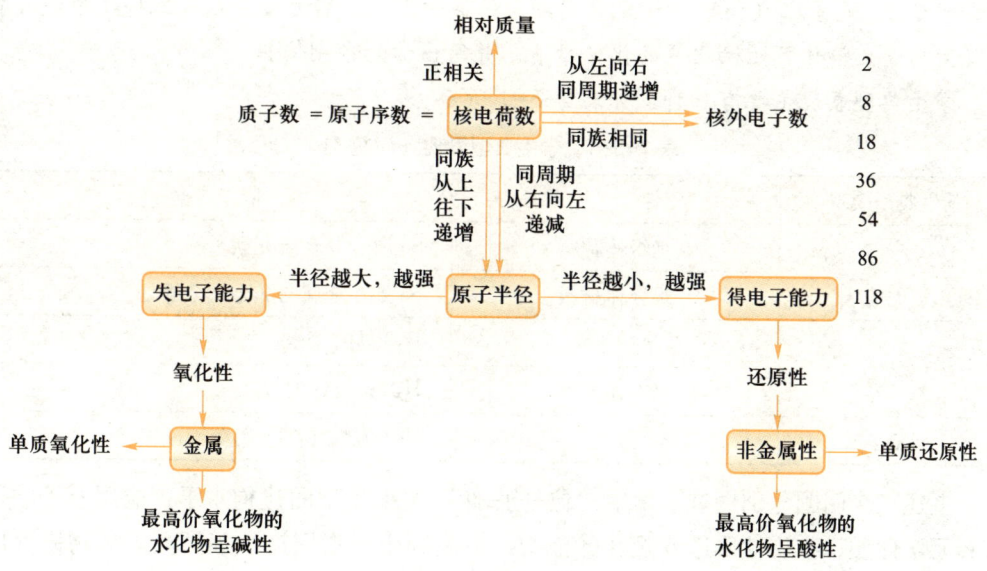

（c）

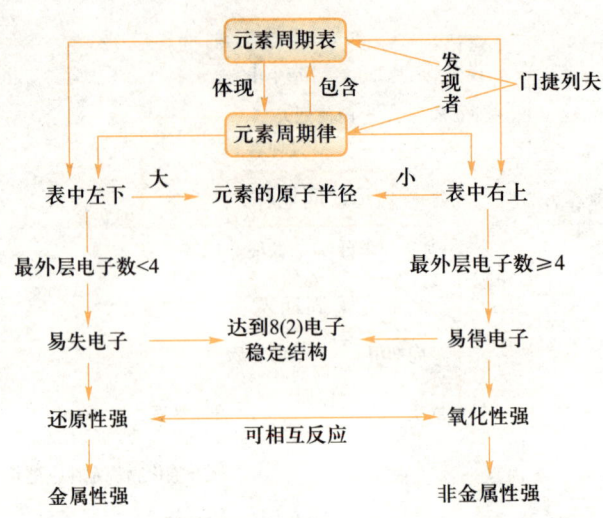

VIIA族、I A族除H均能与H₂O反应，原子电子层数随周期数增加

（d）

图 2-3-1 学生典型表现（问题1）

学生典型表现2：金属钠最外层电子数为1，金属镁最外层电子数为2，钠比镁更容易失电子，所以还原性强于镁。

学生典型表现3：金属钠原子核带11个正电荷，金属镁原子核带12个正电荷，镁原子核对最外层电子的吸引作用强于钠原子核，所以钠原子比镁原子更容易失去电子，钠的还原性更强。

问题3：元素硒（Se）位于元素周期表的第四周期第VIA族，在信息科技领域有着广泛的用途。请你预测硒化氢的化学性质，并写出你的预测依据。

学生典型表现主要有三种，如表 2-3-1 所示。

表 2-3-1 学生典型表现（问题3）

学生典型表现	性　　质	依　　据
1	绝缘体材料	Se 属于非金属元素
	半导体材料	Se 处在金属与非金属分界处
2	易溶于水	H_2S 易溶于水
	具有还原性	H_2S 具有还原性
3	酸性	H_2S 为酸性，Se 与 S 同一主族

上述三个问题分别探查了学生"位-构-性"关系模型的建构水平，应用原子结构解释元素性质、物质性质递变规律的能力，以及利用元素周期律表预测陌生物质性质的能力。

从问题1的学生典型表现图 2-3-1（a）和（b）可以看出，在学生建构的原子结构与元素周期律单元内容结构图中，主要是"元素性质"与"物质性质"的关系；提及了"元素周期表"与"元素性质"的关系，但没有建立具体关联；完全没有建立"原子结构"与"元素性质"关系的角度。从图 2-3-1（c）和（d）可以看出，虽然有少部分学生建立了"原子结构"与"元素性质"关系的角度，但是其二级角度并不完备。其中，图2-3-1（c）所示的"原子结构"二级角度有"核电荷数""核外电子数"，而"电子层数"这一关键的二级角度缺失；图2-3-1（d）所示的"原子结构"二级角度只有"最外层电子数"，而"核电荷数""电子层数"这两个关键二级角度缺失。

结合问题1分析学生在问题2中的作答表现，可以发现二者之间的关联性。问题1反映的是学生"位-构-性"认识模型的建构水平，问题2反映的是学生应用"位-构-性"认识模型解决问题的水平。从学生在问题2中的作答表现可以看出，在用原子结构解释元素或物质性质递变规律时，有的学生完全没有建立起原子结构与元素性质的关系（如典型表现1）；有的学生关注了原子结构与元素性质的关系，但"核电荷数""电子层数"两个二级角度的缺失，导致学生进行了错误解释（如典型表现2），反映出学生在"原子结构"与"元素性质"关系的认识上存在迷思概念和偏差认识；有的学生关注到了二级角度"核电荷数"，但忽略了"电子层数"，导致解释不完整（如典型表现3）。可见，认识模型的建构水平将会直接影响学生的问题解决水平。

从学生在问题3中的作答表现可以看出，经过"原子结构与元素周期律"单元的学习，学生在认识物质性质时形成了比较稳定的"相似性"视角，而没有建立起"递变性"视角。这说明"同周期、同主族元素性质递变规律"相关结论在学生头脑中仍然是静态的知识，还没有转化成功能态的认识无机物性质的角度。

下面是一段关于辨识简单原电池构成要素的访谈。

教师：请你分析铜铁原电池（图2-3-2）的构成要素。

学生：铜是正极，铁是负极，稀硫酸是电解质溶液。

教师：你进行判断的依据是什么？

学生：老师讲过，构成原电池要有两种活泼性不同的金属做电极，其中，活泼的是负极，不活泼的是正极，还要有电解质溶液。

教师：如图2-3-3的装置，a、b为石墨电极，能构成原电池产生电流吗？

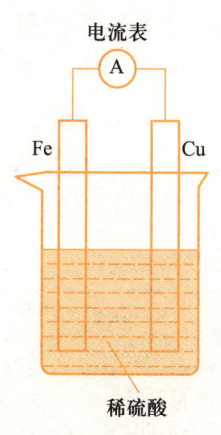

图2-3-2　铜铁原电池

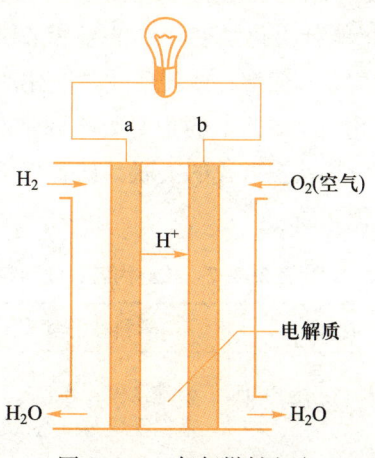

图2-3-3　氢氧燃料电池

学生：应该不能。

教师：为什么？

学生：因为没有两种活泼性不同的金属。

通过上述师生对话可以看出，学生仅仅根据课本中的原型电池——铜锌原电池的表观特征进行迁移，并没有真正建立对原电池构成要素的认识。因此，当情境素材为原型的远变式情境时，学生就无法进行正确的迁移应用。

虽然"原子结构与元素周期律"和"化学能与电能"分属于不同的二级主题，其学科核心素养发展点也不同，前者主要发展"宏观辨识与微观探析"素养，后者主要发展"变化观念与平衡思想"素养，但通过分析学生在这两部分内容的学习表现可以发现，导致学生学习效果不理想的共同原因都与认识模型的建构有关。这也进一步反映出各化学学科核心素养之间的关系，即宏观辨识与微观探析、变化观念与平衡思想是化学学科核心素养的学科特征，证据推理与模型认知是化学学科核心素养的思维核心。

综上所述，在实践层面有效开展学科核心素养导向的"物质结构基础与化学反应规律"主题的单元教学，需要教师对以下问题有深入、系统的思考。

（1）本主题的学科核心素养发展内涵和目标是什么？

（2）如何基于学科核心素养发展目标来组织本主题的单元教学内容？

（3）如何设计活动促进学生学科核心素养的发展？

问题的解决

一、本主题的学科核心素养发展内涵和目标

根据对课程标准中相关的内容要求、学业要求与学业质量水平的分析，与本主题内容相关的学业质量主要包括"能运用原子结构模型说明典型金属和非金属元素的性质""能从原子结构视角说明元素的性质递变规律""能说明化学变化中的质量关系和能量转化""能分析化学变化中能量吸收或释放的原因""能从物质的组成、构成微粒、主要性质等方面解释或说明化学变化的本质特征""认识化学变化的多样性和复杂性，能分析化学反应速率的主要影响因素"等。在此基础上，可建立核心内容、学科核心素养与学科认识方式的关联，如表2-3-2所示，其中，学科认识方式即为学科核心素养的内涵实质。

表2-3-2　核心内容、学科核心素养与学科认识方式的关联

核 心 内 容	学科核心素养	学科认识方式
原子结构、元素周期律表	宏观辨识与微观探析 证据推理与模型认知	认识原子结构、元素性质以及元素在元素周期表中位置的关系，即"位-构-性"认识模型

核心内容	学科核心素养	学科认识方式
化学键	变化观念与平衡思想	发展对化学反应的认识,具体包括从微观水平认识化学反应物质变化和能量变化的微观实质,从限度和快慢的角度认识化学反应,从能量转化的视角认识化学反应中能量变化
化学反应的限度和快慢	变化观念与平衡思想	
化学能与热能、化学能与电能	变化观念与平衡思想	

结合学生学习诊断可知,"位-构-性"认识模型(图 2-3-4)需要建立相应的二级认识角度及其关联,才能发挥其素养功能。其中,"位"的二级认识角度包括原子序数、周期、族,"构"的二级认识角度包括质子数(核电荷数)、电子层数和最外层电子数,"性"包括元素性质和物质性质,元素性质的二级认识角度包括原子半径、化合价和元素原子的得失电子能力,与"位-构-性"认识模型紧密相关的物质性质的二级认识角度是相似性和递变性。

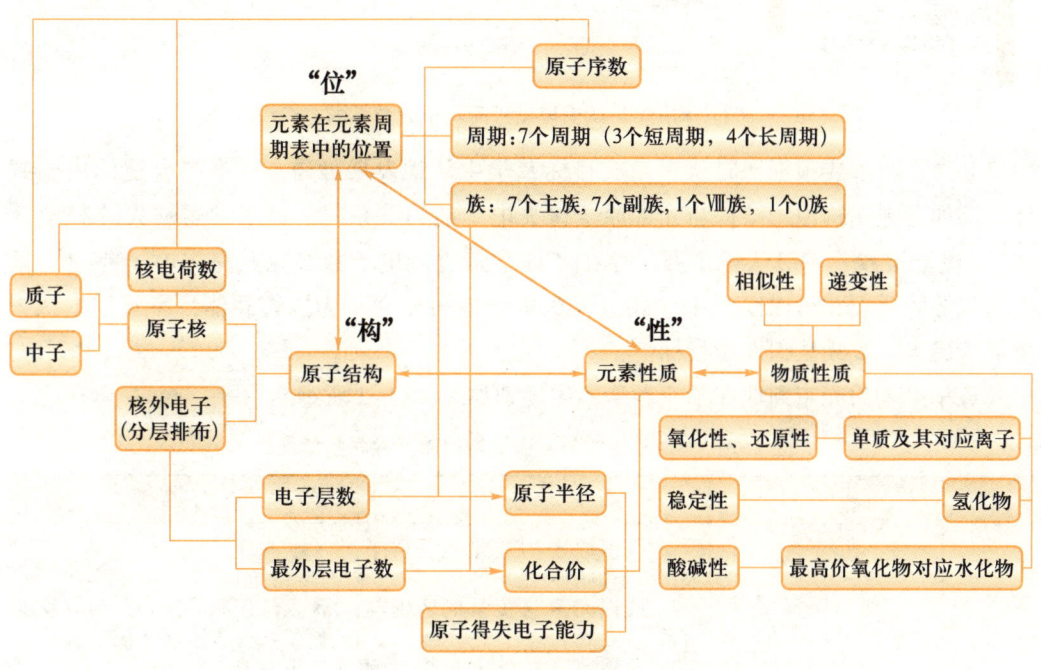

图 2-3-4 "位-构-性"认识模型

在本主题中,变化观念与平衡思想素养的发展主要表现在对化学反应的认识发展上,包括认识角度的丰富——增加了反应快慢、限度和能量转化(包括化学能与热能的转化和化学能与电能的转化)的角度,认识深度的发展——对化学反应的物质变化和能量变化的认识从宏观水平发展到微观水平。通过对学生的学习诊断发现,化学能与电能转化,特别是对电池构成要素的认识,是学生认识发展的障碍点。通过分析铜锌原电池各组成部分在实现化学能转化为电能过程中的功能,可以建构对电池构成的基本认识角度,包括电极反应物、电极材料、离子导体和电子导体。

二、基于学科核心素养发展目标的单元教学规划

根据前面的分析可知，本主题的学科核心素养发展内涵是建构认识发展模型。在进行指向认识模型建构的单元教学规划时，首先，教师要梳理认识模型发展进阶，并在此基础上组织单元教学内容，图2-3-5呈现了"位-构-性"认识模型进阶与单元教学内容组织的关系。

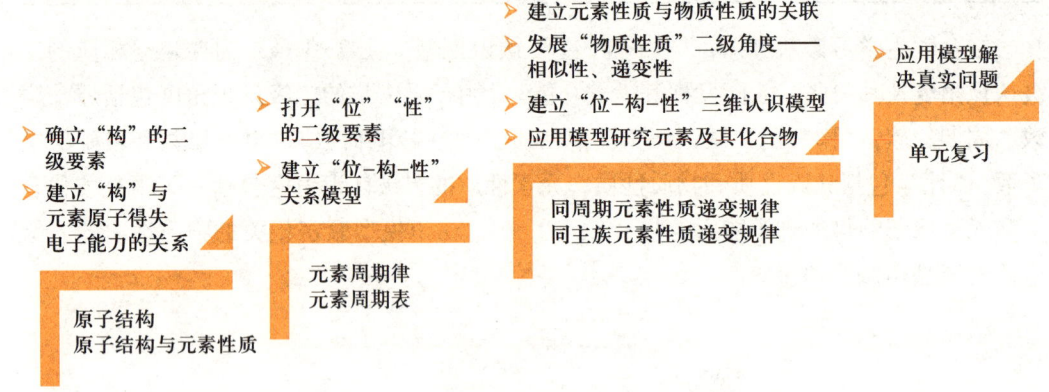

图2-3-5 "位-构-性"认识模型进阶与单元教学内容组织的关系

其次，教师要根据课时认识发展目标及学生认识发展障碍点，选择合适的内容载体。例如，在建构原子结构与元素原子得失电子能力关系时，针对学生缺失"核电荷数""电子层数"二级认识角度，存在"原子最外层电子数决定其得失电子能力"偏差认识等障碍点，可以以"Na、Mg、K失电子能力探究"为内容载体，突破学生认识发展障碍点，实现认识发展目标。

原子结构与元素周期律单元教学整体规划如表2-3-3所示。

表2-3-3 原子结构与元素周期律单元教学整体规划

课时	课题	核心任务	设计说明
1	原子结构	1. 认识原子中质量数、质子数、中子数的关系 2. 认识元素与核素的区别与联系 3. 发现原子核外电子排布规律，并用原子结构示意图表示1—20号元素原子核外电子排布	深入认识原子结构，为后续探究原子结构与元素性质的关系奠定知识基础
2	原子结构与元素性质	1. 以钠、镁、钾元素原子失电子能力（金属性）比较为例，建立原子结构与元素性质关系模型 2. 以氧、硫、氯元素原子得电子能力（非金属性）比较为例，固化原子结构与元素性质关系模型	建立原子结构与元素原子得失电子能力的关系
3	元素周期律	1. 发现元素周期律 2. 论证元素周期律	建立原子结构与化合价、原子半径的关系，完成"构-性"关系建构

课时	课　题	核　心　任　务	设　计　说　明
4	元素周期表	1. 认识元素周期表的结构，发现原子结构与元素在周期表中的位置关系 2. 初识周期表中的元素	建构"构-位"关系模型
5-6	同周期、同主族元素性质递变规律	1. 以第三周期元素为例，研究同周期元素性质递变规律 2. 以ⅠA、ⅦA族元素为例，探究同主族元素性质递变规律	建立"位-构-性"关系整合模型，并通过实验研究元素性质递变规律，建立元素性质与物质性质的关系
7	元素周期律表的应用（单元复习）	1. 梳理对熟悉元素（如硫元素）的认识 2. 预测陌生元素及其物质的性质（如硒元素或硅元素）	应用"位-构-性"认识模型，建立认识物质性质的"相似性、递变性"视角，发展对无机物的认识

三、促进学科核心素养发展的教学活动设计与实施

在设计教学活动时，首先，教师要对教学内容进行知识本体分析，明确学生需要建立的核心概念，弄清概念间的逻辑关系，确定教学内容的深广度，确定教学内容的知识发展脉络；同时，分析核心知识在促进学生化学认识方式发展方面的功能与价值。其次，教师要基于知识的结构、知识的功能与价值，分析学生的已有认识与科学概念之间的差异、思维的障碍点与空白点，确定教学过程中学生的认识发展脉络，为教学目标、教学问题线索、教学活动的设计奠定基础。再次，依据知识发展脉络、学生的认识发展脉络设定教学目标、教学问题线索，再根据教学问题线索，确定与之相匹配的学生活动和情境证据素材，注意增加概括关联、说明论证类活动的比重。最后，将教学问题线索、活动线索和情境证据素材线索相融合，形成完整教学设计。

在实施教学时，教师要加强与学生的对话，通过开放性问题、论证性问题，诊断学生的原有认识；通过对学生的追问，促进学生对问题的深入思考，为学生示范分析和解决问题的逻辑；通过提出认识反思性问题，促使学生对所经历的活动进行反思、概括提炼。

【案例】

化学能与电能

化学能与电能是"物质结构基础与化学反应规律"主题的核心教学内容，课标的内容要求明确提出"以原电池为例认识化学能可以转化为电能，从氧化还原反应角度初步认识原电池的工作原理"，"化学能转化成电能"是本主题的必做实验；学业要求明确提出"能举出化学能转化为电能的实例，能辨识简单原电池的构成要素，并能分析简单原电池的工作原理""能举例说明化学电源对提高生活质量的重要意义"。根据上述课标要求，结合学生学习诊断，如何利用证据素材帮助学生建构对原电池构成要素的认识，如何基于学科核心素养发展选取和组织教学内容、设计教学活动，是化学能与电能教学的关键问题。

本案例以建构原电池构成的认识模型为重难点，选取氢氧燃料电池、铅蓄电池和

铜锌原电池为原型，使学生逐步形成对原电池构成的认识，初步了解原电池的工作原理，发展从能量转化角度对化学反应的认识，实现相关内容对变化观念与平衡思想素养发展的功能价值。

【学习主题】

化学能与电能——探索原电池的奥秘

【学习目标】

1. 结合对电池的物理学科认知以及氢氧燃料电池的反应原理，建构原电池构成的认识模型。

2. 根据原电池构成的认识模型，分析简单化学电源的基本构成。

3. 根据原电池构成的认识模型，设计简单的原电池，并分析其工作原理。

【学习活动和评价】

环节	核心活动	评价指标
环节1	观察自制氢氧燃料电池，对其产生电流进行猜想，并逐步建构认识模型	学生能否将氢氧燃料电池与普通电池的装置构成要求进行类比迁移； 学生能否基于氧化还原反应分析电子运动方向，并正确判断出氢氧燃料电池的电极； 学生能否分析出正负极反应物的性质； 学生能否认识到氢氧燃料电池中石墨棒的作用； 通过对比实验，能否分析出电解质溶液的作用及离子运动方向
环节2	根据原电池构成的认识模型，分析铅蓄电池的构成	学生能否根据原电池构成的认识模型正确分析出铅蓄电池的构成及原理
环节3	根据反应 $Zn+2H^+ \!=\!=\!= Zn^{2+}+H_2$，设计简单的原电池	学生能否灵活运用原电池构成的认识模型，设计简单的原电池

【板书设计】

化学能与电能——探索原电池的奥秘

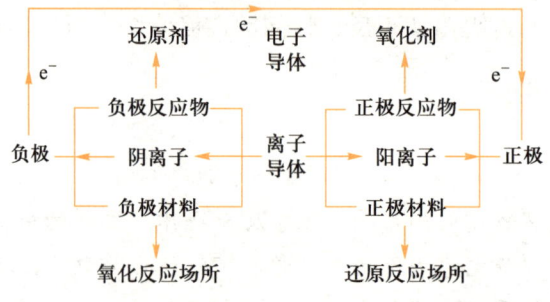

【教学实施过程】

环节	活动实录	点评
建构原电池的认识模型	教师：（用PPT展示生活中的许多电池图片）你知道电池的哪些相关知识内容？ 学生：正负极，电流从正极经外电路流向负极，电子从负极经外电路流向正极。 教师：（实验展示）猜想以下两个实验能否形成电流？	通过本环节，学生结合实际生活和已有知识经验，表达出对电池的前认知，通过对比的方式，将思维中心聚焦在 H_2、O_2 上。

环　节	活　动　实　录	点　评
建构原电池的认识模型	如图 2-3-6，U 形管 A、B 为石墨电极。 **用电器** A　　　　B 图 2-3-6 实验 1：A、B 电极两端分别通入 H_2、O_2，且电极浸没在 KOH 溶液中。 实验 2：A、B 电极浸没在 KOH 溶液中，不通入其他物质。 学生：实验 1 可能会形成电流，实验 2 不能形成电流。 教师：（实验演示后）实验 1 为什么可以形成电流，而实验 2 不可以？ 学生：实验 1 两个石墨棒上存在 H_2、O_2，实验 2 不存在。说明电流的产生与 H_2、O_2 有关。 教师：你认为电子从哪极流向哪极？为什么？ 学生：该电池一定通过某种特殊的方式发生了 $2H_2+O_2 = 2H_2O$ 这个反应。这是一个氧化还原反应，H_2 作为还原剂，反应中失电子；O_2 作为氧化剂，反应中得电子。因此，电子从 H_2 的电极流出，经过外电路流向 O_2 的电极。即 H_2 的电极为负极，O_2 的电极为正极。 教师：负极、正极反应物分别有什么性质？ 学生：负极反应物 H_2 具有还原性，正极反应物 O_2 具有氧化性。 教师：（演示）我们用干电池正负极连接电流表，观察一下电流方向是否与我们分析的一致。（用 PPT 演示）氢氧燃料电池的动画，请大家再仔细观察这个动画示意图，从整体体会氢氧燃料电池的工作原理。 教师：石墨棒有什么作用？它应该具有哪些特征？ 学生：石墨棒作为电极反应物发生反应的一个场所，它应该具备导电性好、固体的性质。 教师：若没有 KOH 溶液，还能否形成电流？阴、阳离子运动方向如何？ 学生：可能无法形成电流。 教师：（演示实验）没有电解质溶液的装置。 学生：KOH 溶液用来平衡正负极的电势差，负极反应物失去了电子，负极周围正电荷增多，溶液中的阴离子向负极移动。正极反应物得到电子，正极周围负电荷增多，溶液中的阳离子向正极移动。 教师：燃料电池是一种新型的热门电池，在科研、生活中有很多应用。我们一起来归纳原电池的构成要素。原电池是一种将化学能转化为电能的装置。	以氢氧燃料电池为学习素材，分析电池的基本构成，不断建构原电池构成的认识模型。 　　利用真正的电池验证自己的猜测与真实情况的一致性，提升学习的自信心。 　　通过动画播放的形式，让学生更形象地认识到上述分析的微观过程，加深对氢氧燃料电池的理解。 　　通过讨论，学生完善对电极材料的认识，意识到电解质溶液在电池中的重要作用。 　　让学生感受到燃料电池在实际生活中的应用，体会化学与生活的紧密联系。 　　建构原电池构成的认识模型，帮助学生更深入地理解原电池。 　　理解原电池是将化学能转变为电能的装置，体会学习原电池的价值。

环节	活动实录	点评
运用认知模型分析问题	教师：（展示铅蓄电池的图片）根据原电池构成的要素，分析该电池的基本构成。 学生：根据电池总反应 $Pb+PbO_2+2SO_4^{2-}+4H^+=2PbSO_4+2H_2O$，负极反应物为 Pb，具有还原性，负极材料为 Pb；正极反应物为 PbO_2，具有氧化性，正极材料为 PbO_2。 电解质溶液：阳离子向正极移动、阴离子向负极移动	以分析铅蓄电池为素材，让学生再次熟悉电池构成的基本要素，熟练运用电池构成的认识模型分析实际问题
根据反应原理设计简单电池	教师：请大家根据反应 $Zn+2H^+=Zn^{2+}+H_2$ 设计一个简单的电池，并描述这个电池各部分的作用是什么。 学生：Zn 作为负极材料和负极反应物；正极反应物为 H^+，正极材料可以选择石墨、Fe、Cu 等活动性弱于 Zn 的金属；电解质溶液可以选择 HCl 溶液，或者 H_2SO_4 溶液	结合反应原理，运用电池基本构成的认识模型设计电池，加深学生对电池构成要素的理解，提升解决实际问题的能力
结合已有知识分析实际问题	教师：（展示学生自制小电池的视频）请大家来分析自制小电池的基本构成要素。 学生：自制小电池的负极材料和反应物均为 Zn 片，正极材料为硬币，正极反应物为 CH_3COOH，也可能为空气中的 O_2，电解质溶液为 CH_3COOH 和 NaCl 的混合液	通过对自制电池的分析，培养学生结合实际问题深度思考的能力，激发学生更主动地学习和应用知识解决实际问题

（案例提供者：北京市育英中学　杨刘军）

【案例说明】

本教学案例经历了一次备课、两次试讲和一次正式讲的实践环节，在备课、试讲过程中，主要从以下方面进行了调整和改进。

1. 情境素材的选取与使用

在备课时，选定了氢氧燃料电池和铜锌原电池作为原型，在试讲过程中，发现存在两个问题。

一是教师对氢氧燃料电池的教学价值把握存在偏差，过于强调氢氧燃料电池的工作原理，而忽视了氢氧燃料电池对电池构成要素的认识发展作用。针对这一问题，在试讲后，重新优化了活动和问题设计，通过改变氢氧燃料电池的"构件"，再看是否有电流产生，促使学生认识到氢氧燃料电池各部分在电池构成中的作用，从而建构认识模型。

二是建构认识模型后，学生直接应用认识模型完成设计简单原电池的任务存在一定的困难。针对这一问题，增加了铅蓄电池作为原型素材，请学生分别寻找铅蓄电池中的电极反应物、电子导体和离子导体，深化对原电池构成要素模型的理解，并初步形成应用模型解决简单问题的思考角度。

2. 必做实验的实施

在试讲过程中，出现了对必做实验"重动手操作，轻思维展示"的情况。为了建立必做实验与本节课学科核心素养发展目标之间的紧密关联，将"设计原电池并实施"

这一活动拆分为"设计原电池，展示设计成果并介绍设计思路""依据优化后的方案实施实验"两个活动，突出了原电池构成模型对电池设计的指导作用。

✏️ 指导建议

课程标准在"物质结构基础与化学反应规律"主题的教学策略部分建议教师要"注重运用实验事实、数据等证据素材，帮助学生转变偏差认识""注重组织开展概括关联、比较说明、推论预测、设计论证活动""发挥重要知识的功能价值，帮助学生发展认识化学反应的基本角度，形成基本观念"。

一、深入、全面分析核心概念原理的认识发展功能

本主题内容涉及原子结构、元素周期律、化学键、化学能与热能、原电池、化学反应速率等多个概念原理知识。在教学设计与实施中，教师要将"落实概念原理知识的认识发展功能"作为教学的重难点，避免孤立地进行具体概念原理知识的教学。为此，对概念原理知识的功能价值进行剖析是前提和基础。

剖析概念原理知识的认识发展功能，既要建立核心知识、学科核心素养与学科认识方式的关联，也要对学科认识方式的内涵进行深入、多角度的阐释。例如，对于"化学键"概念，既要认识到它对发展变化观念与平衡思想素养的作用，从微观水平认识化学反应物质变化、能量变化实质的价值，还要在此基础上进行深入、具体分析，体会到它发展了对物质构成的认识——从基于微粒种类进阶到基于微粒间相互作用认识物质构成，而这也是从微观水平认识化学反应的基础；此外，还要延伸到它发展了对物质分类的认识——建立了离子化合物和共价化合物这一新的分类框架。

二、借助数据、实验等宏观证据帮助学生转变迷思概念

本主题涉及多个核心概念，在概念学习过程中，由于受原有经验等因素的影响，学生很容易形成迷思概念，因此转变迷思概念一直是概念教学的重点之一。教学中，教师要在诊断、了解学生迷思概念的基础上，充分利用数据、实验的宏观证据，帮助学生转变迷思概念，或避免迷思概念的形成。

例如，在化学键的学习中，为了避免学生形成"只有化学键中存在微粒间相互作用"这一迷思概念，教师可设计交流研讨活动，以"水沸腾、水分解均需要能量，但需要的能量多少不同"为证据，一方面帮助学生发现微粒间相互作用的普遍性——分子间、分子内原子间均存在微粒间相互作用，另一方面使学生认识到化学键的特殊性——分子内原子间的强相互作用。

又如，在可逆反应学习中，为了帮助学生转变对可逆反应"单向停止"或"单向折返"的错误认识，教师可提供 SO_2 与 $^{18}O_2$ 反应后微粒种类和反应过程中 SO_3 的物质的量随时间变化示意图两套宏观证据，促使学生发现对可逆反应"单向停止"或"单向折返"的认识是不正确的，从而实现认识转变。

三、注重针对核心概念原理的概括关联、说明论证活动设计

概括关联、说明论证是高水平的学习理解活动，属于高阶思维活动，对促进理解、形成学科认识、发展学科核心素养具有不可替代的作用。在本主题教学中，教师可为学生提供数据、实验事实等素材，促使学生完成对核心概念原理的概括关联、说明论证，发展学生高阶学习理解能力。例如，在元素周期律教学中，当学生基于数据发现元素周期律后，教师可设计说明论证活动"请从原子结构的角度论证元素周期律"。又如，在化学能与热能的教学中，教师可利用"氢气燃烧生成水蒸气反应中键能变化"的数据，设计关于化学反应能量变化实质的说明论证活动。

2-4 如何开展"简单的有机化合物及其应用"主题的单元教学？

这个教学关键问题将分析"简单的有机化合物及其应用"主题核心知识的素养发展价值，探讨促进学生学科核心素养发展的单元教学设计思路和教学策略。通过对这个教学关键问题的分析和解决，希望教师能够：

● 明确本主题的学科核心素养发展内涵和目标。

● 了解本主题单元教学设计思路。

● 初步掌握促进本主题学科核心素养发展的关键策略，并应用在教学实践中。

2-4-1 "有机物分子模型搭建"第 1 课时　　2-4-2 "有机物分子模型搭建"第 2 课时
课堂实录片段（于艳军）　　　　　　　　课堂实录片段（张梦雨）

 **问题的提出**

"简单的有机化合物及其应用"是新版课标中必修课程的新增一级主题。在实验版课标中，有机化合物的相关内容被涵盖在"化学与可持续发展"主题下，主要是从应用的角度对有机化合物提出内容要求。新版课标将有机化合物单列主题，一方面是考虑到有机化学作为生命科学、材料科学等学科的基础学科，其重要性日益凸显；另一方面是为学生在选择性必修阶段学习"有机化学基础"更好地在知识方法上奠定基础。新版课标中该主题下包括四个核心内容，分别为"有机化合物的结构特点""典型有机化合物的性质""有机化学研究的价值""学生必做实验"，可以看到，新课程在必修阶段将有机主题单列后，进一步凸显了有机化合物"结构决定性质，性质决定应用"的学科核心思想，凸显有机化合物认识思路的建立。

在教学实践层面，教师对"简单的有机化合物及其应用"主题的教学内容比较熟悉，也积累了较为成熟的教学方法和教学案例。教师普遍认为学生对简单的有机化合物比无机物、反应原理等内容更加容易学习，部分教师的教学会出现必修、选择性必修内容层级不清晰的情况。例如，对必修"乙醇"的教学和选择性必修"醇类"的教学，在内容组织和学生活动设计上基本相同，具体表现如下：一是在必修阶段对乙醇结构的分析略过官能团层面，直接进入化学键的分析，造成学生的错误认识，认为官能团和碳骨架中的化学键都是决定有机化合物特性的重要部分。二是在选择性必修阶段对醇类的教学仍局限在以乙醇为代表物，设计的学生学习活动没有真正将认识对象拓展到醇类。上述教学造成学生对有机化学内容的重复学习，从必修到选择性必修没有明显进阶。

🔍 问题的分析

新版课程标准在必修"简单的有机化合物及其应用"主题各核心条目的内容要求中明确提出了相应的物质载体，如"有机化合物的结构特点"的具体要求为"以甲烷、乙烯、乙炔、苯为例认识碳原子的成键特点，以乙烯、乙醇、乙酸、乙酸乙酯为例认识有机化合物中的官能团"。可以看出，相对于实验版课程标准，新版课程标准明确提出了碳原子成键特点、官能团等概念，提高了学生在有机化合物结构方面的认识要求，但在认识途径上只要求基于甲烷、乙烯等简单代表物示例来认识有机物化合分子结构，即明确了在有机化合物结构方面的教学内容深广度要求。因此，必修课程中有机化合物结构的教学关键在于，教师既要遵循课标的内容深广度要求，又要充分利用典型代表物示例作为学生的活动对象，设计相应的学习活动，帮助学生基于碳原子结构特点、官能团建立对有机化合物结构的认识角度和思路。那么在实践层面，教师是怎样教学的？我们来看以下教学片段，这是在甲烷模型搭建后的师生课堂对话。

【案例】

有机化合物分子结构模型搭建（课堂实录片段）

教师：请同学们举起搭好的甲烷模型。我请一位同学描述一下甲烷分子中原子的成键情况。

学生：甲烷分子中，碳原子位于中心，四个氢原子分别与碳原子成相同的键。

教师：好，你能再具体地说一下吗？碳原子和氢原子的相对位置构成了一个什么样的空间几何体？相同的键，"相同"的含义是什么？还有，键的类型，键长、键角的关系？

学生：甲烷是正四面体结构，里面是共价键，键长、键角都相等。

教师：很好，关于甲烷的结构，这位同学做了完整描述。利用现代分子结构测定技术，甲烷的正四面体结构已经被证实了。下面请同学们继续搭建含有两个碳原子的烃分子的球棍模型。

（大部分学生能自主地或在教师提示下搭建出乙烷的分子模型，个别学生搭建出乙烯的分子模型。）

教师：请展示一下你们小组搭建的模型，并说一说你们是怎么搭出来的。

学生：我们搭了一个乙烷的模型。这个模型是甲烷去掉了一个氢，然后连上了一个碳，还能再连三个氢原子，这样就能搭出来了。还有这个是乙烯，我们通过资料知道乙烯是一种重要的石油化工原料，它的化学式是 $CH_2 = CH_2$，里面含有碳碳双键。

教师：非常好。有的组只搭出来了乙烷模型。你们看，碳原子之间还可以成双键，最简单的含有双键的烃就是乙烯分子，同学们也要能够搭出来。其实，碳原子除了能成单键、双键之外，还能成三键，（教师展示）这个就是含碳碳三键的烃——乙炔的球棍模型。

在上述教学片段中，教师设计了模型搭建活动，让学生可以在活动中手脑并用，对简单烃分子结构建立直观、具象的认识。但在组织学生交流汇报时，教师忽略了对碳原子成键的本质原因——碳原子的结构特点的讨论，没有追问甲烷分子中为什么是四个碳氢单键，未引导学生将思路明晰、外显出来，学生可能凭已有的学习经验认为事实就是这样的，而没有主动运用已有的"原子成键形成八电子稳定结构"的理论进行分析推演，没有形成对"碳四价"的本质认识，因此，我们看到，在搭建二碳烃分子模型时，能搭出乙烯模型的学生仍是基于资料事实，而不是基于"碳四价"推演出碳碳双键进而搭建模型的。

已有研究表明，在学习有机化合物之前，学生对有机化合物结构与性质的关系往往停留在"结构决定性质"的概括性认识水平上，至于有机化合物结构是如何决定性质的，学生并不清楚。另外，学生对有机化合物的空间构型也缺乏正确的认识，例如，对甲烷分子的结构，大多数学生能从元素组成的角度进行说明，也能在教师的提示下分析出甲烷分子中存在四个 C—H 键，但对四个 C—H 键在空间伸展方向上的认识是模糊的。学生的上述表现恰恰是需要教师帮助其突破的认识障碍点。

此外，经过必修阶段的学习，在面对有机化合物性质分析或解释的任务时，部分学生只能从事实或经验的角度就性质说性质，仍然不能自主调用碳骨架、官能团等概念对性质进行解释。这也反映出教师在有机化合物主题的教学中习惯对有机化合物的结构、性质及应用进行知识讲解和落实，相对而言，对促进学生建立有机化合物认识角度和思路则缺乏有效的教学策略与经验。

综上所述，在实践层面有效开展学科核心素养导向的"简单的有机化合物及其应用"主题的教学，需要教师对以下问题有深入、系统的思考。

（1）本主题学生学科核心素养发展目标是什么？

（2）如何基于学科核心素养发展目标设计学生学习活动？

 **问题的解决**

一、本主题的学科核心素养发展目标

下面对课程标准中"简单的有机化合物及其应用"主题的内容要求、学业要求进行分析，将该主题下学生对有机化合物的认识角度和思路进一步具体化。在必修阶段，学生对有机化合物结构应能够基于碳原子成键特点、成键类型建立起"官能团和碳骨架"的分析角度，从"有机化合物元素组成"的宏观水平进入"官能团和碳骨架"的亚微观水平，从而进一步理解分子结构与有机物种类繁多、性质丰富之间的因果关系。

具体认识思路如图 2-4-1 所示。

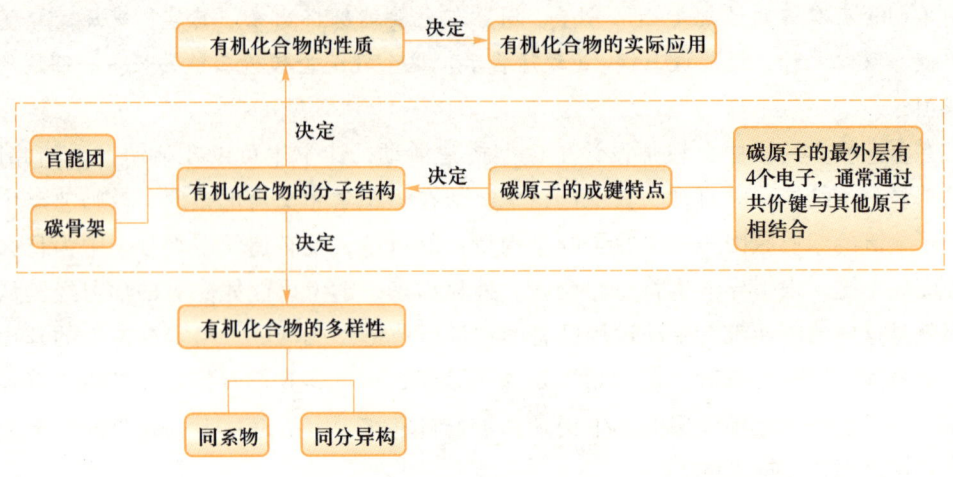

图 2-4-1 　必修阶段学生对有机化合物结构的认识思路

对于有机化合物性质和反应，学生应能够基于乙烯、乙醇、乙酸等典型代表物性质认识到有机反应区别于无机反应的特征——有机化合物分子中的局部结构（官能团和化学键）发生改变、条件复杂、副反应多等，并进一步建立"官能团决定有机物化学特性"的观点。学生对有机反应则主要从反应物、试剂和条件的角度初步形成对取代反应、加成反应的认识。具体认识思路如图 2-4-2 所示。

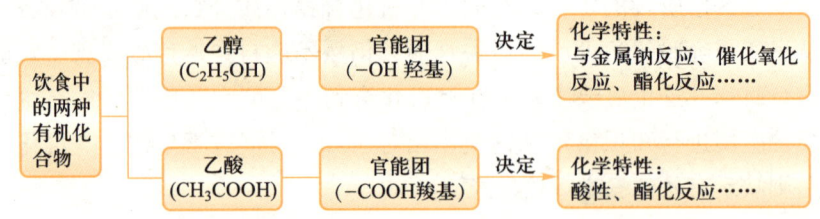

图 2-4-2 　必修阶段学生对典型代表物化学性质的认识思路

结合课程标准对"宏观辨识与微观探析"等化学学科核心素养的表现水平表述，将学生在有机化合物主题下的素养发展目标进一步行为化，具体的能力目标如下。

（1）能概括有机化合物在元素组成、分子构成及性质等方面与无机化合物的主要区别，能说明有机反应与无机反应在反应条件、反应试剂及反应产物等方面的差异。

（2）能列举生产生活中常见的有机化合物，依据官能团和碳骨架对其进行分类，正确书写典型有机化合物的结构式、电子式。

（3）能从不同视角对典型有机化合物的化学反应进行分类，并正确书写化学方程式；能从有机化合物官能团的角度阐释其主要性质，能分析有机化合物性质与用途的关系。

（4）能根据乙烯、乙醇、乙酸等有机化合物的性质分析实验室、生产、生活以及能源、材料领域中的某些常见问题，说明妥善保存、合理使用化学品的常见方法；能将实际问题转化为化学问题，设计并完成简单的实验，观察并记录实验现象，通过分析、推理获得实验结论。

（5）能应用所学的有机化合物及有机反应的知识，分析和探讨某些化学过程对自然环境、人类健康、社会可持续发展可能带来的双重影响，并从多个方面对这些影响进行评估，提出合理建议。

二、基于学科核心素养发展目标的单元教学规划

必修阶段"简单的有机化合物及其应用"主题是学生对有机化学学习的入门基础，为达成相应的素养发展目标，教师需要对该主题的教学内容进行整体规划。该主题的核心知识内容包括甲烷、乙烯、乙醇、乙酸等典型有机化合物的结构、性质及应用，糖类、油脂、蛋白质等常见有机化合物的结构特点及在生产、生活中的应用。不同版本教科书的内容大致相同。以鲁科版教科书必修第二册第三章"简单的有机化合物"为例，教材设置了"认识有机化合物""从化石燃料中获取有机化合物""饮食中的有机化合物"三节内容，此外还设置了微项目"自制米酒——体验我国传统酿造工艺的魅力"。其中，"认识有机化合物"主要涉及的是有机化合物的结构特点；"从化石燃料中获取有机化合物""饮食中的有机化合物"涉及的是典型有机化合物的性质；微项目则主要涉及乙醇、乙酸、糖类、蛋白质等有机化合物的实际应用，进一步将化学知识与社会应用有机地结合起来。

鲁科版教材将必修阶段"简单的有机化合物及其应用"主题的核心内容、教学时间、核心活动及对应的学生素养发展目标整体规划如表2-4-1所示。

表2-4-1 必修阶段"简单的有机化合物及其应用"主题教学内容的整体规划（以鲁科版教科书为例）

核心内容	教学时间	核心活动	学生素养发展目标
● 认识有机化合物的性质 ● 认识有机化合物的结构特点	3课时	有机化合物性质观察思考 有机化合物分子结构模型搭建 有机化合物种类多样性解释 官能团与化学特性的观察思考	认识碳原子成键特点，初步建立有机化合物结构的分析角度和思路
● 从煤、石油、天然气中获取化石燃料 ● 石油裂解与乙烯 ● 煤的干馏与苯 ● 有机高分子化合物与有机高分子材料	3课时	乙烯、苯的化学性质对比观察 基于官能团分析乙烯的化学性质 乙烯转化成高分子材料的反应分析 化石燃料综合利用的交流研讨	巩固有机化合物结构的分析角度和思路，建立和应用基于官能团分析有机化合物性质的思路
● 乙醇和乙酸 ● 糖类、油脂和蛋白质	3课时	乙醇和乙酸的化学性质的系统探究 糖类、油脂和蛋白质的性质的观察思考 有机化合物在人体内转化的交流研讨	应用有机化合物结构和性质的认识思路对乙醇、乙酸等典型代表物进行系统探究
● 探秘酿造	3课时	体验传统酿造工艺，探秘酿造过程中的有机化合物及其转化原理 酿制米酒的动手实践及基于实验数据的反思改进	综合应用有机化合物结构和性质的认识思路解决真实情境中的复杂问题

三、促进学科核心素养发展的教学活动设计与实施

1. 关于有机化合物分子结构的教学设计与实施

必修阶段有机化合物分子结构的学习目的是让学生从学科本质的角度认识有机化合物的性质及应用，对有机化合物形成系统认识。因此，在情境创设上，还是要从有机化合物的性质及应用切入，引发学生思考决定性质的本质因素——结构，进而展开对其结构的探讨。

在有机化合物结构的学习活动中，模型搭建对学生认识其结构具有独特的价值和作用。基于碳原子结构对有机化合物中碳原子成键规律进行概括论证也是非常重要的，有助于学生发现概念之间的本质联系。因此，在结构分析的问题中，教师要组织学生讨论"有机化合物分子（如甲烷、乙烷等）中碳原子和其他原子有哪些成键规律，是什么决定了这样的成键规律？"，引导学生从碳原子结构角度展开论证，发现碳原子结构是决定其成键规律的本质因素。

2. 关于典型代表物性质的教学活动设计与实施

在典型代表物的教学中，教师应把握好必修与选择性必修的素养发展目标的进阶，必修阶段并不要求学生达到基于化学键对结构进行分析进而预测性质的水平，只要求从官能团的角度认识有机化合物性质与结构的关系，因此，必修阶段对有机化合物的学习应体现"从生活到化学，从化学到社会"的总体思路。通常，可以从典型有机化合物的应用切入，引导学生基于事实资料和生活学习经验对有机化合物性质进行猜想假设，再设计实验或寻找新的事实证据进行验证。在验证性质之后，还应该引导学生用结构解释性质，或从结构的角度对性质进行概括总结，通常可以用"该有机化合物有什么样的结构特点？这决定了它具有什么样的化学性质？"来驱动学生思考并阐述结构与性质的关系，在活动过程中，学生需要结合有机反应的特点说明有机化合物在反应过程中的结构变化，包括官能团和碳骨架中具体化学键的转化，并将有机化合物性质与相应的烷烃性质做对比，进而概括提炼有机化合物分子中官能团对其化学特性的决定作用。

【案例】

认识有机化合物的结构特点

【课标分析】

"简单的有机化合物及其应用"是学生在高一下学期第一次较为系统地学习有机化学的内容主题，所以如何认识有机化合物十分重要。根据课程标准对学科核心素养的界定，教师在"简单的有机化合物及其应用"主题的教学中应更加注重学科观念、方法和基本认识视角的建立，注重使学生初步建立有机化合物认知模型。必修阶段"简单的有机化合物及其应用"主题的引入着重放在对有机化合物结构特点的认识上。

【设计思路】

从碳原子的成键方式入手，引导学生从微观层面认识有机化合物，理解无机物与

有机化合物的不同，建立认识有机化合物的基本视角；从简单到复杂，通过分析几种有限的代表物质的分子结构，着重介绍其化学性质，从结构角度构建有机化合物的一般认识思路。

【单元学习目标】

1. 能描述甲烷、乙烯、乙炔的分子结构特征（含立体结构），认识碳原子的成键特点。

2. 能建立甲烷卤代反应中物质转化与化学键转化的关联，概括有机反应的特征（反应物分子中局部键的断裂）。

3. 能基于原子结构论证有机化合物分析中碳原子的连接顺序和类型。

4. 能基于碳原子成键特点解释有机物种类繁多的原因。

5. 能基于碳四价，从甲烷出发推测引入更多碳原子或其他原子之后其结构变化的可能情况，推测简单烷烃分子的取代产物或5碳以内烷烃的同分异构体。

6. 能搭建简单的有机化合物分子的球棍模型。

【课时规划】

本单元包括两课时。第1课时为"认识有机化合物分子"，学生通过搭建甲烷、2C烃、3C烃分子球棍模型及主题研讨活动，达成单元学习目标1、3、5和6；第2课时为"分析变化"，学生通过搭建引入杂原子的烃的衍生物分子球棍模型及相应的问题探讨，达成单元学习目标2、4、5和6。具体活动流程如图2-4-3。

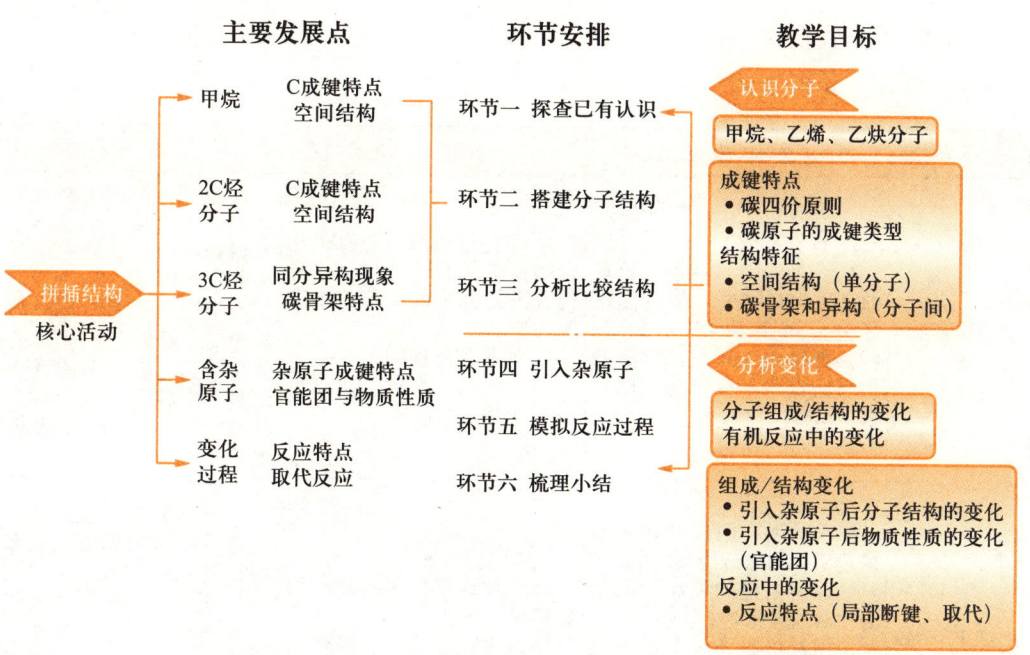

图2-4-3 "认识有机化合物的结构特点"的教学核心环节

【板书设计】

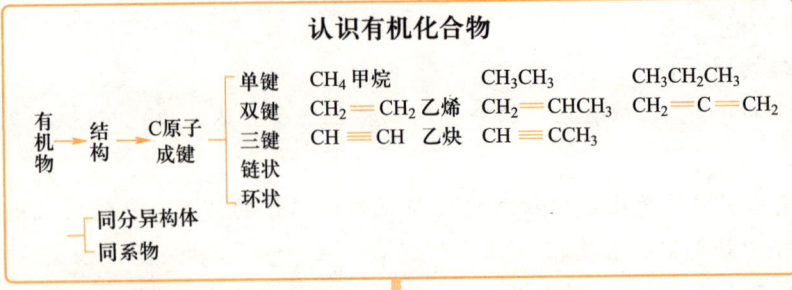

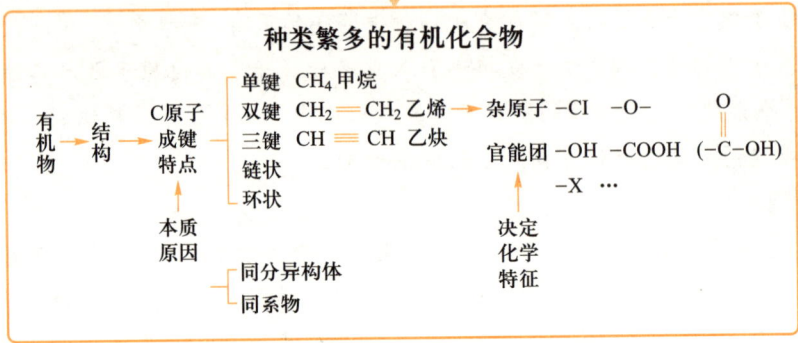

【教学过程设计】

第 1 课时　认识分子

环节	教师活动	学生活动	设计意图
探查基础	1. 探查基础 2. 提问：（1）在种类繁多的有机化合物中，你最熟悉哪些，知道哪些分子式？（2）如果要选择一种物质开始系统的学习有机物，你会选择从哪一种入手？	1. 学生搜集身边的有机化合物，在课上举例，介绍身边有机化合物的名称、用途和性质。 2. 回答教师提问，如： （1）甲烷、酒精（乙醇）； （2）甲烷，最简单	1. 促进学生对有机化合物的认识广度，引导学生意识到有机化合物在生活中的重要作用。 2. 快速聚焦 CH_4 这一核心物质，让学生自主体会从简单到复杂的基本认识策略，为后面讨论 2C 烃、3C 烃、引入杂原子等做铺垫
动手实验，搭建立体结构	要求学生利用软糖和牙签搭建甲烷的球棍模型； 描述所搭建的模型，说明为什么这样搭建； 使用量角器分析键角为何大于 90°； 使用胶带纸将模型各个顶点连接起来，并将每个面复制下来，制作模型 观察模型结构	利用软糖和牙签搭建甲烷球棍模型。 小组讨论、修正、制作正四面体模型。 观察模型结构并交流、汇报	1. 通过搭建模型，使学生将甲烷结构的微观状态用宏观形式呈现。 2. 引导学生从微观角度分析论证"碳四价"原则。 3. 分析甲烷分子的键角和立体构型。 4. 认识"正四面体"是人为的定义，引出基础概念"烃"

环节	教师活动	学生活动	设计意图
碳碳拼插，突破思维局限	组织学生搭建 2C 烃分子模型 提示学生先写再搭，拼插后交流这些模型有什么差异，思考如何拼插出更多的 2C 烃分子； 引导学生通过比较，丰富对碳四价原则的认识，体会碳原子成键方式的多样性	搭建更多含有 2C 的烃分子： （1）分析碳原子的成键特点； （2）猜想分子的空间结构	1. 丰富对碳原子成键方式的种类认识（单键/双键/三键）； 2. 对比乙烷、乙烯和乙炔分子的空间构型
	组织学生搭建 3C 烃分子。 引导学生用更简洁的符号语言表征搭建出的分子结构，并汇报分享	搭建更多含有 3C 的烃分子； 找出所搭建物质空间构型特点； 思考如何用符号表达不同的立体构型；汇报分享	1. 继续丰富碳原子成键方式的多样性（环状的引入）； 2. 理解结构简式的意义与表达的连接特点； 3. 巩固球棍模型—结构简式—化学式相互转换的技能
对比分析	引导学生观察、分析、讨论 落实烷烃、同系物、同分异构体现象和同分异构体等概念	观察甲烷、乙烷、丙烷、乙烯、丙烯、环丙烷的分子组成、分子式、结构式；总结它们的异同之处	引出烷烃、同系物、同分异构现象和同分异构体等概念的学习

第 2 课时　分析变化

环节	教师活动	学生活动	设计意图
增加难度：引入杂原子	布置拼插任务 追问杂原子（氯、氧）的成键特点 布置拼插任务 追问二氯甲烷结构式写法 引导学生对比手中模型，确认结构式	1. 在甲烷模型上插入一个氯原子 2. 在甲烷模型上插入一个氧原子 3. 书写模型对应的结构式、分子式并汇报 4. 在甲烷模型上引入两个氯原子，书写拼出模型的结构式、分子式并汇报	1. 激发兴趣，调动学生积极性，丰富学生认识原子之间的成键方式。 2. 落实甲烷的正四面体构型。 3. 引导学生关注结构式（立体结构在一维平面的投影）、结构简式的作用与意义
逆向思维：由结构简式构建立体结构	布置拼插任务 追问羧基的拼插原因 对比分析各小组结果 引导学生明确结构简式的作用及书写的一般规则 组织汇报	由乙醇及乙酸的结构简式推出其分子球棍模型，并还原其结构式 分析论证 完成学案 汇报分享	活动意图 1. 落实模型—结构式—结构简式的转化。 2. 引导学生基于结构的角度说明乙醇、乙酸和乙烷的官能团和性质差异，培养模型观念和证据意识。 3. 总结结构简式的一般书写规则

81

环节	教师活动	学生活动	设计意图
变化关系：一种典型反应的介绍	给出四氯化碳分子式，要求学生写出结构简式 用球棍材料模拟从甲烷到四氯化碳的转化过程 概括该转化特点 追问成键、断键细节过程 组织汇报	1. 用球棍模型还原甲烷取代反应的成键、断键过程 2. 画出甲烷与氯气取代反应的成键、断键部位	1. 在体验中自然形成"取代反应"的概念； 2. 引导学生关注有机反应局部成键、断键特点； 3. 基于碳四价，推测简单烃分子可能的取代产物，认识取代反应的多可能性
归纳总结：有机物种类繁多的原因	引导、组织学生有主次、有条理地总结有机物种类繁多的原因	画出思维导图 小组汇报	总结归纳有机物种类繁多的原因

（案例提供者：中央民族大学附属中学　于艳军　张梦雨）

【案例说明】

本教学案例经历了一次备课、两次试讲和一次正式讲的实践环节，主要从以下方面进行了调整和改进。

1. 将模型搭建活动与主题研讨活动整合进行

有机物教学的初始课对于学生来说障碍点较多。新名词多，不会看结构，习惯看成无机物，缺少看结构的基本角度，难以理解立体结构，是其中的四大主要问题。在试讲时，教师的关注点更多地放在模型搭建活动的组织与实施上，对于碳原子的成键特点的概括与解释，有机物种类繁多的原因探讨基本上以自问自答的方式进行，导致学生并未建立清晰的结构分析思路。基于学生访谈结果，教师意识到不能将必做实验和问题研讨割裂对待，应结合拼插实验，让学生自己动手搭建结构，增强空间想象，通过问题研讨外显学生对有机物结构特征的分析思路，基于原子结构解释碳原子成键规律，才能达成相应的教学目标。

2. 在深度的活动体验中，帮助学生建立有机物结构的认识思路

在引导学生拼插含有 2 个或 3 个碳原子的烃分子中发现碳碳双键、三键和同分异构现象时，在总结有机物种类繁多的原因时，在还原甲烷的取代反应的成键、断键过程时，教师都要提出明确的要求，允许课堂内出现静默，给学生充足的讨论时间，并适当进行个别指导。在整个教学过程中，构建探索的安全环境，使学生充分感受学科魅力，在有质量的体验中激发学习兴趣。

🖊 指导建议

有机化合物主题的核心内容是和生产生活紧密联系的，是重要有机化合物的典型性质及有机化学初步知识。教师可以适当运用原子结构和化学键的知识，引导学生注意有机化合物结构与性质的关系及有机反应的一些特点，以便学生更好地学习与化学相关的其他自然科学，如生物科学、环境科学、能源科学、材料科学等。在教学中，教师可以关注以下策略。

一、体现"从生产、生活到化学""从化学到社会、生活"理念

必修阶段"简单的有机化合物及其应用"主题的教学应着重体现"从生产、生活到化学""从化学到社会、生活"理念，将学生对身边、生活中熟悉的物质的认识和生活经验与化学实验的科学探究相联系，拓宽学生对有机化合物的认识，建构新的认知框架。在选择和组织教学内容时，要注意体现以下线索：① 有机化学的基础知识和基本方法；② 反映有机化学与生活、生产、社会、环境及其他科技领域的广泛联系和相互作用、影响，选用具有 STS 教育价值的学习素材，如新药、居室中的污染、饮酒问题、塑料回收与可降解塑料等。

二、凸显"结构决定性质，性质反映结构"思想

必修阶段"简单的有机化合物及其应用"主题学习是学生有机化学学习的入门阶段，学生通过本主题的学习，要初步建立起对有机化合物的基本认识，体会"结构决定性质，性质反映结构"的思想。有机化合物结构决定性质的基本思路即分析结构—辨识分子结构中的官能团—分析性质—对比反应物与生成物的结构差异，建立官能团结构特点与有机反应的关联。引导学生基于简单的有机化合物体会有机物与无机物在结构与性质上的差异，有机反应与无机反应在反应规律上的差异，如反应条件和试剂、反应物与生成物的结构转化等。

三、落实"宏观辨识与微观探析"素养的培养

在"简单的有机化合物及其应用"主题教学时，教师应注重发挥官能团等概念性知识的工具性价值，同时，通过活动探究、观察思考、交流研讨等活动，引导学生通过类比代表物的思路，对含有特征官能团的有机化合物性质进行分析解释和推论预测，并用典型官能团的特征反应进行简单实验验证。上述能力正是"宏观辨识与微观探析"素养在有机化合物中的重要体现。

四、注重"科学态度与社会责任"素养的培养

"简单的有机化合物及其应用"主题教学以生产、生活和身边的有机化合物作为切入点，由个别物质的研讨逐一展开。例如，从石油化工和煤化工的产品引入乙烯和苯的性质及其在生产、生活中的应用，从饮食与健康的角度分析重要的烃的衍生物乙醇、乙酸、酯和油脂的性质及其相互转化，从生命及营养的角度介绍糖类、蛋白质的重要性质、在人体内转化及其在生产、生活中的应用。通过"调研我国古代的酿造工艺""酿制米酒"等项目活动，利用"可燃冰开采""辛烷值与汽油标号"等资料，引导学生关注健康饮食、能源的可持续开发等实际问题，形成对自然资源的合理开发、综合应用及可持续发展的观点，落实"科学态度与社会责任"素养的发展目标。

2-5　如何开展基于核心素养的社会性议题教学？

这个教学关键问题旨在利用社会性科学议题教学，达到学生科学态度与社会责任等素养综合发展的目的。通过对这个教学关键问题的分析和解决，希望教师能够：

- 理解教学的价值和特征。
- 初步掌握社会性科学议题教学设计和实施的关键策略并应用于自身的教学实践。

2-5-1　"青江硫酸厂何去何从？"
议题教学课堂实录片段（刘一恒）

2-5-2　"青江硫酸厂何去何从？"
案例点评与分析（陈颖）

问题的提出

课程标准在"常见无机物及其应用"主题下明确提出了对学生最高水平的学业要求为"能有意识运用所学知识或寻求相关证据参与社会性议题的讨论（如酸雨和雾霾防治、水体保护、食品安全等）"。

什么是社会性议题？社会性议题讨论对学生的素养发展有什么独特的价值？如何开展社会性议题教学？这些都是实践层面教师迫切需要解决的问题。

与化学学科相关的社会性议题主要是社会性科学议题（socioscientific issues，SSI），指由当代科学技术研究开发所引起的一系列与社会伦理道德观念和经济发展紧密相关的社会性问题，如克隆技术和基因工程等给社会伦理观念和生态环境保护带来的难题。[1] 已有研究表明，在中学阶段引导学生探讨科技研究开发所衍生出的与社会生活有关的争议性问题，有助于学生深入理解科学的价值和有限性、科学与社会人文的关系，同时也培养学生解决问题和质疑思辨的能力。[2] 可见，SSI 教学指向学生综合素养发展和真实问题解决能力提升，尤其对学生科学态度与社会责任素养发展具有独特价值。

---

① 孟献华，李广洲 . 国外"社会性科学议题"课程及其研究综述 . 比较教育研究［J］. 2010（11）：31-36.

② 朱玉成 . 科学教育的新视野：社会性科学议题教学［D］. 长春：吉林师范大学，2013：6-7.

问题的分析

SSI 教学对绝大多数化学教师来说相对比较陌生，存在较大的挑战。通过文献学习和案例示范，教师普遍能够认同这种教学方式的价值，也愿意通过实践进行尝试，但在探索的过程中，仍然会遇到很多具体问题。

以"重雾霾天气条件下是否需要采取汽车限行措施"议题教学为例，在备课初期团队成员就 SSI 教学表达了以下观点。

观点 1：我觉得 SSI 教学特别有意义，因为它能使学生思考问题更加理性，还能帮助学生建立社会责任感，但是在课堂教学中开展，感觉时间很仓促，最好的方式还是在课下进行，比如社团活动。而且科学态度与社会责任素养是不可能一次提高的。

观点 2：我认为 SSI 是综合性问题。如果只涉及化学学科知识，问题不算太大，但是它涉及政治、经济、社会、生活，有些内容教师其实只是了解一个大概，如果想要在课堂上准确地说出来，还真是个挑战。

观点 3：我觉得这个议题涉及的化学知识就是 NO、NO$_2$ 转化为硝酸盐的几个特简单的化学方程式，连铜和稀硝酸的反应都没有，最多加一个三元催化装置，还是不要求记忆的化学方程式，和书本的联系也不是很紧密。我们所提倡的建立认识物质的价-类二维视角，自主利用价-类二维视角分析物质和这个议题有关吗？

观点 4：到现在为止，我对这个议题的上课情况无法预测，上课会出现什么情况，也不知道出现问题该如何解决。特别怕回答不了学生的提问，下不来台，这真是以前从来没有过的问题。

从上述观点可以看出，由于 SSI 教学与教师常态教学有很大的差异，教师的常规教学思路和教学行为显然不能很好地应对这种全新的教学方式，在议题论证、内容分析、教学预设等方面存在诸多的问题。

观点 1、观点 2 表现出教师对议题教学只有模糊、笼统的了解。一方面认为社会性科学议题是跨学科、综合复杂的，不好实施；另一方面认为它对学生的科学态度与社会责任素养发展非常重要。这说明教师还不能将议题辩论的功能价值与学科核心内容的教学建立系统关联。

观点 3 表现出教师在学科知识上只关注了事实性知识的应用，忽略了元素化合物知识所蕴含的学科能力——基于价-类二维视角分析、解释和预测简单无机物的性质，因此认为学科知识与议题辩论关系不大。这也说明教师对社会性科学议题辩论的具体展开流程缺乏清晰的认识，还不能将科学知识及方法在社会性议题辩论中所具有的独特功能进行系统分析。

观点 4 说明教师对学生的能力基础只能从知识与技能角度进行分析，不能把论证能力的发展过程展开，因而认为科学论证对学生来说不是难点，也无法对课堂上学生的活动表现进行预设，当然也没有应对策略。

综上所述，在实践层面顺利开展 SSI 教学，需要教师对以下问题有深入、系统的思考：

（1）学科思路方法和核心知识通常可应用于哪些社会性科学议题的探讨？

（2）在议题探讨过程中学生是如何建构学科思路方法、应用学科核心知识的？

（3）什么样的学习活动能够落实学生科学态度与社会责任素养的发展？

📠 问题的解决

社会性科学议题具有以下四个特征：一是社会和科学在其中都扮演着重要角色，化学相关的科学性议题更多来源于健康、环境、能源、资源开发等领域。二是由不确定性引发的问题，即一定是开放的、结构不良的问题，不是通过逻辑推理获得唯一答案的问题。三是问题解决方法涉及不同社会团体可能有不同的提案，即议题解决通常涉及个人或团体价值判断。四是议题解决一定是跨领域的，议题因而具有复杂性。

考虑到社会性议题探讨的一般性流程和科学知识、方法在议题探讨中所发挥的独特作用，可以将 SSI 教学概括为三个核心教学环节，依次为"科学认识，寻找利弊""科学论证，分析利弊""科学决策，权衡利弊"，不同环节承担不同的素养发展价值，具体如图 2-5-1 所示。

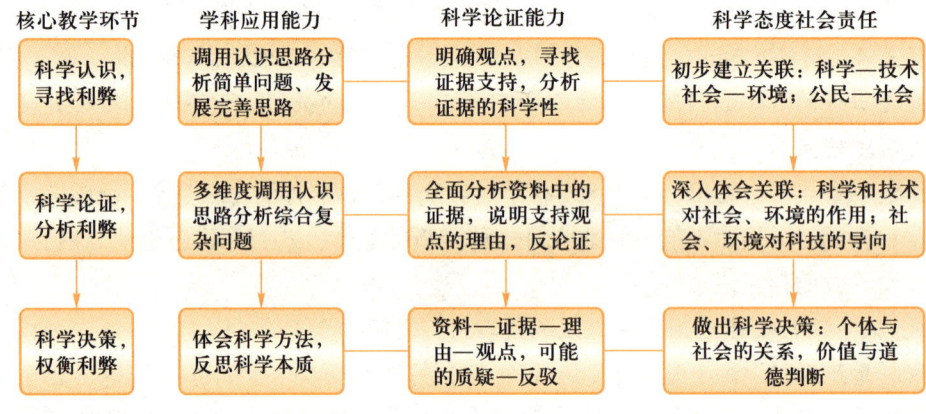

图 2-5-1　社会性科学议题教学对学生素养发展的价值

图 2-5-1 从学科应用能力、科学论证能力、科学态度与社会责任三个维度梳理各核心教学环节的学生素养发展路径。

在"科学认识，寻找利弊"环节，教师创设情境并提供简单素材，使学生初步体验社会性科学议题在社会生活中的重要性，并尝试用自己所学的科学知识进行素材理解，进而表达对议题所持的观点，通过体验建立 STSE 之间的关联，并初步体会公民—社会的关系。在此环节中，学生的学科应用能力、科学论证能力、科学态度与社会责任均得到初步发展。

在"科学论证，分析利弊"环节，教师进一步提供支持议题观点论证的资料，引导学生展开深度思考和研究，自主调用学科角度和思路对资料进行分析论证，深入体验不同职业角色的公民对议题可能持有的观点及形成过程。在此环节中，学生学科应用能力、科学论证能力、科学态度与社会责任均获得进阶发展。

在"科学决策，权衡利弊"环节，教师组织引导对议题持正、反观点的学生分别通过"资料—证据—理由—观点"的路径进行论证和反论证，经过利弊权衡达成最终的决策，深度体会决策过程中个体与社会的关系、价值与道德判断所发挥的作用。在此环节中，学生学科应用能力、科学论证能力、科学态度与社会责任进一步得到稳固。

教师在实践过程中，可依据上述教学实施路径，进行具体的单元学习目标、学习活动及持续性评价的整体设计。

【案例】

"硫及其化合物"的 SSI 教学

【课标分析】

硫及其化合物是"常见的无机物及其应用"主题的核心教学内容，课程标准对其学业要求除了上述议题讨论之外，还有"能从物质类别、元素价态的角度，依据复分解反应和氧化还原反应原理，预测物质的化学性质和变化""能说明常见元素及其化合物的应用（如金属冶炼、合成氨等）对社会发展的价值、对环境的影响"。无机物知识与社会生活息息相关，采用社会性科学议题开展常见的无机物及其应用的教学可以让学生感受到化学对改善环境、改善社会生活发挥的巨大作用，培养学生的科学态度与社会责任素养。

【设计思路】

本案例定位在硫及其化合物的核心知识，确定以"青江硫酸厂何去何从？"[①]为单元学习主题开展 SSI 教学，让学生在议题讨论中应用元素化合物价-类二维图的分析模型，巩固硫及其化合物间的转化关系，论证自己的观点，初步建立科学论证的方法、发展科学论证能力。

【单元学习主题】

青江硫酸厂何去何从？

【单元学习目标】

（1）通过从 FeS_2 制备硫酸的过程分析 SO_2 的处理方法，应用价-类二维视角从物质分类、氧化还原反应两个角度分析含硫物质的性质，实现物质的转化。

（2）体会社会性科学议题研究的一般过程，形成问题解决路径。

（3）通过讨论"硫酸厂是否存在污染""污染能否解决"，围绕自己的观点对资料进行分析推理，并考虑可能存在的不同观点，发展科学论证的能力：表明观点—为观点寻找证据—用化学知识分析甄别资料—考虑可能的反驳—用化学知识进行反论证。

---

① 本案例中，"青江硫酸厂"是指武汉青江化工股份有限公司，其前身为武汉硫酸厂。教学中主要讨论的是硫酸的制备和污染问题，故使用"青江硫酸厂"来表述。

（4）通过讨论和表决"青江硫酸厂何去何从"，经历全面思考、系统分析，做出符合科学精神和社会责任的决策。在权衡利弊、做出决策的过程中，体验作为社会公民的责任和义务，形成"绿色化学"观念。

【单元学习活动和评价】

课时	教学环节	核 心 活 动	评 价 指 标
课时1	初步体验	根据自己的角色，针对硫酸厂是否该迁址的问题进行初步表决	学生做出决策的依据是什么，学生是否有论证猜想的意识
课时1	科学认识，发现利弊	运用所学化学知识，解释硫酸生产原理，并预测污染物	学生能否基于氧化还原原理解释化学反应，能否从元素守恒角度推测反应物
课时2	科学分析，论证利弊	寻找硫酸厂生产优势，并尝试消除污染	学生能否基于自己的猜想寻找合适的证据，能否基于物质分类和价态找到合适的消除污染的方法
课时3	科学决策，权衡利弊	根据自己的角色，针对硫酸厂是否该迁址的问题再次进行表决	学生做出决策的依据是什么，学生能否依据结论给出证据支撑

【板书设计】

青江硫酸厂何去何从？

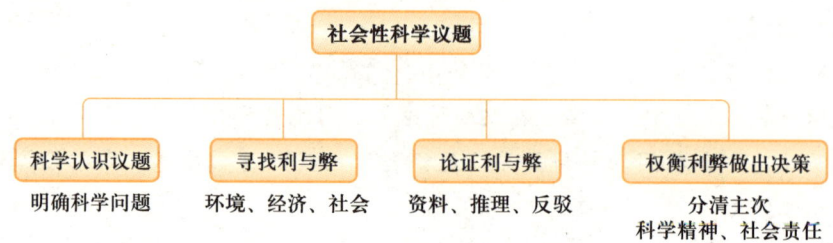

【教学实施过程】

第1课时

环节	活 动 实 录	点 评
初步体验	教师：（播放英国脱欧公投视频），从视频中我们可以看出，英国公民在面临是否脱离欧盟这一问题时，由于不慎重的决策，直接影响到英国近两年的发展。今天，他们为自己当时的决策后悔。咱们今天共同来了解一类社会性议题——社会性科学议题。它是指由当代科学技术研究开发所引起的一系列与社会伦理道德观念和经济发展紧密相关的社会性问题。今天我们具体研究的问题是：青江硫酸厂何去何从？随着社会发展武汉市打算把武汉青江硫酸厂迁址到黄冈市。政府为了充分调研社会各方面的意见，决定召开一场听证会。听证会上邀请到社会各方面的代表。下面请各小组讨论认领什么角色，然后来认领一下。	通过本环节，学生能够初步体会到决策的过程，对本节课的议题有一个初始的判断。另外，通过不同立场学生的讨论和交流，学生能够初步体会到决策的复杂性。

环节	活 动 实 录	点 评
初步体验	（学生小组认领角色。） 教师：咱们有了自己的角色之后，在面对这样的议题时就该有自己的考虑了。武汉市的市长、市民要思考是否保留硫酸厂。黄冈市的市长、市民要思考是否应该接收硫酸厂。硫酸厂厂长、环保局局长要思考是否应该将硫酸厂由武汉市迁到黄冈市。请大家在学案上表达自己的观点和理由。小组讨论一下，看看你们的观点是否一致。 （学生分小组讨论。） 教师：有了想法之后，请大家进行第一轮表决。 表决结果： 武汉市市长、市民不同意保留硫酸厂。 黄冈市市民不同意迁址，市长认为需要进一步研究。 硫酸厂厂长不同意迁址，环保局局长同意迁址。 教师：请小组代表来阐述观点。 学生（武汉市市民）：我们同意迁址，因为武汉相对于黄冈污染问题可能更严重，为了保护环境，我们决定把它迁走。 学生（黄冈市市民）：他们觉得污染大，就要迁到我们这儿，特别不靠谱，所以我们果断拒绝了。 学生（环保局局长）：因为武汉是省会城市，应该建一些高新技术产业，黄冈属于地级市，建硫酸厂更合适。 学生（黄冈市市长）：首先我们觉得硫酸厂搬到黄冈市有经济带动作用，但是它的污染问题也比较严重。我们想，如果能进一步处理污染问题，可以考虑迁址到黄冈市。 教师：所以你们想进一步解决的问题是？ 学生：硫酸厂原料获取的问题以及污染问题如何解决。 教师：在刚才这一轮表决中，我们可以发现，面对这样的一个社会性问题，做出决策并不是很容易。在讨论中，我们发现了这个问题的利弊。那么，硫酸生产过程中的污染有哪些？我们该如何处理？面对这样的社会性问题，我们首先要科学地认识利弊	教师通过本环节能够初步探查学生对议题决策的情况，同时了解学生是否具有证据意识。 英国脱欧公投视频让学生在短时间内深刻认识到决策的重要性，学生从原址所在地的市长、市民，新址所在地的市长、市民，以及相关部门的角色中进行选择的环节也极大增强了学生的体验。 大部分人因污染而不愿意建硫酸厂，学生收集的证据主要来源于已有的生活经验。部分学生能从化学视角思考，希望进一步研究硫酸生产过程中是否存在污染，再进行决策。这说明部分学生证据推理意识较强
科学认识，发现利弊	教师：下面我们共同来完成学案上的任务一。首先分析一下硫酸生产中硫元素的转化路径，进而推测可能的污染物及原因。我们知道，硫酸厂生产过程中主要有三种设备—— 学生：沸腾炉、接触室和吸收塔。 教师：我们首先关注沸腾炉，沸腾炉当中的原料有什么？ 学生：黄铁矿，主要成分是二硫化亚铁。 教师：产物是什么？ 学生：二氧化硫。 教师：请大家分析，沸腾炉中参与反应的物质是什么？ 学生：黄铁矿和氧气。 教师：你的依据是什么？ 学生A：因为进去的物质是黄铁矿和空气，出来的是二氧化硫，所以应该有铁元素、硫元素、氧元素。而氧元素只有空气里有，所以参与反应的物质是空气或氧气。 学生B：关注元素化合价，二硫化亚铁中硫元素为-1价，氧气为0价，二氧化硫中硫为+4价，氧为-2价，两种元素化合价都改变了，二硫化亚铁发生了氧化反应，所以需要加入氧化剂。 教师：请写出反应的方程式。 教师：运用价-类二维图可以帮助我们推测反应过程中硫元素的转化路径。请大家用同样的思路，推测接触室和吸收塔内发生的反应，明确硫元素是如何转化的，并写出化学方程式。	本环节的主要任务为从流程图中提炼硫酸生产的原理，并预测可能的污染物，主要探查学生能否基于氧化还原原理解释化学反应，能否从元素守恒角度推测反应物，通过师生问答的互动过程，完善学生认识化学反应的思路。

环节	活 动 实 录	点 评
科学认识，发现利弊	学生：接触室中二氧化硫与氧气在加热和催化剂的条件下反应生成三氧化硫，吸收塔中三氧化硫和水反应生成硫酸（写出化学方程式）。 教师：接触室中参加反应的为什么是氧气？ 学生：接触室中有三氧化硫生成，有二氧化硫与氧气进入。 教师：价-类二维图中说明二氧化硫发生氧化反应。从三氧化硫到硫酸的过程中，为什么有水参与反应？ 学生：三氧化硫作为酸性氧化物，能和水反应生成硫酸。 教师：我们已经利用价-类二维图说清了硫酸的生产路径，请大家再帮我分析一下：硫酸生产过程中尾气的主要成分是什么？废渣的主要成分是什么？ 学生：尾气的主要成分是二氧化硫、酸雾；废渣的主要成分是氧化铁	学生推测出氧气参与反应主要是依照流程图中空气进入了反应器，且根据已有知识经验，二氧化硫和氧气能生成三氧化硫。学生并未从氧化还原角度思考该反应。 先利用沸腾炉中的反应拓展并完善学生的思路，再分析接触室和吸收塔内的反应，这样会更加顺利，表达也更加清晰

第 2 课时

环节	活 动 实 录	点 评
科学分析，论证利弊	教师：我们已经推测出硫酸生产过程中可能排放出的物质，这些物质是否会对人体或环境造成影响呢？ 学生：二氧化硫是导致酸雨的主要成分；酸雾会腐蚀仪器设备或者建筑；氧化铁可能会造成粉尘污染。 教师（展示相应证据）：在充分认识了硫酸厂的污染问题之后，大家是否还同意将硫酸厂迁址到黄冈？ 学生：不同意。 教师：真实的黄冈市市民有同意的，他们认为，要看危害性的大小。环境保护和经济发展本来就是一个两难的问题。也就是说，如果我们抛开污染的问题不谈，硫酸厂的建立是有它的优势的。不管大家是否同意硫酸厂迁址，我们都需要了解一下他们的观点和理由。下面就请大家完成学案上的任务 2，了解一下硫酸厂迁址黄冈的优势。 （学生讨论。） 学生 A：我们认为，如果将硫酸厂迁到黄冈，可以促进黄冈经济发展，武汉离长江更近，如果污染处理不当，可能污染长江水源，从这个角度来说，能有利于全国范围的环境保护。 学生 B：如果硫酸厂迁址到黄冈，劳动力会更便宜，成本会更低，也会引入更多客户和资源。 教师：有了这些猜想，需要什么证据支撑你们的猜想？我可以提供给大家一些资料。 学生：硫酸厂能创造的经济利润，硫酸厂能解决的就业问题，硫酸厂的地理环境问题等。 教师给学生提供一些资料，请学生进一步搜寻证据。 学生 A：我们发现黄冈有一个化工产业园，如果能够迁址到化工产业园，就可能有更先进的手段减少污染。武汉的地址离景区更近，可能不利于景区发展。	本环节的主要任务是尝试消除硫酸厂的污染，主要评价学生能否基于自己的猜想寻找合适的证据，能否基于物质分类和价态找到消除污染的合适方法。 从课堂实施的情况来看，学生的思维角度比较广，能够做出预测且有意识地寻找证据支撑自己的观点。 学生能够较好地从教师提供的材料中提取有效信息，支撑自己的观点，证明硫酸厂的建立在社会进步和经济发展方面有一定的优势。

环 节	活 动 实 录	点 评
科学分析，论证利弊	学生B：黄冈有化工厂，通过资料1我们可以知道，硫酸是很多工业的原料。我们在化工厂生产的硫酸可以在当地直接被利用。 学生C：资料5列举了原料产地的路程，硫酸厂如果迁址，会离原料产地更近、成本更低。 教师：通过资料，我们充分论证了硫酸厂在经济发展和社会进步上有着特别重要的作用，但是在巨大的社会经济效益面前，我们就可以以牺牲环境为代价吗？ 学生：污染可以处理。 教师：请大家进一步完成学案上的任务三，硫酸厂的污染问题可以如何消除，请尽可能多地找到消除污染的方法。 学生A：可以将二氧化硫循环使用，因为接触室里原料就有二氧化硫，利用生成的氧化铁炼铁。一氧化碳过量，可以与氧气反应生成二氧化碳，可以在硫酸厂周边种树，利用二氧化碳促进植物的光合作用。 学生B：二氧化硫可能不纯，需要进一步提纯。 学生C：消除污染最好能生成可利用的物质，但是我还没有想到。硫酸主要性质为酸性，可以和盐反应或者和碱中和。 教师：咱们总结了这么多的处理方法，从工业生产角度哪个更有优势呢？比如，二氧化硫的处理中，从类别角度可以怎样？从价态角度可以怎样？哪种处理方法更好？二氧化硫和硫化氢反应合适吗？ 学生：有毒，不合适。 教师：与氧气反应呢？ 学生：反应可逆，不能反应完全。 教师：和水反应合适吗？ 学生：反应可逆，也不合适。 教师：与碱的反应呢？氢氧化钠和氢氧化钙，哪个更好？ 学生：在溶液中反应更好，氢氧化钙比较便宜。 教师：酸雾如何处理？ 学生：可以与 SO_2 共同处理。 教师：氧化铁如何处理？ 学生：高炉炼铁。 教师：硫酸厂和炼铁厂联合处理。 教师：刚才大家考虑到若将二氧化硫再利用可以循环处理，但是需要提纯。真正的硫酸厂用氨水来吸收二氧化硫，生成亚硫酸铵和水（请学生写出化学方程式），亚硫酸铵通过加入硫酸，会生成硫酸铵、二氧化硫和水。此时生成的二氧化硫更加纯净，可以循环利用，生成的硫酸铵是很好的氮肥，还可以用来给树施肥。 我们通过化学的手段不但实现了二氧化硫的循环利用，还可以把生成物用作氮肥、用作产品。不仅如此，在化工生产中，我们还可以通过改变原料，将硫铁矿换成硫磺，污染就可以消除。这也正是绿色化学的核心，利用化学原理从源头上减少或消除工业生产对环境的污染。我们还可以利用化学知识，通过改变反应温度，或增大二氧化硫转化次数减少或消除污染。 新厂二氧化硫的排放水平可以达到 $100\,\mathrm{mg/m^3}$，国家的排放标准为 $400\,\mathrm{mg/m^3}$，新建的硫酸厂烟囱上还有鸟巢，这就是化学的力量	本环节的任务主要是寻找硫酸厂污染的处理方法。从课堂实施效果来看，学生能够从价态和类别两个角度考虑物质性质，说明上一环节的目标达成效果较好。此外，学生还能够主动联想到经济效益以及环境保护等因素，筛选最合适的污染处理方法，说明学生的思维角度越来越全面，对于知识的运用也更加灵活。 教师通过阐述先进的硫酸厂污染治理效果，使学生切实感受到了化学的重要作用及其巨大的魅力

环节	活动实录	点评
科学决策 权衡利弊	教师：我们论证了硫酸厂的建立在经济发展和社会进步上有着突出的贡献，而且它的环境问题是可以减少或者消除的。那么此时，你们对开始讨论的议题一定有了更加深入的认识，请大家再次进行小组讨论，阐述你们的观点和理由。 表决结果： 武汉市市长、市民不同意保留硫酸厂。 黄冈市的市长、市民同意接受硫酸厂。 硫酸厂厂长、环保局局长同意迁址。 表述： 学生（武汉市市长）：我们认为，武汉市的经济发展已经由经济高速发展转化为高质量发展，我们希望把硫酸厂迁址到黄冈，带动当地经济发展。我们要进行产业改革，从第二产业转变为第三产业，带动服务业与高新技术产业的发展。 学生（黄冈市市民）：我们作为黄冈市市民觉得需要转移武汉市工业压力，要全力支持武汉从工业城市转变成以高新科技为主的产业城市。通过硫酸厂的迁址可以给我们带来更多的经济来源，我们认为这样一举两得，是一个很好的举措。为了社会的发展，我们也是愿意暂时牺牲个人的利益。 学生（硫酸厂厂长）：我们非常同意迁址，黄冈市市长和武汉市市长都同意迁址，我们的发展会得到一定的支持，我们要为人民付出，也想带动黄冈的经济发展。 学生（环保局局长）：我们把硫酸厂迁址到黄冈可以带动黄冈的经济发展，同时，我们也要大力改善武汉的环境，促进他们的旅游产业的发展。 教师：我们在进行决策之前，充分论证了利弊，最终我们做出了符合科学态度与社会责任的决策。最终硫酸厂迁址到黄冈，现在是湖北省环保产业的代表。 教师：通过本节课的学习，你有什么收获？ 学生 A：我学到了如何从利弊两方面科学地解决社会性议题，要全面思考问题。 学生 B：我觉得学习化学非常有用，很多地方都能够用到化学知识。 教师：咱们这节课通过价-类二维图了解硫酸厂从二硫化亚铁制备硫酸的过程，同时，我们也运用价-类二维图论证了如何减少或消除污染。当论证是否迁址的问题时，我们发现，化学可以推动经济进步和社会发展，还可以治理环境。所以化学并不是污染的来源，相反，化学对社会、经济、环境都有着不可磨灭的贡献。让我们一起学好化学，为建设绿水青山做出自己的贡献。 （教师播放习总书记对于绿水青山的要求与展望视频）	本环节检测学生是否具有证据推理意识，以及是否能对与化学有关的社会热点问题做出正确的价值判断。 从课堂实施情况来看，学生能够将之前的论证结果用于自己的决策依据，而且，学生的回答能够更多地结合当前的政治、经济问题，考虑的范围更广。 课堂最后，以习总书记对绿水青山的要求与展望结尾，学生萌生学好化学，为建设绿水青山贡献自己力量的信念

（案例提供者：北京市第二十中学　刘一恒）

【案例说明】

本教学案例经历了两次备课、两次试讲和一次正式讲的实践环节。在每个环节，课例团队都基于文献调研、教师访谈或课堂观察的结果，侧重不同的教学重难点问题进行教学改进，提升教学效果。

第一次备课时，先厘清了议题教学的"分析—论证—权衡"三个环节中，学生可能经历的思考过程：初识议题—表决赞成或不赞成—说出理由（观点）—为观点寻找证据（资料）—用化学知识分析甄别资料—考虑可能的反驳—用化学知识进行反论证—权衡利弊。教师据此进一步组织、完善教学设计和学生学习资料。

第二次备课主要探讨什么样的学生活动方式能更好地促进学生的能力进阶，明确了三轮议题讨论的学生活动，形式上都从表决赞成或不赞成切入，在活动引导上分别侧重分析、论证和权衡的不同能力发展点：第一轮次侧重探查已有水平，提炼核心问题，进行科学分析；第二轮次侧重寻找证据，辨别资料真伪，进行论证和反论证；第三轮次侧重多角度权衡。教师据此调整了素材呈现顺序。

第一次试讲后，结合课后学生访谈，课例团队进一步确定了议题的三个核心活动，并将其完善：在引入时增加情境素材，让学生认识议题，主动参与后续活动。在科学分析环节，价-类二维图作为工具而不是资料给出，让学生用价-类二维图说明硫酸生产和周边环境的关系，把引导环节打开，外显学生的应用思路。在论证环节要进一步展开论证和反论证的活动过程，给学生充足的时间。

第二次试讲后，教师基于学生反馈进一步反思改进教学行为：面对"好"的回答，要跟进追问"你是怎么想到（知道）的？"，看学生是单纯记住了某个事实，还是能够运用知识进行分析推理得出结论，使学生的思路尽可能外显出来。在权衡利弊环节，教师给的材料充足，但没有给学生分析、选择材料和表达权衡留下足够的时间，要把时间还给学生，减少"说教"行为，促进学生自主决策。

📝 指导建议

社会性科学议题教学由于议题的跨学科、综合性、复杂性和活动的质疑性、思辨性，对学生的学科应用能力、科学论证能力以及科学态度和社会责任素养有独特的培养价值，教师在学科应用能力教学的基础上，需要对议题论证过程中学生的科学论证能力、科学态度和社会责任素养的培养有更为深刻的理解，在此基础上明确、细化教学目标，设计学生活动，并进行活动预设。

一、议题的确定和表达

为了能够吸引学生参与议题的讨论，教师要尽量选择与学生生活密切相关的社会性议题，让每个学生都有话可说。从学科发展和应用、学科核心素养内涵两个角度出发，预设学生通过核心知识的学习应达成的素养发展目标。"常见的无机物及其应用"的教学案例将目标定位在应用多角度认识无机物的思路对综合复杂议题的科学理解、科学论证及决策上，基于此进一步确定议题。比如，"重雾霾天气条件下汽车限行是否合理？"是一个社会热点问题，对很多学生而言，该政策可能影响到自己的生活，涉及每天上学出行的问题。

此外，要选择含有科学属性的议题，化学学科的议题应该在化学的应用领域中选择，如环境、健康、能源等，非化学领域的议题如政治、军事、经济领域的一些议题则不适合在化学课堂中讨论。最后，议题的表述必须是需要学生最终进行决策的问题，如"重雾霾天气条件下的汽车限行措施"课题中，议题可以表述为"重雾霾天气条件下是否要采取汽车限行措施"。

二、资料的选取和组织

在议题的分析、论证和权衡过程中，学生不仅要查询大量的数据资料，将资料转换为论证、反论证的证据，还要对资料进行真伪的科学甄别。由于受课时所限，教师最好能提前准备好资料库供学生选择使用，资料的选取、组织和呈现对教学效果有着至关重要的作用。教师要根据议题教学的需求选择资料，在组织顺序上要考虑学生的活动进阶，在呈现方式上要考虑如何能更好地支持学习活动的开展。如引入环节的情境素材，更多的是让学生认识议题、激发学生的学习动机；科学分析环节以工具的方式单独给出的价-类二维图，是为了支持学生用化学知识进行资料分析；科学论证环节给出的视频资料，是为了提高学生的反论证能力；权衡利弊环节给出的资料，是为了促进学生多角度分析和思考议题。

三、议题教学中教师的作用

首先，教师是情境的创设和组织者。在"青江硫酸厂何去何从？"的教学中，为了拉近该社会性科学议题与学生的距离，教师在课堂开始请学生从硫酸厂厂长、环保局局长等六个角色中选择、认领角色，使学生将自己置身在一个真实的问题背景中，深入思考，积极表达自己的观点。

其次，教师是活动的引导和支持者。在权衡利弊环节，学生最终的决策可以与开始不一样，教师在该过程中应鼓励学生充分发表观点，把决策背后的权衡过程外显出来，引导学生不断体会和感悟，注意不能进行过多的说教，不能试图改变学生的观点。

单元 3 "化学反应原理"模块教学关键问题

怎样整体理解"化学反应原理"模块的内容价值？

这个教学关键问题分析"化学反应原理"模块核心内容的素养发展价值，明确各内容主题的素养发展目标，为素养导向的教学与评价奠定基础。通过对这个教学关键问题的分析和解决，希望教师能够：

- 明确"化学反应原理"模块核心内容的学科核心素养发展内涵。
- 明确"化学反应原理"模块的学科核心素养发展目标。
- 了解基于核心内容的素养发展价值确定单元学习目标的思路。

3-1-1 "化学反应原理"模块核心素养
发展目标整体分析（支瑶）

3-1-2 如何基于核心内容功能价值
分析确定教学目标（支瑶）

⚙ 问题的提出

课程标准指出，教师在化学教学与评价中应紧紧围绕"发展学生化学学科核心素养"这一主旨，优化教学过程。在教学设计与实施中，教学目标是后续教学内容组织、教学活动设计与实施的依据，因此，科学确立化学教学目标是优化教学过程的前提和基础。同时，课程标准还指出："化学知识是培养学生化学学科核心素养的重要载体。""教师应依据化学学科核心素养的内涵及其发展水平、高中化学课程目标、高中化学课程内容及学业质量要求（包括学业要求和学业质量水平），结合学生的已有经验，对学段、模块或主题、单元和课时的教学目标进行整体规划和设计。"

通过上述课标要求不难看出，开展学科核心素养导向的教学与评价改进，首先需要教师结合课程内容，深刻领会化学学科核心素养的内涵和发展目标，并在此基础上，基于学生已有学科核心素养发展基础，确定素养发展路径，进而确立单元和课时教学目标。为此，需要解决以下几个基本问题：

（1）化学知识是培养学生化学学科核心素养的重要载体，那么，化学知识向化学学科核心素养转化的"枢纽"是什么？化学知识的学科核心素养发展价值是什么？

（2）"素养态"的知识如何转化为学生能力表现指标，进而表现为教师的教学目标或学生的学习目标？

（3）某一核心内容，会对应多个维度的化学学科核心素养发展目标。那么，教师应如何基于课标的课程内容和学业质量要求，从多角度思考，确定多维度的化学学科核心素养发展目标？

问题的分析

根据经济合作与发展组织（OECD）的定义，素养不只是知识与技能，它是在特定情境中通过利用和调用心理社会资源（包括技能和态度）以满足复杂需要的能力。学科核心素养与学科知识紧密相关，但学科核心素养不是学科知识，学科知识的积累不必然带来素养的发展。因此，很多研究者力图解释学科知识和学科核心素养之间的关系，探索从知识到素养的转化机制。北京师范大学王磊研究团队提出了化学学科核心素养的系统构成模型（图3-1-1），认为学科核心知识及活动经验是学科核心素养的基础，知识具有重要的认识功能和素养发展价值；学科认识方式是学科核心素养的内涵实质，形成学科思想，建立核心的认识角度，建构重要的认识思路和推理路径；学科能力活动是知识转化为素养的途径和表现，学科知识经过学习理解、应用实践、迁移创新等关键能力活动转化为学科核心素养，外显为学科能力表现；可以通过学生完成学习理解、应用实践、迁移创新等关键能力活动的表现，评价其素养发展水平。

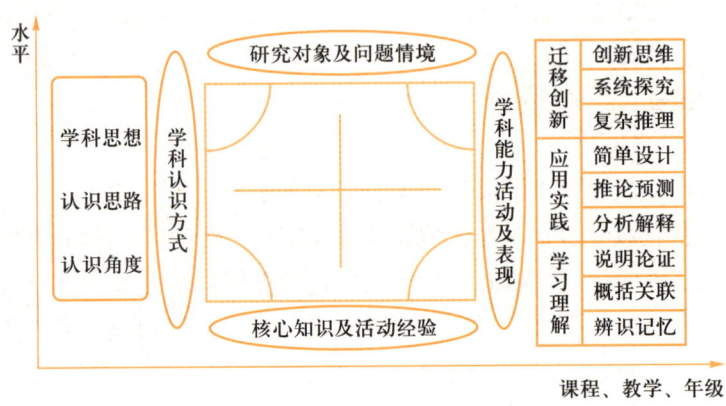

图 3-1-1　化学学科核心素养的系统构成模型

基于化学学科核心素养的系统构成模型，可以通过分析学科认识方式的发展价值，明确学科核心素养的内涵；可以基于学科能力表现指标确定教师的教学目标和学生的学习目标；可以基于不同年级的知识进阶，分析学科认识、学科能力表现和学科核心素养的进阶。因此，分析化学反应原理模块的内容价值，确定学科核心素养内涵和发展目标，需要以化学认识方式理论、学科能力理论和学习进阶理论为基础。

一、化学认识方式理论

化学认识方式是个体从化学视角对客观事物进行能动反映的方式，是学生在思考和处理化学问题时，所表现出来的倾向于使用某种思维模式或是从特定角度来认识或解决化学问题的信息处理对策或模式。化学认识方式具有稳定性、内容属性、可教育性和隐蔽性特点。化学认识方式包含认识角度和认识方式类别两个基本构成要素，认识角度和认识方式类别有机融合、共同作用，形成了对某一认识域的认识方式，认识方式的形成与发展，与核心知识的认识发展功能与价值的实现有关，其构成模型如图 3-1-2 所示。

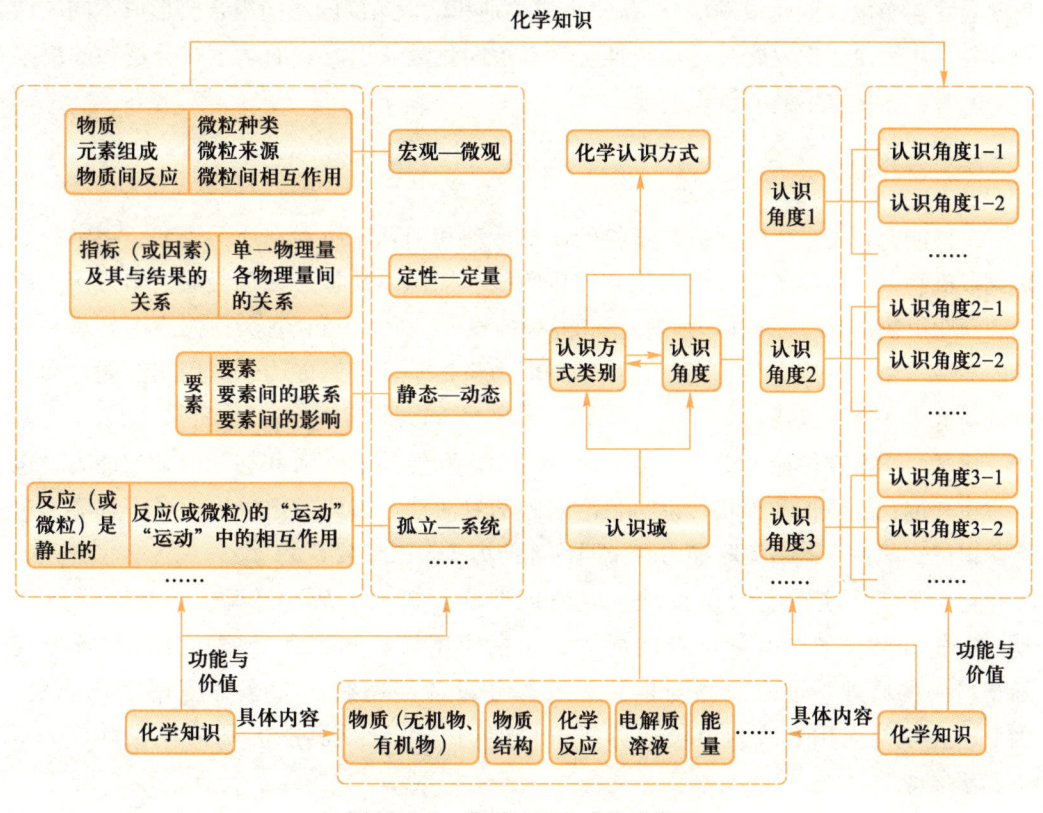

图 3-1-2　化学认识方式构成模型

　　认识域由化学学科的研究对象和研究内容决定，随着化学学科的发展，化学领域的各种规律和具体内容是在不断发展和变化的。认识域的范畴可大可小，这里将化学学科的认识域界定为物质域（含有无机物域和有机化合物域）、物质结构域、化学反应域、电解质溶液域和能量域。对于特定的认识域，有其相应的认识角度和认识方式类别，认识角度和认识方式类别的有机融合形成了对某一认识域的认识方式。

　　认识角度的具体内容随认识域的不同而不同，能否建立相应的认识角度取决于具体化学知识的认识发展功能与价值是否实现。

　　认识方式类别既具有化学学科认识事物的思维特点，又具有一般科学认识的方法论意义。认识方式类别包括宏观—微观、定性—定量、静态—动态、孤立—系统等，每一种认识方式类别有其特定的认识路径；不同的认识域对应不同的认识方式类别组合，且认识路径的具体内容会随着的认识域和认识角度的不同而变化；认识方式类别（或认识路径）的形成与建立取决于化学知识的认识发展功能与价值的实现。

在形成化学认识方式的过程中，核心知识的学习可能会形成新的认识角度，而新的认识角度的建立又可能会带来认识方式类别的变化，或深化、发展原有认识方式类别；核心知识的学习也可能会引起认识方式类别的变化和发展，而新的认识方式类别的建立又可能会形成新的认识角度。对于同一认识域，随着对其中的具体化学知识认识的丰富与发展，其认识方式类别（或某一认识方式类别中的具体认识路径）和认识角度会发生变化（同化或顺应）；认识方式类别和认识角度的不同组合会形成不同的认识方式，从而使认识发展具有层级性。具有不同化学认识方式的学生在分析和解决某一问题时，会具有不同的认识表现。

二、学科能力理论

学科能力是指学生顺利进行学科的认识活动和问题解决活动所必需的、稳定的心理调节机制，其内涵基础是结构化和类化的核心知识以及核心活动经验。学科认识活动和问题解决活动可以概括为"知识和经验的输入""知识和经验的输出""知识和经验的高级输出"三个方面，由此提出学科能力包括学习理解能力、应用实践能力和迁移创新能力3个一级要素。

化学的学习理解能力是指学生顺利进行知识和经验的输入和加工活动的能力，包括辨识和记忆、概括和关联、说明和论证等学习活动。因此，化学的学习理解能力包括辨识记忆能力、概括关联能力和说明论证能力3个二级要素。

化学的应用实践能力是指学生应用化学核心知识、活动经验完成特定学科活动、分析和解决简单实际问题的能力，包括应用核心知识和经验，分析和解释实际情境中的原理、进行预测与推论、选择并设计问题解决方案等应用实践活动。因此，化学的应用实践能力包括分析解释能力、推论预测能力和简单设计能力3个二级要素。

化学的迁移创新能力是指学生应用化学核心知识、活动经验等，解决陌生和高度不确定性问题以及发现新知识和新方法的能力，包括自主调用核心知识和活动经验进行复杂推理、系统探究、创新思考等问题解决活动。因此，化学的迁移创新能力包括复杂推理能力、系统探究能力和创新思维能力3个二级要素。

三、学习进阶理论

美国国家研究理事会将学习进阶定义为：学生在一个大的时间跨度内学习或者研究一个主题时，关于这个主题的连续的有层级的思考路径的描述。有研究者对美国国家科学学习研究委员会定义的学习进阶和发展的四个核心性质加以扩展，认为学习进阶和发展具以下6个特征。

（1）它是一个特定领域。学习进阶和发展属于科学内容，而不是一般的推理或技巧。它与认知心理学中的认知发展是不同的。只有大的主题才能进行连续的复杂的学习，所以学习进阶和发展应该隶属于大的科学观念。例如，基于对系统理解的学习进程可能发生在小学到高中整个阶段，不同的年级阶段学习不同类型的系统。

（2）它可以是多学科的。学习进阶和发展包含的主题涉及不止一个学科。例如，K—12年级的科学内容是围绕生命科学、物质科学、地球与空间科学组织的。某一学习进阶和发展可能适用于生命科学和物质科学，或者所有主要的科学学科。除了主要的科学学科，学习进阶和发展可能还包括其他科学内容，如科学质疑、技术、科学史及科学本质。

（3）它描述了不同的能力水平。学习进阶和发展应勾画出从最低能力水平到最高能力水平的学生学习发展层级。这个层级也叫学习路径。学习路径的起始阶段是学生尚未经过学校科学课的学习时，大致知道哪些知识能干点儿什么；这个起点表明了学生在正式学习科学前所具备的典型的非正式能力水平。学习路径的终点是期望学生通过一段时间的系统科学学习后能获得什么。学习路径的最高能力水平是我们期望学生达到的学习能力水平，尽管不是所有学生都能完成。在学习路径的起点和终点间，有多重过渡水平。无论一个学习进阶和发展包括多少过渡水平，这些水平间必须有区分度，且是逐级深入的。

（4）它是围绕核心观念组织的。核心观念都是概念性的主题，包括很多具体的现象、原理和推理技巧等。基于科学规律，这些大量的现象、原理和推理技巧间有一个内部结构；同时，基于学生如何学习，这些大量的现象、原理和推理技巧间还有一个心理学结构。这些结构、核心观念需要多年的连续学习和发展，如核心观念中的物质、能量、平衡等。

（5）它是多维的。学习进阶和发展不是固定的线性发展的，而是包含指向最终结果的多个路径。同一学习进阶和发展可以源自不同的学习路径。

（6）它受课程影响。学习进阶和发展受不同类型的课程和教学的影响。

由此可见，学习进阶和发展研究将认识发展和化学学习相结合，以核心的概念主题和化学观念为对象，研究不同年级学生对这些概念主题或化学观念的认识发展层级，对认识过程、化学学科核心素养发展的研究将更加微观具体。

例如，在不同学段，随着所学化学反应知识的丰富，学生对化学反应的认识方式也在发展变化，由低到高层级性发展，其认识能力也将随之出现层级性变化。经过初中化学的学习，学生认识化学反应时能够关注到物质种类的变化和反应条件，认为化学反应中物质变化的实质是原子的重新组合。经过必修阶段的学习，学生逐渐关注到反应中的能量变化，关注到反应的快慢和限度，而且能基于微粒间的相互作用（化学键）理解化学反应物质变化和能量变化的实质。经过选择性必修化学反应原理模块的学习，学生已经形成了利用、调控化学反应的基本思路，即：当利用反应中的物质变化制备新物质时，首先解决反应方向问题，其次是限度、速率问题，并且具有改变条件调控反应的能力；当利用化学反应中的能量变化时，能够基于定量比较选择反应，能够设计简单的装置实现化学能与其他形式能量的转化。此外，部分学生能从焓和熵的角度理解化学反应中的能量变化。综上所述，可以构建出如图3-1-3所示的学生对化学反应的认识发展层级模型。

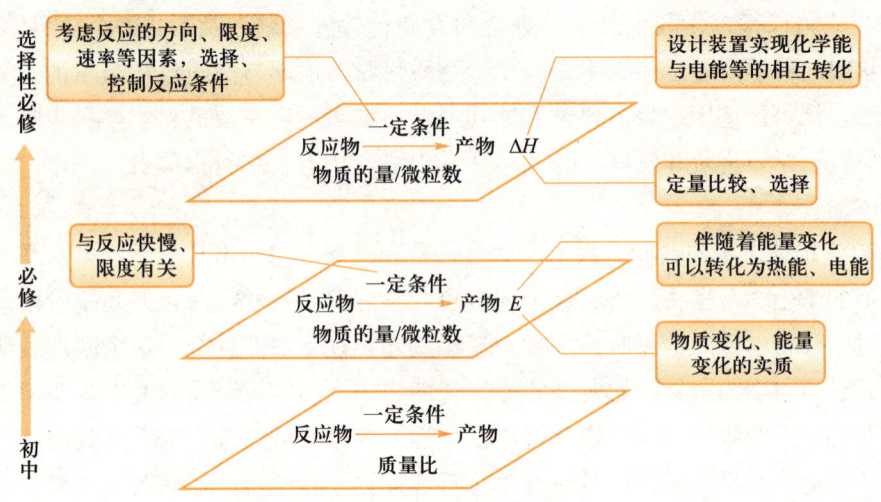

图 3-1-3　学生对化学反应的认识发展层级模型

 **问题的解决**

一、"化学反应与能量"主题的内容价值分析

"化学反应与能量"主题下包括"体系与能量""化学反应与热能""化学反应与电能"3 个二级主题。

1. 体系与能量

二级主题"体系与能量"主要是从能量转化形式、能量转化的本质、能量转化途径等角度提出对能量的基本认识及相应的基础概念，也是对本主题认识发展的总体要求。从认识角度看，要求建立能量转化形式、能量转化的本质和能量转化途径 3 个一级认识角度，并建立相应的二级认识角度，即对能量转化的认识角度；从认识方式类型看，要实现从宏观到微观、从定性到定量、从静态到动态、从孤立到系统的发展。认识方式的发展基础是核心概念的学习和核心活动经验的积累，例如，通过内能、焓变、盖斯定律等核心概念的学习，对能量转化本质的认识新增热力学函数二级认识角度，促进认识方式类别从定性到定量（定量认识化学反应能量变化）、从孤立到系统（从孤立地关注体系到系统地关注体系与环境中的能量变化）的发展。

从学习进阶看，关于能量转化形式，经过必修模块的学习，学生已经形成了对化学能与热能的相互转化、化学能转化为电能等能量转化形式的基本认识；在化学反应原理模块，将进一步深入认识电能转化为化学能的原理和途径，形成对能量转化形式的完整认识。关于能量转化的本质，经过必修模块的学习，学生基于化学键的变化认识化学变化中能量转化的本质，即旧化学键的断裂与新化学键的形成，建立了微粒相互作用的认识角度。但是，这种认识存在一定的局限性，即无法解释物质状态改变所引起的能量变化，如冰融化、水气化时的能量变化。在化学反应原理模块，学生将基于内能认识能量转化的本质，对能量本质的认识进一步深化，即新增热力学函数的认识角度，同时认识方式类别从定性发展到定量。关于能量转化途径，主要是对如何通过电化学装置实现和优化化学能与电能的相互转化的认识得到发展，即新增了装置、优化与调控的认识角度；同时，认识方式类别从孤立发展到系统。对能量变化的认识角度如图3-1-4所示。

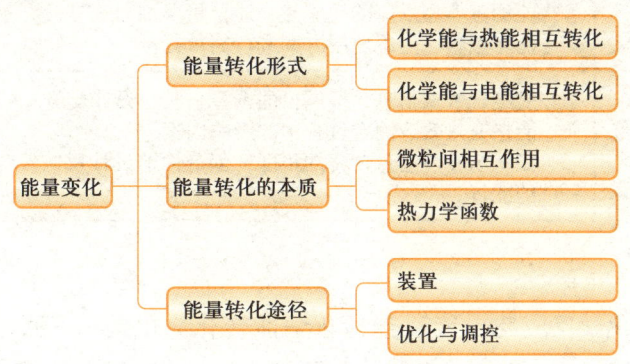

图3-1-4　对能量变化的认识角度

由上述分析可见，"体系与能量"这个二级主题主要发展"变化观念与平衡思想"素养，其发展内涵表现为相应认识角度的丰富和认识方式类别的转变。

2. 化学反应与热能

二级主题"化学反应与热能"将进一步深化学生对化学能与热能的认识，同时它是建立从热力学函数角度，在定量、系统水平上认识能量转化的本质的载体。其中，学生通过对内能、焓变和盖斯定律的学习，建立了从热力学函数认识化学反应中能量变化的视角，能够在定量水平上建立物质能量与反应体系能量变化的关联，能够定量地分析、调控化学反应的能量变化；对化学反应能量变化的认识也从孤立地关注反应体系发展到系统地分析反应体系与环境中的能量变化。在此基础上，学生能够体会化学在化石能源综合利用、高能燃料开发中的作用，能够分析能源的利用对自然环境和社会发展的影响，能够综合考虑化学变化中的物质变化和能量变化来分析、解决实际问题。"化学反应与热能"在发展学生"变化观念与平衡思想"素养的同时，促进学生"科学态度与社会责任"素养的发展。该二级主题基于学科能力活动表现的学科核心素养发展表现指标如表3-1-1所示。

表3-1-1　"化学反应与热能"主题的学科核心素养发展表现指标

学科能力要素	学科核心素养发展表现指标
学习理解能力	➢ 能列举典型的吸放热反应 ➢ 知道不同物质、不同状态都具有能量 ➢ 能将温度与能量、物质结构与能量关联起来，能正确书写热化学方程式 ➢ 能关联研究对象，描述不同体系间的能量转移 ➢ 能从微观角度说明体系能量变化的原因 ➢ 能说明产物在物态不同时焓变不同的原因，能说明热化学方程式书写要求的合理性

学科能力要素	学科核心素养发展表现指标
应用实践能力	➤ 能从物质总能量、键能等角度，分析解释反应中的能量变化 ➤ 能结合数据，分析燃料的选择等实际问题 ➤ 能基于盖斯定律，结合键能、反应焓变、物态变化焓变等信息，计算未知反应的焓变 ➤ 能测定典型反应的反应热，能分析误差 ➤ 能对燃料、能源使用方案进行简单评价
迁移创新能力	➤ 能结合数据信息，根据目的选择物质、设计反应 ➤ 能探究热效应测定过程中的影响因素 ➤ 能从物质与能量转化的角度，创造性地设计反应，合理利用工程实际中的能量

3. 化学反应与电能

二级主题"化学反应与电能"包括化学能转化为电能——原电池及化学电源、电能转化为化学能——电解池、金属的腐蚀与防护三个方面的内容。从社会价值看，化学能转化为电能的价值在于为人类提供能源，电能转化为化学能的价值在于借助电能实现物质制备和能量储备（充电电池的理论基础）。从认识方式看，原电池、电解池均属于电化学认识领域，基于原电池原型（如铜锌原电池、氢氧燃料电池等）和电解池原型（如电解氯化铜溶液、氯化钠溶液）可建构电化学认识模型，如图 3-1-5 所示。

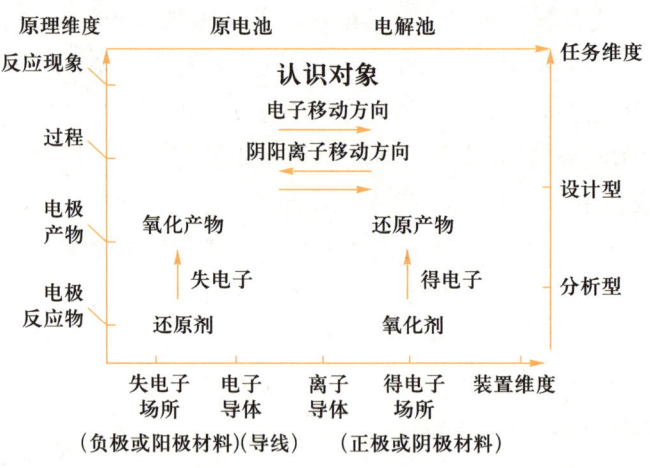

图 3-1-5　电化学认识模型

在电化学认识模型中，认识对象包括原电池和电解池，二者的共性在于电势差和闭合回路两个核心要素；二者的差异在于能量的转化方向不同。电化学认识模型包括两个认识维度——原理维度和装置维度，原理是电能与化学能相互转化得以实现的基础，自发的氧化还原反应为化学能转化为电能提供了电势差，外加电场则为电能转化为化学能提供了电势差；原电池或电解池装置是能量转化的充分条件，其核心是由电子导体和离子导体共同构成闭合回路。在电化学认识模型中，原理维度以氧化还原反应为基础，包括电极反应物、电极产物、过程，还包含可观测量，即反应现象；装置维度包括原电池或电解池里面的所有装置要素，即失电子场所（负极或阳极材料）、电子导体（导线）、离子导体（电解质溶液或盐桥、膜等）、得电子场所（正极或阴极材料）。

从学习进阶看，经过必修模块的学习，学生主要形成了对化学能转化为电能——原电池的基本认识。学习"化学反应原理"模块，学生将从深度和广度上获得发展。在深度上，主要表现为基于原理认识化学能与电能相互转化的本质、金属的腐蚀与防护的本质；在广度上，主要表现为增加"电能转化为化学能"这一角度，以及在应用方面的发展。

从化学学科核心素养发展看，"化学反应与电能"主要发展"证据推理与模型认知"素养。该二级主题基于学科能力活动表现的学科核心素养发展表现指标如表 3-1-2 所示。

表 3-1-2 "化学反应与电能"主题的学科核心素养发展表现指标

学科能力要素	学科核心素养发展表现指标
学习理解能力	➤ 能说出常见电池的装置和电极反应 ➤ 能记住常见阴、阳离子的放电顺序 ➤ 能建立氧化还原反应与原电池、电解池的关联 ➤ 能建立电化学原理与装置的关联 ➤ 能说明铜锌原电池产生电流的原理 ➤ 能用氧化还原能力解释离子的放电顺序
应用实践能力	➤ 能解释实际电池、电解过程的工作原理 ➤ 能判断装置能否产生电流或实现电解 ➤ 能判断电流方向和离子移动方向，预测电极反应及现象，书写陌生电极的电极反应式 ➤ 能设计简单的原电池装置和电解装置
迁移创新能力	➤ 能分析、识别复杂的实际电池和电解装置 ➤ 能在复杂的实际电池和电解装置中进行分析推理 ➤ 能探究离子放电的影响因素 ➤ 能利用电化学原理创造性地解决实际问题

二、"化学反应的方向、限度和速率"主题的内容价值分析

"化学反应的方向、限度和速率"主题内容标准包括"化学反应的方向与限度""化学反应速率""化学反应的调控"3 个二级主题。该主题对发展"变化观念与平衡思想"素养具有重要作用。

二级主题"化学反应方向与限度"凸显了对化学反应的认识要求，具体包括：建立新的认识角度——化学反应的方向；转变认识方式类型——从定性到定量，基于化

学平衡常数认识化学反应的限度，包括定量表征化学反应限度，以及基于浓度商与化学平衡常数的相对大小定量分析、判断化学反应进行的方向和化学平衡移动的方向。随着对化学反应认识的深入，"变化观念和平衡思想"素养得以发展，"证据推理与模型认知""科学探究与创新意识"素养也将得到进一步发展。其中，基于浓度商与化学平衡常数的关系分析化学平衡移动方向的思路，即为分析化学平衡问题的认知模型，而通过实验探究浓度、温度、压强对化学平衡状态的影响，将促进"科学探究""证据推理"素养的发展。

二级主题"化学反应速率"主要发展"科学探究与创新意识""证据推理与模型认知"素养。实验探究从定性水平上升到定量水平，其关键在于确定变量和测量变量。此外，学生还可以利用实验数据，探究反应物浓度改变与反应速率变化的定量关系，发展基于变量关系的证据推理素养。

二级主题"化学反应的调控"进一步完善学生对化学反应认识的二级角度，并将认识角度转化为问题解决的思路。

从学习进阶看，在必修模块中，学生学习了可逆反应后，初步建立了"化学反应限度"这一认识角度，但仅局限于"可逆反应是有限度的；在一定条件下可逆反应达反应限度时即达化学平衡状态"这一定性认识阶段；也未建立起体系的性质（即可逆反应的限度、化学平衡状态）与环境（含温度、压强等要素）的关系，对化学反应限度的认识尚处于孤立认识阶段。由于必修阶段并未讨论外界条件对化学平衡状态的影响，因此，学生此时仅能分析达平衡状态的化学反应的特征，对化学反应限度的认识处于静态认识的阶段。在化学反应原理模块，学生能借助化学平衡常数认识到"不同的化学反应限度不同，可以利用平衡常数进行定量表征和比较"，对化学反应限度的认识由定性水平上升到定量水平；还要讨论温度、压强等外界条件对化学平衡状态的影响，从而能够关注到体系和环境中的多个要素之间的关系（如温度改变对平衡状态、反应物浓度、转化率、平衡常数等的影响），对化学反应限度的认识由孤立认识发展到系统认识。在选择性必修阶段，通过对化学平衡移动规律的讨论，学生还可以形成调控化学反应限度或化学平衡状态的思路，对化学反应限度的认识从静态认识上升到动态认识。

从学习进阶看，经过必修模块的学习，学生形成了对化学反应速率的基本认识——建立了化学反应快慢的基本角度，了解了影响化学反应速率的因素，并能调控化学反应快慢。在化学反应原理模块，学生将进一步发展对化学反应速率的定量认识、理性认识，能够定量表征、测定化学反应速率，能够解释外界条件对化学反应速率的影响。

"化学反应的方向、限度和速率"主题基于学科能力活动表现的学科核心素养发展表现指标如表 3-1-3 所示。

表 3-1-3　"化学反应的方向、限度和速率"主题的学科核心素养发展表现指标

学科能力要素	学科核心素养发展表现指标
学习理解能力	➤ 能记住浓度商、平衡常数等重要概念的表达式 ➤ 能从反应现象中提取信息，建立物质、外界条件与化学反应方向、限度和速率的关系 ➤ 能基于数据或实验现象概括化学反应规律 ➤ 能基于碰撞理论解释影响反应速率的因素 ➤ 能基于平衡常数解释化学平衡的移动规律
应用实践能力	➤ 能利用反应规律解释实验室、生产生活中的条件选择、操作或现象 ➤ 能结合数据计算化学反应速率 ➤ 能基于浓度商与化学平衡常数关系判断体系是否达到平衡状态 ➤ 能基于反应速率、平衡移动的影响因素调控化学反应
迁移创新能力	➤ 能基于反应规律，从方向、速率、限度等角度优化反应条件 ➤ 能多角度分析、解决复杂的化学平衡移动问题 ➤ 能设计实验探究反应规律 ➤ 能利用反应规律和相关信息，发现新问题和新规律

三、"水溶液中的离子反应与平衡"主题的内容价值分析

"水溶液中的离子反应与平衡"主题包括"电解质在水溶液中的行为""电离平衡""水解平衡""沉淀溶解平衡""离子反应与平衡应用"5 个二级主题。该主题对发展"证据推理与模型认知"素养具有重要作用。

通过"水溶液中的离子反应与平衡"主题的学习，学生将进一步完善电解质溶液认识模型（图 3-1-6）。

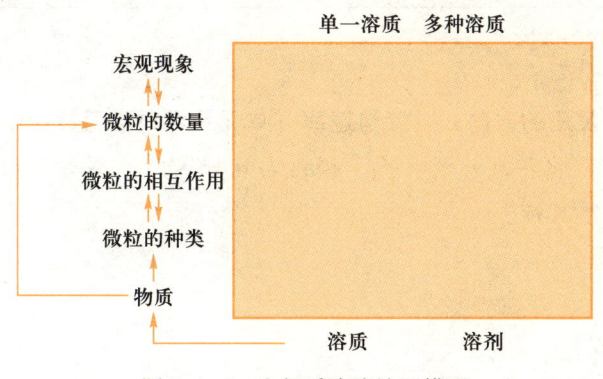

图 3-1-6　电解质溶液认识模型

在电解质溶液认识模型中，认识对象包括单一溶质电解质溶液和多种溶质电解质溶液；从宏观上看，包括溶质和溶剂两个认识角度；从微观上看，包括微粒的种类、微粒的相互作用和微粒的数量三个认识角度。宏观现象和物质是联系宏观视角和微观视角的"桥梁"。电解质认识模型也体现了对电解质溶液的认识思路。

从学习进阶看，在必修模块中，学生主要在宏观视角建立了溶质认识角度，在微观视角建立了微粒的种类、微粒的相互作用、微粒的数量认识角度，但是关于微粒的

相互作用仅局限于微粒间的强相互作用。在化学反应原理模块中，学生在宏观视角增加了溶剂认识角度，在微观视角发展了对微粒弱相互作用的认识，在认识方式类别上实现了从静态到动态、从孤立到系统的转变。

"水溶液中的离子反应与平衡"主题基于学科能力活动表现的学科核心素养发展表现指标如表 3-1-4 所示。

表 3-1-4 "水溶液中的离子反应与平衡"主题的学科核心素养发展表现指标

学科能力要素	学科核心素养发展表现指标
学习理解能力	▷ 能识别常见的电解质 ▷ 能记住水的离子积常数，以及 pH 与氢离子浓度的对应关系 ▷ 能将溶液中的离子反应、离子平衡与物质组成、微粒种类、微粒数量、宏观现象等关联起来 ▷ 能将溶液酸碱性与 pH、溶液中的微粒浓度联系起来 ▷ 能结合化学平衡移动规律，概括溶液中离子平衡移动的影响因素 ▷ 能证明溶液中电离、离子反应、离子平衡、沉淀溶解平衡的存在 ▷ 能说明弱电解质、盐类等对水电离平衡的影响
应用实践能力	▷ 能利用溶液中的离子反应和平衡，解释实验室和生产生活中的问题 ▷ 能基于离子反应，测定未知溶液中指定物质的浓度 ▷ 能基于电离和离子平衡，预测溶液中的微粒种类与数量关系 ▷ 能基于平衡移动规律，推测溶液中的平衡移动及其结果 ▷ 能基于离子反应和平衡，检验、鉴别特定离子 ▷ 能基于溶液中的离子反应和离子平衡，设计实验，解决问题
迁移创新能力	▷ 能从类别、氧化还原、水解、沉淀等多角度推测溶液中可能的反应 ▷ 能分析复杂溶液体系中的多个平衡及其关系，并解释实际问题 ▷ 能设计实验探究溶液中的离子反应和平衡问题 ▷ 能利用溶液中的离子反应和平衡，创造性地解决实际问题

【案例】

化学反应的方向、限度与速率（单元及课时学习目标设计）

本案例呈现了"化学反应的方向、限度与速率"单元教学目标和"化学平衡常数"一节的课时教学目标。

【单元学习主题】

化学反应的方向、限度与速率

【单元学习目标】

本单元主要促进"变化观念与平衡思想""科学探究与创新意识""科学态度与社会责任"素养的发展。具体如下：

1. 能从化学反应方向、限度与速率的角度认识化学反应，丰富对化学反应的认识角度；发展化学变化是有条件的观念，认识反应条件对化学反应速率和化学平衡的影响。

2. 能书写平衡常数表达式，能利用浓度商与化学平衡常数的关系判断化学反应是否达到平衡状态以及平衡移动的方向；能在定量水平上表征化学反应限度，判断化学平衡状态以及平衡移动方向。

3. 能进行化学反应速率的简单计算，能用一定的理论模型在微观、定量水平上说明外界条件改变对反应速率的影响。

4. 能运用浓度、压强、温度对化学平衡的影响规律，推测平衡移动方向及浓度、转化率等相关物理量的变化；能从调控反应速率、提高反应转化率等方面综合分析反应的条件，提出有效控制反应条件的措施；能综合节约成本、循环利用、保护环境等观念，设计、优化简单的工业流程。

5. 能通过实验探究影响反应速率和化学平衡的因素，能运用变量控制思想设计、实施实验。

【单元教学内容组织和学习进阶分析】

"化学反应的方向、限度和速率"单元教学内容组织结构如图3-1-7所示。

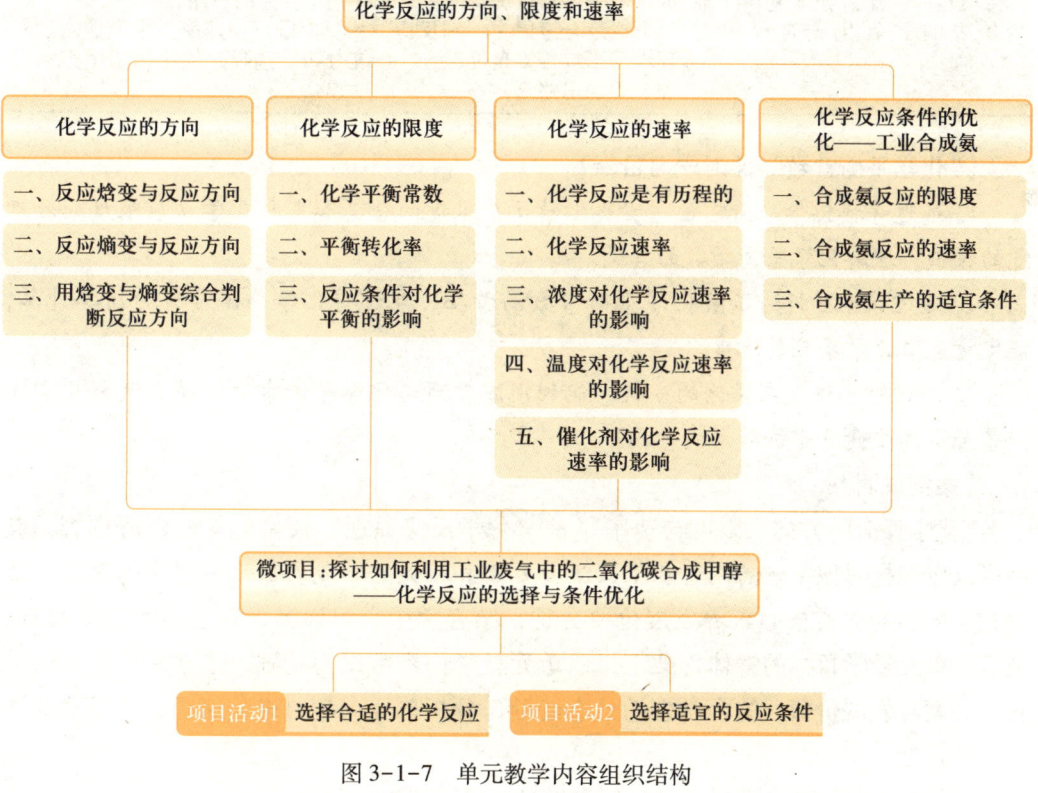

图3-1-7 单元教学内容组织结构

基于上述单元教学内容组织的学习进阶分析如表3-1-5。

表3-1-5 单元学习进阶分析

教学内容及课时安排	学习进阶分析
化学反应的方向（1课时）	建立化学反应方向认识角度，能根据化学反应的焓变和熵变初步判断化学反应的方向
化学平衡常数（1课时）	能利用化学平衡常数定量表征化学反应限度； 能利用浓度商与化学平衡常数的关系定量分析、判断化学平衡状态和化学平衡移动方向

教学内容及课时安排	学习进阶分析
平衡转化率（1课时）	能进行平衡转化率的计算
反应条件对化学平衡的影响（2课时）	了解浓度、压强、温度对化学平衡的影响规律，能推测平衡移动方向及浓度、转化率等相关物理量的变化； 能利用实验探究影响化学平衡的因素，提升利用变量控制思想设计、实施实验的能力
化学反应的速率（3课时）	能进行化学反应速率的简单计算，能用一定的理论模型在微观、定量水平说明外界条件改变对反应速率的影响
化学反应条件的优化——工业合成氨（2课时）	初步形成从反应限度、速率及生产成本等多角度综合分析、调控化学反应的思路
微项目——探讨如何利用工业废气中的二氧化碳合成甲醇（2课时）	形成从化学反应的方向、原料获得难易、成本的高低、对环境的影响等多角度综合分析、选择化学反应的思路； 形成综合考虑主、副反应，从反应限度、速率、生产成本、对环境的影响等多角度综合、系统分析，选择、优化化工生产条件和流程的思路

【"化学平衡常数"课时学习目标】

1. 通过寻找化学平衡常数，理解化学反应限度的含义和表征化学反应限度的物理量的特征，理解化学平衡常数的含义。

2. 通过数据分析，了解化学平衡常数的特征，能进行化学平衡常数的简单计算，能定量表征化学反应的限度。

3. 通过对具体反应案例的分析，能利用浓度商与化学平衡常数的关系判断化学反应是否达到平衡及平衡移动的方向。

【案例说明】

"化学反应的方向、限度与速率"是"化学反应原理"模块的核心课程内容，教师可以以课标对该主题的内容要求、学业要求和相关的学业质量水平要求为基础，依据相关内容的学科核心素养发展价值分析，结合学生学习诊断，确立单元教学目标；然后在单元教学目标的整体框架下，以单元教学内容组织为基础，依据具体内容的学科核心素养发展价值，结合学生的已有经验，分析单元内学习进阶路径，进而确立课时教学目标。

本单元教学目标和课时教学目标案例具有以下特点。

（1）单元教学目标不仅体现了知识技能目标、化学学科关键能力目标和价值观念目标，还将三者进行了有机融合。

（2）对比课程标准相应的学业质量水平要求：

3-2　能根据反应速率理论和化学平衡原理，说明影响化学反应速率和化学平衡的因素

3-3　能设计实验方案探究影响化学反应速率和化学平衡的因素，能收集并用数据、图表等多种方式描述实验证据，能基于现象和数据进行分析推理得出合理结论

4-2　能从调控反应速率、提高反应转化率等方面综合分析反应的条件，提出有效

控制反应条件的措施

4-3　能运用变量控制的方法探究并确定合适的反应条件，安全、顺利地完成实验，能用数据、图表、符号等描述实验证据并据此进行分析推理形成结论

可以看到，本案例的单元教学目标与课程标准相应的学业质量水平有非常好的一致性。

（3）课时教学目标符合学生的学习进阶；此外，与单元教学目标相比，增加了目标达成的核心学习活动，确保了课时教学目标的可达成度。

（4）不论是单元教学目标还是课时教学目标，都用输出性行为动词描述了学生的学科核心素养表现，确保了教学目标的可测性。

 **指导建议**

理解化学反应原理模块的内容价值的意义在于进一步深刻领会、把握化学学科核心素养的内涵，为科学确立化学教学目标奠定重要的基础。

理解化学反应原理模块的内容价值要基于核心内容和学习核心知识所经历的核心能力活动，从认识角度的丰富、认识方式类别的转变等方面分析核心内容的化学认识发展功能，即确定相应的化学学科核心素养内涵；基于学科能力理论分析相应的学科能力活动表现，即确定相应的化学学科核心素养表现指标。

在理解化学反应原理模块的内容价值的基础上可以依据图 3-1-8 所示流程确定单元及课时教学目标。

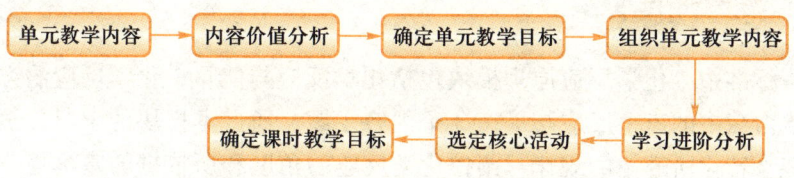

图 3-1-8　单元及课时教学目标确定流程

3-2 如何整体规划 "化学反应原理" 模块的单元教学?

这个教学关键问题将分析化学反应原理模块各主题内容间的关系和学生素养发展进阶,提出化学反应原理模块教学整体规划和单元教学规划的思路和策略。通过对这个教学关键问题的分析和解决,希望教师能够:

- 明确进行化学反应原理模块整体教学规划的思路和路径。
- 了解进行化学反应原理模块单元教学规划的思路和策略。
- 了解进行化学反应原理模块单元教学设计应注意的问题及解决策略,并应用在自己的教学实践中。

3-2-1 基于真实问题解决的水的电离 单元教学设计说课(庞雪)

3-2-2 "水的电离" 第 1 课时 课堂实录片段(庞雪)

问题的提出

在课程标准中,化学反应原理模块包括化学反应与能量,化学反应的方向、限度和速率,水溶液中的离子反应与平衡 3 个内容主题。通过本模块的学习,学生了解化学反应中能量转化所遵循的规律、调控化学反应的角度和所依据的基本规律,以及系统分析电解质在水溶液中的行为并应用其解决生产生活中的问题,发展变化观念与平衡思想、证据推理与模型认知素养;赞赏运用化学反应原理对科学技术和人类社会文明所起的重要作用,发展科学态度与社会责任素养。

从化学反应原理模块整体教学内容组织安排看,现行三个版本《化学反应原理》教科书虽然总体上均采用大章、大节的编写方式,但具体的章节内容组织在顺序上有一些差异(如表 3-2-1 所示)。教师在进行模块整体内容组织规划时,常会产生"为什么要这样整体组织模块教学内容?""哪种组织方式更好?"等疑问。

表 3-2-1 不同版本《化学反应原理》教科书的内容组织

教 材 版 本	教材内容组织
人民教育出版社(人教版)	第一章 化学反应的热效应 第 1 节 反应热 第 2 节 反应热的计算

教 材 版 本	教材内容组织
人民教育出版社 （人教版）	第二章　化学反应速率与化学平衡 　第 1 节　化学反应速率 　第 2 节　化学平衡 　第 3 节　化学反应的方向 　第 4 节　化学反应的调控 第三章　水溶液中的离子反应与平衡 　第 1 节　电离平衡 　第 2 节　水的电离和溶液的 pH 　第 3 节　盐类的水解 　第 4 节　沉淀溶解平衡 第四章　化学反应与电能 　第 1 节　原电池 　第 2 节　电解池 　第 3 节　金属的腐蚀与防护
山东科技出版社 （鲁科版）	第一章　化学反应与能量转化 　第 1 节　化学反应的热效应 　第 2 节　化学能转化为电能——电池 　第 3 节　电能转化为化学能——电解 　第 4 节　金属的腐蚀与防护 　微项目　设计载人航天器用化学电池与氧气再生方案——化学反应 　　　　　中能量及物质的转化利用 第二章　化学反应的方向、限度与速率 　第 1 节　化学反应的方向 　第 2 节　化学反应的限度 　第 3 节　化学反应的速率 　第 4 节　化学反应条件的优化——工业合成氨 　微项目　探讨如何利用工业废气中的二氧化碳合成甲醇——化学反 　　　　　应选择与反应条件优化 第三章　物质在水溶液中的行为 　第 1 节　水与水溶液 　第 2 节　弱电解质的电离　盐类的水解 　第 3 节　沉淀溶解平衡 　第 4 节　离子反应 　微项目　揭秘索尔维制碱法和侯氏制碱法——化学平衡思想的创造 　　　　　性应用
江苏教育出版社 （苏教版）	专题 1　化学反应与能量变化 　第一单元　化学反应的热效应 　第二单元　化学能与电能的转化 　第三单元　金属的腐蚀与防护 专题 2　化学反应速率与化学平衡 　第一单元　化学反应速率 　第二单元　化学反应的方向与限度 　第三单元　化学平衡的移动 专题 3　溶液中的离子反应 　第一单元　弱电解质的电离平衡 　第二单元　溶液的酸碱性 　第三单元　盐类的水解 　第四单元　难溶电解质的沉淀溶解平衡

从实践中单元内教学内容的组织安排来看，在倡导进行"单元整体教学设计"的背景下，教师常会产生"单元整体教学设计是不是一定要打乱教材的章节顺序或章内教学内容组织顺序？按照教材章节顺序教，是不是进行单元整体教学？""是不是只有围绕一个项目任务或真实情境开展教学，才是单元整体教学？进行单元教学内容组织与重构的思路和依据是什么？"等疑问。

为了提高化学反应原理模块的教学质量，下面结合本模块的内容特点，围绕教师关于模块整体教学内容组织和单元整体教学设计的疑问，分析问题的本质，有针对性地提出问题解决策略，帮助教师做好化学反应原理模块整体教学规划和单元教学设计。

 问题的分析

深入分析教师关于化学反应原理模块整体教学内容组织和单元教学设计的问题，我们发现主要聚焦在以下方面：一是缺少整体规划、组织教学内容的思考角度和路径；二是对单元整体教学的内涵认识不深；三是对化学反应原理模块三个一级内容主题、每个一级内容主题中的各二级主题之间的关系认识不清；四是对教学内容的规划组织、规划方案缺乏利弊论证的意识。

一、整体规划、组织教学内容的思考角度和路径

学科知识的结构化和逻辑性，学生认识发展的进阶性和合理性，是整体规划、组织教学内容的两个基本思考角度；如果基于真实问题解决来规划、组织教学内容，还需要增加真实问题解决逻辑这一思考角度。教师在整体规划、组织教学内容时，应首先选定主思考角度，基于主思考角度初步确定教学内容组织方案，再分别从另外两个思考角度对方案进行论证和优化改进。

例如，人教版化学反应原理模块教材整体上看是将知识的结构化、逻辑性作为内容组织的主角度，按化学反应的热效应、化学反应速率与化学平衡、水溶液中的离子反应与平衡、化学反应与电能四个知识板块组织课程内容。同时，考虑知识学习的逻辑性，将化学反应与电能放在水溶液中的离子反应与平衡之后，为电化学过程的分析奠定知识基础；考虑学生学习的衔接性，根据学生已有知识基础，按"速率—限度—方向"组织单元教学内容。

又如，鲁科版化学反应原理模块教材整体上看是将学生认识发展的进阶性和合理性作为内容组织的主角度，按"从能量变化与转化角度认识化学反应""从方向、限度和快慢的视角认识、调控化学反应""从平衡视角认识物质在水溶液中的行为"组织课程内容；每一章内，第1节至第3节选取本主题核心知识为教材内容，设计学习理解能力活动，促使学生体验、反思、概括、外显认识角度和认识思路；每一章内第4节选取体现主题应用性的课程内容为教材内容，设计近迁移水平的应用实践能力活动，关联认识角度，整合认识思路，建构认识模型；微项目选取生产、科研领域的真实任

务为教材内容，通过设计远迁移水平的迁移创新能力活动，促使学生系统完善、自主应用认识模型，并将认识模型转化为问题解决模型，图 3-2-1 示例了第二章内的内容组织与认识发展层级之间的关系。

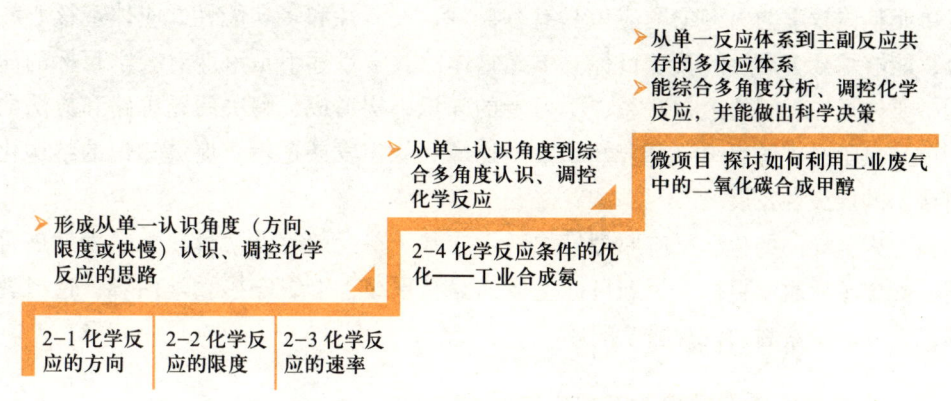

图 3-2-1　基于认识发展进阶的反应原理教材章内内容结构

同时，教材考虑对化学反应认识和调控的合理性，按"方向—限度—速率"组织第二章教学内容；考虑学生学习的逻辑性和发展性，在第三章第 4 节"离子反应"中，增加了"利用电化学方法处理酸化海水的原理分析"交流研讨栏目（图 3-2-2），在学习水溶液中的离子反应与平衡后，进一步提升学生对电化学过程分析的系统性。

▶ **交流·研讨**

海水中含有 HCO_3^- 等离子，呈弱碱性。海洋表层水的 pH 约为 8.2，当空气中过量的二氧化碳进入海洋中时，海水就会酸化。研究表明，由于人类活动的影响，过量的二氧化碳排放已将海水表层 pH 降低了 0.1，而海水酸性的增强，将使多种海洋生物乃至生态系统面临巨大威胁，因而引起了全世界相关领域研究人员的高度重视。有研究者提出，用图 3-4-10 所示方法从海水中提取二氧化碳，可以降低环境温室气体二氧化碳的含量。

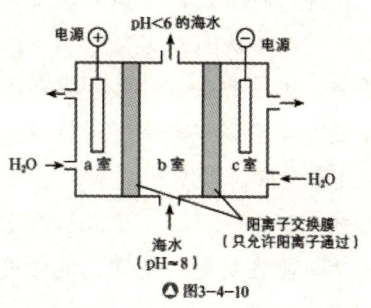

◐ 图3-4-10

1. 请分析用上述方法从海水中提取二氧化碳的原理，写出相关的电极反应式和离子方程式。

2. 若用图 3-4-10 所示装置产生的物质处理 b 室排出的海水，获得可排回大海的合格海水，请分析采用的是什么处理方法？

图 3-2-2　利用电化学方法处理酸化海水的原理分析教材示例

二、单元整体教学的内涵

单元整体教学是以系统论为指导，突出知识建构过程，对教学单元进行整体性设计的教学策略。单元整体教学由若干具有内在联系的课时组成，强调教学的整体与部分之间的联系与作用。单元整体教学设计的核心问题包括单元内容主题的确定、教学目标的确定和拆解、教学内容的选择与组织、教学方法和学习方式的选择与组合等。

单元整体教学的内容主题应该具有基础性、发展性和多功能性，应体现核心教学内容，能够承载多维度的教学目标。单元整体的教学目标不是单课时教学目标的简单加和，要体现知识间的内在联系、学习者的知识结构形成、解决问题思路和方法的建构。单元教学内容的组织要符合知识发展逻辑和认识发展逻辑，促进知识的结构化和学科认识的层级性发展。

核心素养导向的化学反应原理模块教学应基于单元内容的学科核心素养发展价值分析，确定单元教学目标，规划目标达成的路径层级，组织安排教学内容，选择教学方式，选取教学素材，设计教学问题。

三、化学反应原理模块各内容主题间的关系

"化学反应原理"模块包括"化学反应与能量""化学反应方向、限度和速率""水溶液中的离子反应与平衡"三个主题。学生通过本模块的学习，发展"变化观念与平衡思想""证据推理与模型认知""科学探究与创新意识"素养。从学科核心素养内涵看，学生通过本模块的学习，可以丰富和发展对化学反应的认识角度，其一级认识角度为化学反应中的物质变化、能量变化；物质变化所对应的二级认识角度为化学反应的方向、限度和速率，能量变化所对应的二级认识角度为能量的来源、能量的变化和能量的转化。在从上述角度认识化学反应的物质变化和能量变化时，包括物质、微粒、价键、条件（环境）四个核心维度，以及宏观—微观、定性—定量、孤立—系统、静态—动态四种基本认识方式类型。

由此可见，主题1"化学反应与能量"主要丰富了对化学反应能量变化的二级认识角度，主要发展宏观—微观、定性—定量、孤立—系统三种基本认识方式类型；主题2"化学反应方向、限度和速率"主要丰富了对物质变化的二级认识角度，主要发展宏观—微观、定性—定量、静态—动态三种基本认识方式类型；主题3"水溶液中离子反应与平衡"则在对物质变化、能量变化认识的基础上，应用所发展的认识角度和形成的认识方式类型认识水溶液中的离子反应与平衡，进一步综合发展宏观—微观、定性—定量、孤立—系统、静态—动态四种基本认识方式类型。

🗂 问题的解决

一、化学反应原理模块单元整体规划的基本类型

化学反应原理模块单元整体规划包括以促进学生认识发展为明线和以实际问题解决为明线两种基本类型。

以促进学生认识发展为明线的单元整体规划，以学生的认识能力发展为整体目标，

并且作为整个教学的明线，不同课时、阶段教学间的关系是认识能力的进阶和发展。例如，表3-2-2中的方案1，单元主题为"盐类物质在水溶液中的行为"，此主题明示了本单元的核心目标是通过探索盐类物质在水溶液中的行为，进一步发展电解质溶液认识模型；其3个课时围绕着"认识溶剂水""认识盐在水中的行为""认识外界条件对盐类水解平衡的影响"及"盐类水解的应用"这4个核心认识任务展开，对应的核心问题见表3-2-2。

以实际问题解决为明线的单元整体规划，以实际问题解决为整体目标，并且作为整个单元教学的外显明线，依据实际问题解决的脉络规划课时安排，在解决实际问题的过程中提炼认识思路。例如，表3-2-2中的方案2，单元主题为"施用化肥使土壤酸化、板结是真的吗？"，此主题明示了本单元的核心目标是解决实际问题，并通过探索施用化肥与土壤酸化、板结的关系及解决土壤酸化、板结问题的方案，认识盐类物质在水溶液中的行为，进一步发展电解质溶液认识模型；其4个课时围绕着"化肥溶液中的H^+从哪里来？""为什么NH_4Cl溶液会显酸性？""土壤中的Fe^{3+}为什么能转化成$Fe(OH)_3$？""如何科学使用化肥？"这4个核心问题展开，其活动及问题线索如表3-2-2所示。

表3-2-2　单元整体规划的基本类型示例

方案1： 盐类物质在水溶液中的行为	方案2： 施用化肥使土壤酸化、板结是真的吗？
【情境】NaAc溶液呈碱性 课时1：认识溶剂水 【核心问题】水能电离吗？如何证明水存在电离平衡？ 课时2：认识盐在水中的行为 【核心问题】NaAc溶于水会发生什么？如何证明？NaCl、NH_4Cl等其他盐溶于水也会使溶液显碱性吗？如何证明？论证盐类水解的规律 课时3：外界条件对盐类水解平衡的影响及盐类水解的应用 【核心问题】哪些条件会影响盐类水解平衡？如何影响？如何设计实验证明？如何应用盐类水解的原理解决实际问题？	【情境】新闻：施用化肥使土壤酸化、板结 课时1—2：化肥溶液中的H^+从哪里来？ 【活动及问题线索】观看新闻—拆解任务—选取研究对象（NH_4Cl）—实验验证NH_4Cl溶液是否呈酸性—讨论：为什么NH_4Cl溶液会显酸性？—所有的化肥都会使土壤酸化吗？ 课时3：土壤中的Fe^{3+}为什么能转化成$Fe(OH)_3$？ 【活动及问题线索】观看视频，提出问题：土壤中的Fe^{3+}为什么能转化成$Fe(OH)_3$？—运用平衡理论论证假设—设计实验验证假设—小结：外界条件对水解平衡的影响。 课时4：如何科学使用化肥？ 【活动及问题线索】为科学使用化肥提出建议—设计化肥改良方案

二、以促进学生认识发展为明线的单元整体规划思路

以促进学生认识发展为明线进行单元整体规划时，首先，依据教学内容确定核心知识，分析核心知识的知识结构和素养发展的功能价值，基于核心知识的功能价值确定单元学习主题和目标；其次，基于学生的已有基础、学生的障碍点和发展点，分析知识的发展脉络和学生的认识发展脉络，确定认识发展进阶；再次，综合考虑内容容量和认识发展进阶确定课时安排和课时目标；最后，基于学生认识发展障碍点和发展

点设计核心活动。

例如，在进行化学反应速率相关内容的单元整体规划时，首先要分析本单元涉及的化学反应历程、基元反应、化学反应速率的表示及测定、外界条件对化学反应速率影响的本质分析等内容之间的关系，如图 3-2-3 所示。

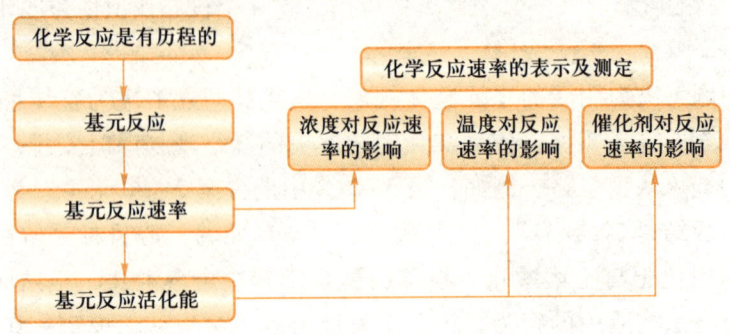

图 3-2-3　化学反应速率单元知识结构图

基于知识结构分析核心知识的素养发展功能价值可知，"化学反应是有历程的"是从反应发生本质这一角度进一步深入认识"化学反应是如何发生的"，而基元反应是认识"化学反应是如何发生的"这一问题的知识基础，也是化学反应发生历程的最基本单元；在建立了"基元反应"这一认识对象后，可基于基元反应速率、基元反应活化能认识浓度、温度、催化剂对化学反应速率影响的本质。因此，可将本单元学习主题确定为"探秘化学反应的快慢"。

在此基础上，进一步分析学生的认识发展脉络和认识发展进阶，并基于认识发展进阶、综合考虑内容容量，规划课时。如表 3-2-3 所示。

表 3-2-3　化学反应速率单元认识发展脉络及课时规划

课　时	核心内容	认识发展点
课时 1　追踪反应物的"足迹"	反应历程、基元反应	化学反应是有历程的 基元反应的活化能决定基元反应速率，决速步的基元反应速率决定总反应的快慢
课时 2　探究反应中各物质浓度对反应速率的影响	浓度对化学反应速率的影响	不同反应物，对总反应速率的影响程度不同
课时 3　探秘温度、催化剂对反应速率的影响	温度、催化剂影响反应速率的本质原因	温度、催化剂影响反应速率的程度不同
课时 4　为反应选择最佳条件	反应条件的选择	科学调控反应快慢

三、以实际问题解决为明线的单元整体规划思路

以实际问题解决为明线进行单元整体规划时，首先，选择任务情境，分析情境中的化学问题及其与核心知识、核心认识、学科核心素养的关联，确定单元主题及目标；

其次，梳理真实问题解决线索及其对应的核心知识和认识发展目标，依据真实问题解决线索确定课时任务及目标；再次，基于问题任务，综合学科核心素养发展关键点和学生认识发展点、障碍点设计核心活动；最后，设计总结、反思、提炼、概括任务，落实学科核心素养发展。

例如，围绕盐类水解这一核心内容，以"化肥施用是否会导致土壤酸化、板结？如何合理施用化肥？"为实际问题，依据真实问题解决脉络进行子问题拆解，梳理问题线索，并结合核心内容进行课时规划：课时 1 为"化肥溶液中的 H^+ 从哪里来？"，课时 2 为"所有的化肥都会使土壤酸化吗？"，课时 3 为"土壤中的 Fe^{3+} 为什么能转化成 $Fe(OH)_3$？"，课时 4 为"如何科学使用化肥？"，如图 3-2-4 所示。

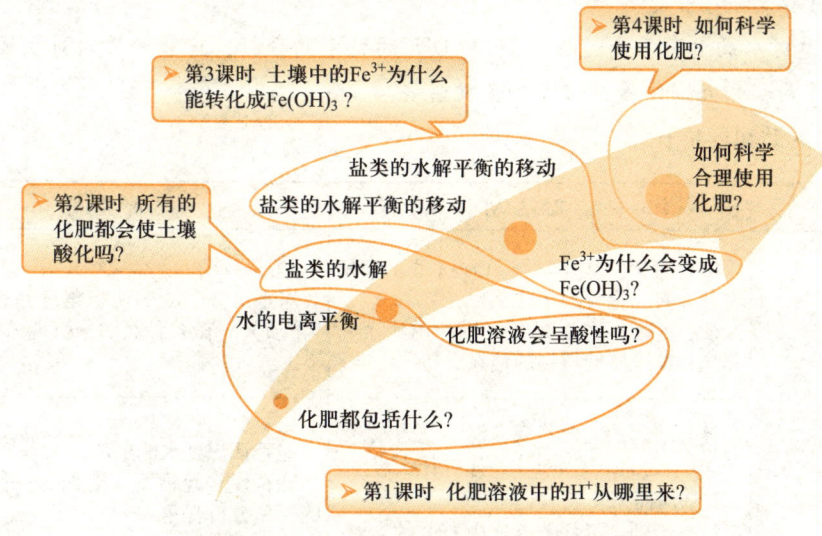

图 3-2-4　基于真实问题解决的单元整体规划

【案例】

水的电离（教学设计与实施）

【课标分析】

水的电离是"水溶液中的离子反应与平衡"主题的核心教学内容，课程标准在内容要求中明确提出"认识水的电离，了解水的离子积常数，认识溶液的酸碱性及 pH，掌握检测溶液 pH 的方法"；在学业要求中明确提出"能通过实验证明水溶液中存在的离子平衡，能举例说明离子平衡在生产、生活中的应用""能从电离、离子反应、化学平衡的角度分析溶液的性质，如酸碱性等"。根据上述课标要求，结合学生学习诊断，如何利用情境素材、梳理问题解决脉络、组织教学内容、设计核心活动是进行"水的电离"教学设计与实施的关键。

【设计思路】

本案例基于实际问题任务"认识水培植物营养液"，以建构水溶液认识模型为重难点，在发展对溶剂水的认识的过程中，逐步形成对电解质在水溶液中行为的系统认识，发展学生"宏观辨识与微观探析""证据推理与模型认知"素养。

【学习主题】

认识水培植物营养液——水溶液认识模型的逐级建构

【学习目标】

1. 通过对水的电离过程的猜想，发展对溶剂水的认识，不仅关注宏观过程，还进一步关注微观过程。

2. 通过对水的电离微观过程的实验验证，形成基于微观过程关联、寻找宏观证据的思路方法。

3. 通过对水培植物营养液的讨论，逐级建构起分析水溶液问题的认识模型，初步形成解决真实水溶液问题的思路方法，发展和提升宏观辨识与微观探析、证据推理与模型认知素养。

4. 通过对水的电离平衡过程中 H^+ 和 OH^- 的关系的分析，理解矛盾的对立统一、事物间相互关系和相互制约等辩证唯物主义观点。

【学习活动和评价】

环节	核心活动	评价指标
环节1 认识水的电离	**核心问题**：从化学视角看这份水培植物营养液，你看到了什么？ **核心活动**：在学案上分析叶用甜菜营养液，整理所能得到的信息	对水溶液问题的认识角度是否有物质（溶质）—微粒种类的分析视角
	核心问题：此营养液常温下呈弱碱性，$c(OH^-)$ 约为 10^{-6} mol/L，你有什么启发？OH^- 从何而来？ **核心活动**：寻找营养液中 OH^- 的来源	能否认识到水能电离； 能否建立起物质（溶剂）—微粒种类的模型分析视角
	核心问题：关于水的电离，你有哪些认识？ **核心活动**：进行头脑风暴，描述对水的电离过程的认识	对水的电离过程的认识是否有定性→定量、静态→动态的发展； 从对水的电离过程的假设，能否关注到微粒间的相互作用
环节2 寻找宏观证据证明微观过程	**核心问题**：请你设计实验，证明你关于水的电离过程的猜想。 **核心活动**：设计实验，证明水存在电离平衡，水的电离程度微弱（限度）。阐述理论分析过程、实验方案和所观察到的宏观证据	能否自主应用平衡观分析、论证水的电离平衡； 能否基于微观假设，寻找合适的宏观证据； 能否设计实验证明平衡的存在和限度
环节3 再认识营养液	**核心问题**：在室温下，纯水中的 $c(OH^-)$ 约为 10^{-7} mol/L，但为什么营养液中 $c(OH^-)$ 约为 10^{-6} mol/L？ **核心活动**：进行系统分析，寻找使水的电离平衡移动的因素	能否关注到溶质、溶剂各自在水溶液中的行为； 能否关注到溶质和溶剂间的关联； 能否意识到这种关联会影响到相互作用，进而影响微粒数目和宏观现象； 能否自主完善水溶液认识模型

【板书设计】

认识水培植物营养液——水溶液认识模型的逐级建构

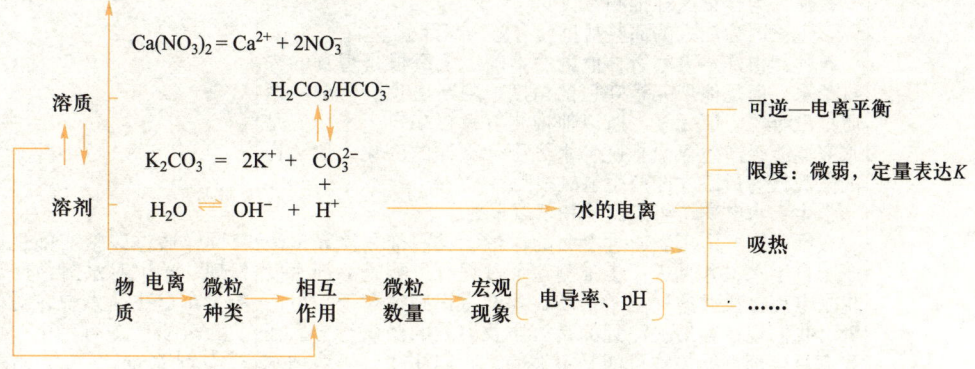

$$Ca(NO_3)_2 = Ca^{2+} + 2NO_3^-$$

$$H_2CO_3/HCO_3^-$$

溶质

$$K_2CO_3 \; = \; 2K^+ \; + \; CO_3^{2-}$$
$$+$$

溶剂

$$H_2O \rightleftharpoons OH^- + H^+ \longrightarrow 水的电离$$

可逆——电离平衡

限度：微弱，定量表达 K

吸热

……

物质 —电离→ 微粒种类 —相互作用→ 微粒数量 —宏观现象→ 电导率、pH

【教学实施过程】

环节	活 动 实 录	点 评
认识水的电离	（教师展示新闻素材） 教师：幻灯片为大家展示的是一则 2018 年 12 月 6 日的头条新闻，标题是《京东植物工厂落成，将生产"京觅"水培蔬菜》。内容大概描述的是，京东投资在通州建成一座过万平方米的工厂，种水培蔬菜。这可是关系到咱们国计民生的大事。我很好奇，这想法能不能实现？没有土壤，这些蔬菜要靠什么维持生长呢？其实秘密就在它的营养液中。这节课我们就来认识一下水培植物的营养液。 教师：资料卡片上为大家提供了叶用甜菜的某种营养液配方。请大家阅读资料卡片的内容，完成学案上的任务一，从化学视角看这份水培植物的营养液配方，你能看出什么？ （学生交流讨论） 学生：$Ca(NO_3)_2$、K_2CO_3 两种盐在溶液里会发生电离，完全电离出钙离子、硝酸根离子还有钾离子，钙离子和碳酸根离子可能会生成沉淀。 教师：好。咱们先来看看这位同学关注到了什么？首先他关注到了溶液中的物质，有 $Ca(NO_3)_2$、K_2CO_3，还关注到这些物质是电解质，在溶液中会发生电离，也就是关注到物质的微观行为——电离。由此，他判断出由于微观行为的发生而带来的微粒种类的变化。对吗？当然他也提出了一个问题，他说这里的钙离子和碳酸根离子可能会生成沉淀。我们画个问号，到底会不会生成沉淀呢？谜底将在我们接下来沉淀溶解平衡的学习中为大家揭晓。 教师：其他组还有补充吗？你还看到了什么？ 教师：如果没有，我们来看一看，其实配制营养液的工作人员也对这份营养液中的微粒种类和浓度进行了相关的测定，发现这份营养液在常温下呈弱碱性，还测到溶液中有氢氧根离子，浓度大约是 10^{-6} mol/L。这对你又有什么启发？氢氧根离子从何而来呢？ 学生：我也不确定，但是应该和溶液里的水有关。	从学生的角度，本环节以真实的问题引入，所选问题与每个人的生活息息相关，可以激发学生的学习、探究欲望。解决真实问题的过程即为学生的学习过程，使学生体会项目学习的乐趣。 从教师的角度，本环节能够初步探查学生对水溶液问题的原认知，明确学生在水溶液问题中的难点和障碍点。 通过课堂实施可以看出，大部分同学对水溶液问题具备"物质（溶质）—微粒种类"分析视角。从化学视角看水培植物的营养液，能关注到溶液中的物质，也能关注到物质在溶液中的微观行为——电离，进而关注到溶液中的微粒种类。因此本环节第一个核心问题旨在使学生建立并且外显"物质（溶质）—微粒种类"分析视角。

环节	活 动 实 录	点 评
认识水的电离	教师：为什么这样推测？ 学生：因为加入的那些盐里没有氢、氧元素。 教师：很好。大家看，他虽然不确定氢氧根是否真的来自于水，但是他从元素守恒的角度，判断出我们所加的溶质里没有氢、氧元素。所以他推测氢氧根来自于水。但是水究竟能否产生氢氧根呢？水经历什么样的变化、什么样的微观行为最终才能产生氢氧根呢？ 学生：水电离产生氢离子和氢氧根离子。 教师：好，请坐。通过上面的讨论，我们推测氢氧根离子来自于水，并且进一步推测这个过程有可能是溶剂水发生了电离。通过这样一个活动，我们意识到，对于一份溶液，我们现在容易关注到的是溶质及溶质的微观行为。而我们对溶剂水的关注可能是不够的，我们往往认为溶剂水就是以水分子的形式存在于溶液中。现在通过这条信息，我们意识到水也存在着电离。 教师：既然我们认识到水也存在着电离，那么关于水的电离，你能想到些什么？有哪些认识？下面我们来进行头脑风暴，一分钟接龙。 学生：水电离产生氢氧根和氢离子。 学生：是可逆的。 学生：水分子、氢离子、氢氧根同时存在。 学生：电离过程伴随能量变化。 教师：好，能预测一下能量如何变化吗？ 学生：吸热。 学生：水的电离有限度。 教师：能预测一下限度的大小吗？ 学生：小。 学生：存在电离平衡。 教师：现在我们一起来梳理一下。我们通过头脑风暴，对水是如何电离的有了一些假设。我们认为，水的电离过程是可逆的，可能存在电离平衡，并且这个可逆过程是有一定限度的，限度还比较小。现在我们对溶剂水的电离的认识比刚才我们对溶质的电离的认识又更进了一步。我们不但关注结果——水电离能够产生氢氧根离子和氢离子，还关注过程——水是如何电离的，这说明我们开始关注相互作用	同样通过课堂实施也能发现，学生对水溶液问题的关注点往往集中在对溶质及溶质微观行为上，而对溶剂水缺乏系统的关注，往往容易忽略。因此，本环节第二个核心问题的提出旨在使学生关注溶剂水，进一步认识到水能电离，建立“物质（溶剂）—微粒种类”分析视角。 本环节头脑风暴活动旨在探查学生对水的电离过程的已有认识，从学生的回答来看，学生对水的电离具有一定的认识基础
寻找宏观证据，证明微观过程	教师：现在我们又有新的任务了。对于水的电离，我们提出了这么多假设，我们的假设到底对不对呢？这就需要进行实验验证。下面请大家设计实验，证明水的电离是可逆的，存在电离平衡，阐述你的理论分析和实验方案设计，完成学案上的任务二。 （学生交流讨论） 教师：你们都设计出了什么实验方案来证明水是存在电离平衡的？跟大家交流一下你的理论分析过程和实验方案。 学生：我们选的方案是改变温度，测水的导电能力。 教师：你们是怎么分析这个过程的，又是如何想到改变温度，测水的导电能力呢？ 学生：如果这是一个可逆过程，存在电离平衡，那么温度改变，限度也会发生变化，微粒的浓度就会变化，水的导电能力也会相应变化。	本环节的核心任务是设计实验，寻找宏观证据，证明对水电离的微观过程的假设。设计意图是使学生建立基于微观假设，寻找宏观证据，并进行验证的思路方法。 从学生的表现来看，经过第二章的学习和本环节的小组讨论，学生已经具备了通过改变外界条件使平衡移动来证明平衡存在的方法，在此基础上，设计出改变温度，测水的导电能力的实验方案。

环　节	活 动 实 录	点　　评
寻找宏观证据，证明微观过程	教师：非常好。你能具体说一说温度改变，限度是如何变化的，导电能力又是如何变化的吗？ 学生：因为这是吸热反应，温度升高，平衡向正反应方向移动，电离出的氢离子和氢氧根离子浓度都会变大，导电能力会变强。温度降低则相反。 教师：非常好，我们一起来梳理一下。首先我们假设水是存在电离平衡的，其次我们找到了相应的宏观现象作为证据，证明我们的假设是正确的。那么宏观证据是怎么找到的呢？这恰恰是基于我们对水的微观假设。如果我们假设了它存在电离平衡，那么它的特质是什么？当外界条件改变时，平衡会移动。移动又会带来什么变化？就像刚才同学分析的一样，移动会带来微粒数量的变化。对吗？微粒数量的变化又会导致什么宏观现象的变化呢？我们是不是就应该找定量的宏观证据来证明了？所以刚才这位同学看的是导电能力，准确来讲，应该是导电能力强弱的变化。 教师：是不是这样的呢？那就要做实验进行验证。我真的做过一组这样的实验。一起来看看我们的预测对不对。这是一个测导电能力的仪器，叫电导仪。它能告诉我们溶液导电性的强弱，电导率越大，导电能力越强。现在我用这个仪器去测定不同温度下纯水的电导率，幻灯片上呈现给大家的是实验结果。你们发现了什么？对，确实如我们预测的一样，随着温度的升高，纯水的电导率会逐渐变大，证实了我们刚才的一系列探究和推测过程是正确的，水确实存在电离平衡。 教师：经过刚才的梳理，对于证明水存在电离平衡，你能不能想到更多的方法？ （学生交流讨论） 学生：我们想改变浓度，如果氢氧根浓度变大，平衡会逆向移动，氢离子浓度会减小，然后测 pH。 教师：好，我们来看这一组的方案，改变的是氢氧根离子的浓度。如果氢氧根离子的浓度增大，平衡会逆向移动，那么相应的会带来什么变化？氢离子浓度就会减小。然后测 pH。我们总说 pH，pH 到底是什么呢？给大家提供一个资料卡片，pH 其实就是氢离子浓度的负对数。解释一下，比如 pH＝6 的溶液，就是氢离子浓度为 10^{-6} mol/L。所以把 pH 作宏观证据可不可行？可行。怎么测量呢？这里给大家介绍一种新的仪器——pH 计。我们原来用的 pH 试纸只能粗略地测出 pH 的大致范围，而 pH 计能精确地测出 pH。我们可以在实验室测一测随着氢氧根离子浓度的增大，pH 到底怎样变化。PPT 上给大家呈现的是在实验室进行实验所得到的结果。你得到了什么结论？对，从数据中可以看到，随着氢氧根离子浓度的增大，离子的浓度在逐渐减小，证实了我们对水电离的微观想象是正确的，水确实存在电离平衡。 教师：大家想想，改变温度的实验，我们除了可以用导电能力作为宏观证据，还可以用什么作为宏观证据呢？对，pH 也可以。这是纯水在室温 25℃ 和 100℃ 下分别测得的 pH，从数据中我们看到，温度升高，pH 减小，同样也可以证明水存在电离平衡。	在理论分析过程中，学生也能够自主应用平衡观分析水的电离平衡，指出水的电离是吸热过程，温度升高，平衡向正反应方向移动，电离出的氢离子和氢氧根离子浓度都会变大。在分析过程中能够关注到外界条件改变，对于微粒数量的影响，进而关联到宏观现象的改变，最终寻找到导电能力作为宏观证据。 从学生的表现中可以看到，在对证明电离平衡存在的思路方法梳理后，学生能够设计出更多的实验方案进行验证，比如改变浓度，如果氢氧根浓度变大，平衡会逆向移动，氢离子浓度会减小，然后测 pH 的方案。 这些方案的提出，一方面可以看到，通过第二章的学习，学生对影响平衡移动的外界因素已有较为扎实的基础，在此基础上能够迁移到水的电离平衡中，进而对水的电离平衡影响因素形成一定认识；另一方面也能够反映出，通过本环节活动，学生对设计实验证明平衡的存在已经建立了思路和方法。

环节	活 动 实 录	点 评
寻找宏观证据，证明微观过程	教师：这个实验不但证明了我们对水的电离的微观想象是正确的，还让我们得到一个重要信息，25℃纯水的pH是7，也就是氢离子浓度为10^{-7} mol/L。你获得了什么重要信息呢？我们除了证明存在电离平衡之外，还知道水的电离限度是很小的。 教师：我们来梳理一下。通过实验，我们证明了两点。第一，水确实存在电离平衡，是可逆的。第二，这个可逆的过程限度是很微弱、很小的，证据就是纯水在室温下pH是7。 教师：通过这一系列的探究任务，我们不仅从宏观的水关注到它的微观行为，我们还从微观行为找到相应的宏观现象作为证据，证明了我们对水的电离的微观想象是正确。在证明的过程中，我们证实了水的电离限度是很小的，也就是说，我们对水的电离从定性的认识已经提升为定量的认识。我们甚至还可以定量地描述一下这个限度，该怎么描述呢？ 学生：用平衡常数K。 教师：说得好，平衡常数。在这个过程中我们还发现了一些其他的规律，比如刚才大家提到的，在这个证据中，随着氢氧根离子浓度的增大，氢离子浓度在减小，这是定性的规律。那我想问，这种增大和减小之间有没有什么定量的规律呢？请大家再看数据，你发现了什么？ 学生：氢离子和氢氧根离子浓度的乘积是一样的。 教师：非常好。大家观察到了一个神奇的规律，在25℃，虽然氢离子浓度和氢氧根离子浓度各不相同，但乘积却是个定值。你能解释一下它为什么是个定值吗？谁在调控着这个精准的变化？ 学生：对于水的电离平衡，温度一定，K是不变的，它等于氢离子浓度乘以氢氧根离子浓度比上水的浓度，所以不变。 教师：优秀。他发现从平衡常数K入手，水的浓度是不变的。我就可以把它乘到等式右面来。这样的话，等号的左侧，氢离子和氢氧根离子的乘积，就是定值。右侧是平衡常数和水浓度的乘积，我们就引入一个新的量来表达它，用K_w来表述这个量。K_w就是水电离的限度，称为水的离子积常数。并且大家从表格中能观察到，25℃时，水的离子积是10^{-14}，我想问大家，K_w受什么因素影响呢？ 学生：与温度有关。 教师：能说说理由吗？ 学生：因为K受温度影响。 教师：很好，预测一下，如果温度升高，水的离子积怎么变？ 学生：变大。 教师：非常好。我们可以从第二章化学平衡迁移有关平衡常数的影响因素，预测这里的水的离子积仅与温度有关；也可以从刚才的证据分析，根据数据，它不受浓度影响。我还有一个问题。这明明是纯水的离子积，为什么在稀溶液里它也成立？其实原因非常简单，在稀溶液中，我们认为纯水的浓度也是不变的，所以水的离子积常数不仅适用于纯水，还适用于稀溶液	通过学生的讨论也可以发现，学生对微观行为和宏观证据之间的关联还不能深刻理解、灵活应用。例如在理解pH后，不能灵活地将温度改变时的微观变化与宏观上pH的变化相关联，设计出改变温度，以pH为证据的实验方案。 教师在提供实验数据对假设进行验证的环节中，充分发挥数据的价值，这里数据不但作为证明电离平衡存在的证据，还是水的电离限度的证据，使学生对水电离从定性的认识提升为定量的认识。 本环节学生通过对水的电离过程的自主探究，已经认识到水是弱电解质，理解了水的离子积和影响因素，了解了水的电离平衡及影响因素。在活动中，学生的认识已经自然而然地从定性发展到定量，从静态发展到动态

环　节	活　动　实　录	点　评
再认识营养液	教师：认识了溶剂水在溶液中的微观行为，我们再看最初看到的这份水培植物的营养液。我现在很好奇，同学们刚才说，纯水中水电离出的氢氧根离子是 10^{-7}，这份水培植物营养液里氢氧根的浓度为什么是 10^{-6} 呢？ 学生：这里碳酸根会和氢离子结合变为碳酸或碳酸氢根，这里氢离子浓度减小，所以氢氧根浓度会变大。 教师：非常好。通过刚才的分析，我们发现溶质和溶剂之间也有相互作用。再看营养液，我们发现溶质和溶剂在溶液中都有各自的行为，都存在电离。但是溶质和溶剂之间也存在着相互的关联。这种关联，比如溶质，电离出的碳酸根离子会影响水的电离平衡，使之发生移动，进而导致微粒数量变化，最终导致宏观现象的变化，如 pH 发生了变化。那我们再看溶质和溶剂之间的关联，其实首先影响到了什么？相互作用。进而影响到了微粒数量的变化，最终表现在宏观现象上。 教师：通过这节课对水培植物营养液的讨论，我们建立了一个分析水溶液问题的思路模型。我们最初只关注到了溶质和溶质的电离，后来发现溶剂水也是存在电离的，并且水的电离是可逆的，存在电离平衡，我们还基于证据发现了水的电离平衡的限度是很微弱的。通过一系列探究任务，我们还知道对水的电离的微观想象，是需要宏观现象作为证据来证明的。如何寻找这个宏观证据呢？比如水，我们如果想象它是有电离平衡的，平衡就能够移动，那我们就要考虑移动带来的变化——离子数量的改变，离子数量的改变又会导致什么宏观现象的变化？进而去寻找相应的定量证据。再看营养液，我们发现，溶质和溶剂之间还是有相互关联、相互作用的，所以，水溶液是一个非常复杂的体系，我们需要整体看待。今后我们还会用这样一个分析水溶液问题的思路模型去认识更多种不同的水溶液体系	本环节的设计与开篇从化学视角看营养液相互呼应，使学生再看营养液，意在通过对水培植物营养液的讨论，梳理、完善分析水溶液问题的认识模型。 学生在此环节中，已经不但关注到溶质、溶剂各自在水溶液中的行为，同时也能够关注到溶质和溶剂间的关联，并且意识到这种关联会影响到相互作用、微粒数目、宏观现象。从学生的表现来看，通过本节课的学习，学生已经自主地逐级建构起水溶液认识模型

（案例提供者：北京市八一学校　庞雪）

【案例说明】

　　本教学案例经历了一次备课、两次试讲和一次正式讲的实践环节。在备课、试讲过程中，主要对核心活动的设计和实施进行了调整和改进。在备课时，设计了核心活动框架：从水培植物营养液的酸碱性发现水的电离和影响水的电离平衡的因素（预测），设计实验证明水的电离及外界条件对水的电离平衡的影响（验证及结论）。在试讲过程中，发现预测任务、实验验证、获得结论的任务过于庞大，在实施过程中对问题进行拆解，将一个大问题转化成为多轮次、逐级深入论证的活动，即将问题"水培植物营养液为什么会呈现碱性"拆解为"溶液中的 OH^- 从何而来？关于水的电离，你有哪些认识？设计实验证明关于水的电离的猜想。在室温下，纯水中的 $c(OH^-)$ 约为 10^{-7} mol/L，但为什么营养液中 $c(OH^-)$ 约为 10^{-6} mol/L？"，将认识水的电离和认识水的电离平衡的移动拆解为两个层次的问题。

指导建议

整体规划"化学反应原理"模块的单元教学时，教师要在准确把握本模块的定位和学科核心素养发展目标的基础上，解决好确定单元学习主题、确定单元学习目标、整体规划单元课时安排和设计单元学习活动等核心问题。

确定单元学习主题时，教师要在明确核心知识及其承载的学科核心素养的基础上，选定单元整体规划的类型，确定体现认识发展任务或实际问题解决任务的单元学习主题。

确定单元学习目标时，教师要依据课程标准要求、教科书教学内容和相关知识承载的核心素养，初步列出单元学习目标，并结合单元学习主题，确定单元学习目标。

规划课时安排时，教师要围绕单元学习主题和单元学习目标，符合学生认识发展脉络或实际问题解决脉络，同时也要考虑课时内容容量。

设计单元学习活动时，教师要整体考虑问题解决过程设计驱动性问题，根据驱动性问题设计问题解决的系列任务，根据任务设计核心活动。在设计核心活动时，需要论证核心活动的素养发展价值，并以实现素养发展目标为核心，精细设计活动的组织与实施。此外，教师可根据单元整体规划，统筹设计课上活动和课下任务。

3-3　如何通过"化学反应与能量"教学实现素养进阶发展？

这个教学关键问题将以"化学反应与能量"教学为例，探讨实现化学学科核心素养进阶的单元教学设计思路和教学策略。通过对这个教学关键问题的分析和解决，希望教师能够：

- 了解化学学科核心素养进阶分析的思路和方法。
- 了解化学学科核心素养进阶的单元教学设计思路。
- 初步掌握化学学科核心素养进阶的教学实施的关键策略，并应用于自身的教学实践。

3-3-1 "化学能转化为电能-电池"第1课时课堂实录片段（孙霞）

3-3-2 "化学能转化为电能-电池"第2课时课堂实录片段（彭丹）

问题的提出

课程标准将化学反应原理相关内容安排在必修模块主题3和选择性必修"化学反应原理"模块，其主要发展的变化观念与平衡思想素养也分布在学业质量水平1~4，要求学生不断深化对化学反应的理解，发展对化学反应的认识，最终能解决与化学反应相关的综合复杂问题。但是，学生经历了"化学反应原理"模块的学习后，学科核心素养和问题解决能力发展状况如何呢？为此，我们选取不同类型学校的教师进行了访谈，受访教师的核心观点如下。

访谈问题：对"化学反应原理"模块的学习，学生们的学习表现如何？问题解决能力如何？

观点1：学生上课参与课堂活动很积极，也表示能听得懂，但是课后做题，特别是做一些高考难度的习题时就会感觉很困难；而且即使我对题目进行分析和讲解后，学生也表示听懂了，换一个题目还是不会做。

观点2：学生记结论倒是记得挺准确的，但就是不会用。

观点3：我给学生总结了很多解决问题的规律，但学生在解决问题的过程中不用。

通过访谈可见，"化学反应原理"模块教学的主要问题集中在"学生不会用所学知识解决问题"上，其背后的问题则是学生不会思考，即与化学反应原理相关的学科思想、学科认识没有得到很好的发展，因此，如何在必修模块的基础上实现化学学科核心素养进阶，提升学生解决综合复杂问题的能力？是"化学反应原理"模块要解决的教学关键问题之一。

问题的分析

为什么会出现"学生听得懂、记得住，但不会解决问题"的情况呢？通过分析对比课堂教学设计和习题要求就能找到问题产生的原因。

【案例】

化学能转化为电能——电池

【课堂教学设计】

环节	核心活动	教学目标
设计单液原电池	【活动】利用所给仪器和试剂设计原电池，并分析其工作原理（仪器和试剂：铜片、锌片、烧杯、导线、电流表、$CuSO_4$溶液） 【小结】原电池的工作原理及正、负极反应	能了解单液原电池的工作原理，包括正负极反应、电子及离子移动方向
认识双液原电池	【介绍】铜锌双液原电池的构成及盐桥的功能 【演示实验】铜锌双液原电池 【分析】铜锌双液原电池的工作原理及正、负极反应	能了解双液原电池的工作原理，包括正负极反应、电子及离子移动方向
了解常见的化学电源	【课前预习】分组认领任务，查阅关于干电池、铅蓄电池、氢氧燃料电池的资料，制作 PPT 【课上展示】小组展示 PPT，介绍常见的化学电源 【小结】 1. 干电池、蓄电池、氢氧燃料电池的工作原理 2. 分析陌生电池电极反应的思路：确定电极—确定电极反应物—确定电极产物—配平	知道常见的化学电源的种类，了解干电池、铅蓄电池和氢氧燃料电池的工作原理
设计制作氢氧燃料电池	【活动】设计氢氧燃料电池，绘制装置图 【交流分享】小组汇报设计方案，生生互评、师生点评，修改、完善设计方案 【实施实验】按设计方案组装氢氧燃料电池，分析工作原理 【小结】离子导体对氢氧燃料电池电极反应影响	能设计、制作氢氧燃料电池；了解离子导体的酸碱性对氢氧燃料电池电极反应的影响

【习题要求】

课程标准关于化学电源的学业要求为"能列举常见的化学电源，并能利用相关信息分析化学电源的工作原理"，在学业水平等级性考试中，常见试题如下。

利用生物燃料电池原理研究室温下氨的合成，电池工作时 MV^{2+}/MV^+ 在电极与酶之间传递电子，如图 3-3-1 所示。下列说法错误的是（　　　）。

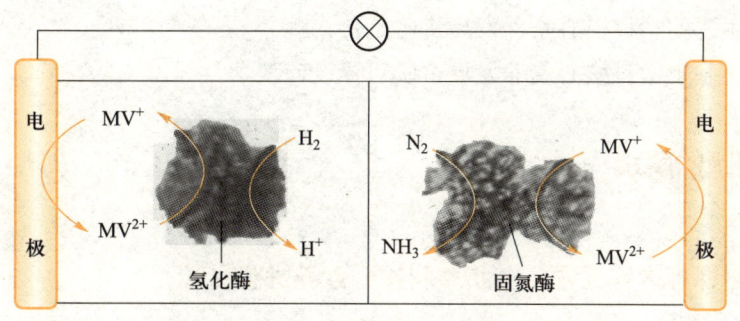

图 3-3-1　氨合成原理示意图

A. 相比现有工业合成氨，该方法条件温和，同时还可提供电能

B. 阴极区，在氢化酶作用下发生反应 $H_2+2MV^{2+}\stackrel{}{=\!=\!=}2H^++2MV^+$

C. 正极区，固氮酶为催化剂，N_2 发生还原反应生成 NH_3

D. 电池工作时质子通过交换膜由负极区向正极区移动

从课堂教学设计看，经过新课学习，学生的收获主要是：通过具体电池原型的工作原理分析，了解具体化学电源的工作原理，深化对正、负极电极反应的理解，初步形成分析陌生电池电极反应的思路。从习题要求看，学生在问题解决过程中不仅能根据信息书写陌生电池的电极反应，还能分析包括电极反应、带电微粒移动在内的电化学过程。

此外，通过观察学生问题解决表现可见，在根据信息书写陌生电池的电极反应的过程中，学生主要存在三个障碍点：一是由于陌生电池涉及的物质比较复杂、陌生，学生很难从诸多信息中快速、准确地提炼出电极反应物或电极产物；二是由于电极反应中，除了阴阳离子外，还涉及另外一种带电微粒——电子，在根据电子守恒、电荷守恒的配平过程中，均需要考虑到电子的影响；三是如何考虑离子导体对电极反应的影响。

对比分析课堂教学设计、习题要求和学生解决电化学问题的障碍点，就会发现学生的学习与问题解决之间存在较大差距。问题解决要求学生建构系统分析化学电池工作原理的认识角度和认识思路（如图 3-3-2 所示），并能够建立原理角度与装置角度的关联；而课堂学习中，学生仅收获了关于化学电源的具体性知识和关于分析陌生电池反应的"方向性"思路，不足以支撑问题解决的需要。这种新授课学

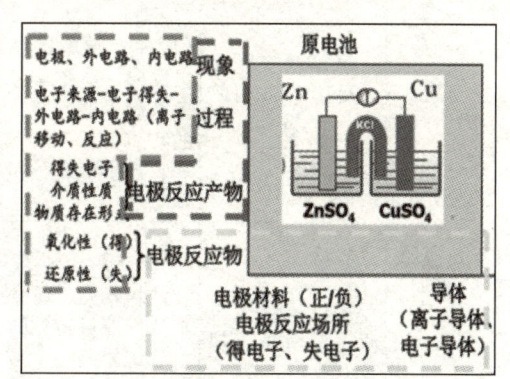

图 3-3-2　化学电池的认识角度和认识思路

习收获与问题解决要求间的差距是"化学反应原理"模块教学中的常见问题。

综上所述，在实践层面有效解决学生新授课学习收获与问题解决要求间的差异，实现化学学科核心素养发展进阶的教学，需要教师对以下问题有深入、系统的思考。

（1）本主题的学科核心素养发展进阶是什么？

（2）如何基于学科核心素养发展进阶目标设计教学？

 问题的解决

一、结合课标内容要求，分析学科核心素养进阶目标

依据知识、认识方式与学科核心素养的关系，即知识是学科核心素养的类化经验基础，认识方式是学科核心素养的内涵实质，基于从必修模块到化学反应原模块的核心知识进阶，通过分析核心知识的认识发展功能，确定认识方式发展进阶，进而确定学科核心素养进阶。表3-3-1以"化学能转化成电能——电池"的内容分析为例，呈现了化学反应原理主题从必修到选择性必修的核心知识、认识方式进阶和学科核心素养进阶目标。

表3-3-1 "化学能转化成电能——电池"的内容分析

模块	核心知识	认识方式进阶	学科核心素养目标进阶
必修（1课时）	1. 铜锌单液原电池的构成及其工作原理 2. 原电池、电极和电极反应的基本概念	认识对象：化学反应 认识角度：新增"能量转化"一级角度和"能量转化的形式、途径"两个二级认识角度 认识思路：认识原电池的构成要素和各构成要素间的关系	1. 知道电池是实现化学能直接转化成电能的装置 2. 能说明铜锌原电池的工作原理，写出正、负极的电极反应 3. 能说明原电池的构成要素，能建立构成要素间的关联，并能依据电池的构成要素模型分析陌生电池的构成
化学反应原理（3课时）	铜锌双液原电池及其工作原理	认识对象：化学电池 认识角度：新增"能量转化的实质（原理）"二级认识角度，并发展实质（原理）维度的三级认识角度——电极反应、电化学过程、宏观现象 认识思路：建立化学能转化为电能的实质（原理）与途径（构成）的关联，初步形成分析电池工作原理的基本思路	1. 知道化学能直接转化为电能的条件是：有能够自发进行的氧化还原反应和电池装置 2. 能从电极反应、电化学过程、宏观现象的角度分析电池的工作原理
	常见的化学电源：干电池、铅蓄电池	认识深度：从微观、定量、系统水平认识能量转化的实质和途径 认识思路：形成系统分析陌生电池电极反应和电化学过程的思路	1. 能根据有关信息分析化学电池的构成要素 2. 能建立系统分析陌生电池电极反应和电化学过程的思路，并能根据有关信息写出陌生电池的电极反应式、分析其电化学过程
	设计氢氧燃料电池，分析其工作原理（必做实验）	认识思路：基于化学能转化为电能的实质（原理）与途径（构成）的关联，形成电池设计的思路	能根据电池反应设计简单的化学电池

二、基于学科核心素养进阶目标设计教学

在进行教学设计时，首先，要基于学科核心素养进阶目标组织教学内容、选取情境素材，并确定每个情境素材的素养发展价值。例如，在"化学能转化为电能——电池"的教学中，第1课时以铜锌双液原电池为情境素材，除了发展学生对电池原理维度的认识外，还承载着转变学生迷思概念——在电池装置中，只有直接接触并发生氧化还原反应才能将化学能直接转化为电能。其次，要依据学科核心素养进阶目标设计核心学习活动，特别是要设计指向学科核心素养进阶的问题，包括探查诊断性问题、认识发展性问题和认识反思性问题。例如，在必做实验"制作一个简单的氢氧燃料电池"后，可以先设计探查诊断性问题"尝试分析你设计的氢氧燃料电池的工作原理，写出电极反应式"，探查学生在分析氢氧燃料电池时，能否系统分析电化学过程，能否主动关注到离子导体的酸碱性对电极反应的影响；再设计认识发展性问题"若选择不同的离子导体，对电极反应有哪些影响"，引导学生关注、深入思考离子导体与电极反应的关系，发展分析陌生电池电极反应的思路；最后设计认识反思性问题"你认为还可以从哪些方面来改进所设计的电池"，引导学生将电池构成模型从设计电池的思维工具转化为改进电池的思维工具。

【案例】

化学能转化为电能——电池

【课标分析】

"化学能转化为电能——电池"是"化学反应原理"模块主题1"化学反应与能量"的核心教学内容，课标在内容要求中明确提出"了解原电池及常见化学电源的工作原理""学生必做实验：制作简单的燃料电池"；在学业要求中明确提出"能分析、解释原电池的工作原理，能设计简单的原电池""能列举常见的化学电源，并能利用相关信息分析化学电源的工作原理""能综合考虑化学变化中的物质变化和能量变化来分析、解决实际问题，如新型电池的开发等"。根据上述课标要求，结合学生学习诊断，如何利用原型电池帮助学生建构电池认识模型，如何基于学科核心素养发展进阶目标选取和组织教学内容、设计教学活动，是决定化学能与电能教学的关键。

【设计思路】

本案例以建构电池构成原理维度认识模型为重难点，选取了铜锌双液原电池、干电池、铅蓄电池和氢氧燃料电池为原型，使学生逐步形成对电池原理的认识，丰富对原理维度的认识角度，形成认识电极反应、电化学过程、宏观现象的系统思路，实现学科核心素养进阶发展。

【学习主题】

电池的"来龙去脉"

【学习目标】

1. 通过对铜锌原电池的分析，理解原电池的工作原理。

2. 在分析工作原理过程中，从装置维度和原理维度形成电池认识模型。

3. 利用电池认识模型解释陌生原电池的工作原理。

4. 利用电池认识模型设计原电池，实现化学能转化为电能。

【学习活动和评价】

课 时	核 心 活 动	评价指标
第 1 课时：分析原电池装置要素及工作原理，建构电池认识模型	1. 分析预测所给装置（单液、双液铜锌原电池）能否实现化学能转化为电能 2. 明确原电池装置的构成要素，建构模型 3. 分析双液电池的动力来源及工作原理，完善模型 4. 学以致用：依据铅蓄电池的装置图和总反应式分析其工作原理，书写电极反应式	1. 能否从装置维度和原理维度建构电池认识模型 2. 能否应用模型分析电池
第 2 课时：应用原电池认识模型（装置要素和工作原理）分析、设计原电池	1. 根据酸性、碱性锌锰干电池的装置图及总反应分析其工作原理，完成电极反应式，明确不同电解质对电极反应的影响 2. 设计氢氧燃料电池并分析其工作原理，写出电极反应式，反思设计思路与原电池认识模型的关系，进一步关注介质对电极反应的影响（即该介质中元素的存在形式）	1. 能否应用原电池认识模型分析陌生电池的构成及工作原理 2. 能否调用构建的模型，选择合适的电极材料、离子导体，明确电极反应物及电极反应，从而设计原电池并分析其工作原理

【教学实施过程】

第 1 课时　分析原电池装置要素及工作原理，建构电池认识模型

环节	活 动 实 录	点 评 分 析
建构原电池认识模型	教师：化学变化中既有化学能和热能之间的转化，也有化学能和电能之间的转化。大家在必修阶段学习了铜锌原电池，了解其构成的基本要素、电池反应。（给出铜锌单液电池装置图）回忆如何使化学能转化为电能。（给出铜锌双液电池装置图、盐桥小资料、盐桥实物）大家觉得这个装置能否也将化学能转化为电能？说出你的理由，将想法记录在学案上。 　　学生思考、记录想法。教师巡视，了解学生情况，组织学生交流分享。 　　教师将学生想法记录在黑板上，完善形成原电池装置维度的认识模型。 　　学生整理学案，提出疑问：两个烧杯分开了，好像没有自发的氧化还原反应。 　　教师做双液铜锌原电池演示实验：这个实验确实能将化学能转化为电能。大家还期待产生什么现象？ 　　学生：锌片减少，有铜单质附着在铜片表面，可能会有气泡，正极溶液颜色变浅直至褪色。 　　教师引导学生说出想到出现这些现象的原因，及时纠偏。 　　教师：看来有自发的氧化还原反应发生。 　　教师由铜单质、铜离子，锌单质、锌离子的得失电子趋势，分析双液电池的动力，解决学生疑问。	该环节帮助学生回顾必修阶段学过的内容，同时起到探查学生学情的作用。 以双液铜锌原电池为例，建立与单液原电池的共性，包括装置要素维度和反应原理维度，分步建立原电池认识模型。

环　节	活　动　实　录	点　评　分　析
建构原电池认识模型	学生根据前面的分析，在学案上梳理铜锌双液原电池电极反应物，电极反应，电子、离子运动方向。一个学生板演讲解，并提出困惑：是盐桥中离子移动到溶液中，还是溶液中离子沿盐桥移动到另一烧杯中？ 　　教师：两种方式都能实现离子导体的功能，到底如何运动？从宏观现象入手，观察刚才的实验装置，如果溶液中的离子"过桥"，会有什么现象？ 　　学生：负极硫酸锌溶液会变蓝，但是没变蓝，说明是盐桥中的离子运动，从电荷平衡的角度觉得钾离子向正极运动、氯离子向负极运动。 　　教师分析讲解、解答疑问，在装置要素维度上逐渐梳理原理维度板书，完善原电池认识模型。学生整理学案。 　　教师给出实验数据，比较双液电池与单液电池的区别，引导学生思考双液电池的优势	教师在分析过程中帮助学生解决在反应动力和离子移动两个问题上的疑问和困惑
分析陌生电池	教师给出铅蓄电池的装置图和总反应式：请大家分析放电过程中，电池的正负极、电极反应物、电极反应、离子和电子的运动方向，写在学案上。 　　学生思考并完成学案，板演。 　　教师对比大家写出的两种负极电极反应式，引导学生进行分析，关注电解质溶液既做离子导体又参与电极反应，关注该价态元素在电解质溶液中的存在形式。 　　学生修改负极及正极电极反应式	该环节以铅蓄电池的放电过程为例，引导学生按照电池认识模型从装置和原理两个维度对其进行分析。 　　这个环节的学习也可以作为评估环节，评估学生对前面建构的认识模型的理解和应用

第 2 课时　应用电池认识模型分析、设计电池

环　节	活　动　实　录	点　　评
分析电池	教师：请大家利用上节课建立的电池认识模型，分析锌锰干电池的装置及其工作原理。 　　（1）酸性锌锰电池（已知酸性锌锰电池的总反应为 　　$Zn+2MnO_2+2NH_4Cl \mathop{=\!=\!=} ZnCl_2+Mn_2O_3+2NH_3+H_2O$） 　　（2）碱性锌锰电池（已知电池总反应为 　　$Zn+2MnO_2+H_2O \mathop{=\!=\!=} ZnO+2MnOOH$） 　　学生分析和书写，在电化学模型（二维图）中分析装置和原理维度。 　　教师：对比分析酸性和碱性电池有什么相同点和不同点？为何从酸性电池改进成碱性电池？ 　　学生从装置维度分析：都有电子导体和离子导体。正负极材料从原理维度来看，电极反应物由锌改成锌粉，能量更高。 　　教师：还有什么优点呢？ 　　学生：在酸性环境下，锌可以直接与酸反应，可能自发放电，因此需要改进电解质溶液，也就是离子导体	学生利用上节课的电池认识模型分析陌生电池，教师可以借此评价学生对模型的理解和应用的程度，进一步发展学生在原理维度的认知。 　　发展学生应用电池认识模型并结合所给信息分析真实复杂电池的能力。 　　学生能利用原电池认识模型评价电池的优劣，对认识模型进行多角度的应用

环 节	活 动 实 录	点 评
设计电池	教师：设计电池并分析工作原理，制作一个简单的燃料电池，利用所给的试剂和仪器设计装置，并进行实验，通过装置将下列反应产生的化学能转化成电能。 $$2H_2+O_2 === 2H_2O$$ 写出设计思路，绘制实验装置图。 学生设计装置图，提出问题或困惑。 教师：你们能解决哪些问题？哪些问题还不能解决？ 学生：能找到电极反应物 H_2 和 O_2，但不知道选择什么电解质溶液。 教师板书，分析电极反应物、反应过程和产物，氢气失去电子变成氢离子，如果是碱性环境，则变成水；氧气得到电子变成 OH^-，如果是酸性环境，则变成水。所以，我们选择电解质溶液时，既可选择酸也可选择碱，作为电解质溶液，最终能生成水。 学生：那能不能用盐？选择硫酸钾，硫酸根会不会参与电极反应呢？ 教师：谁先反应取决于氧气和硫酸根的得电子能力，氧气得电子能力强，所以作为电极反应物，硫酸钾作为离子导体，氢气产生的氢离子和氧气产生的氢氧根离子结合也能生成水。 教师利用模型总结归纳。 学生：这个反应能否自发进行？ 教师：关于自发性的问题，可以通过实验来验证。 教师先介绍实验仪器和基本实验过程，需要先电解水制取氢气和氧气，再反向连接电流表看是否有电流。 学生做实验。根据实验，确定有电流通过，说明化学能可以转化为电能。 教师：实验后反思我们是如何设计原电池的？ 师生共同反思：首先选择氧化还原反应，然后选择电极材料和离子导体、电极反应物，分析可能的电极产物。 教师分析工作原理写出电极反应式，提示学生关注溶液介质对电极反应的影响：这个价态的元素在这样的介质中以什么微粒形式存在？——介质影响产物和配平。 学生分析酸碱性环境下氢氧燃料电池的电极反应式。 教师分析实用的燃料电池：① 改变电极反应物；② 改变电极材料；③ 改变离子导体，就可以进行电池的改装，如储氢合金（金属氢化物）可用来储存氢气，固体氧化物可用作燃料电池	通过设计电池的活动，利用模型将学生对电池的"分析解释"水平提升到"简单设计"水平

（案例提供者：北京市海淀区教师进修学校附属实验学校　孙霞　彭丹）

【案例说明】

本教学案例经历了一次备课、两次试讲和一次正式讲的实践环节，在备课、试讲过程中，主要从以下方面进行了调整和改进。

在备课时，选定了铜锌双液原电池、干电池、铅蓄电池和氢氧燃料电池作为原型，在两次试讲过程中，发现存在以下问题。

一是教师对铜锌双液原电池的教学价值把握出现了偏差，将理解盐桥的功能作为教学难点，将优化改进铜锌单液原电池作为教学重点，忽略了铜锌双液原电池对转变学生迷思概念的功能。

二是在分析干电池、铅蓄电池的工作原理时，教师将具体电池的原理分析与电池认识模型的应用割裂开来，导致学生在第 3 课时设计氢氧燃料电池、分析氢氧燃料电池的工作原理时，仍不能主动应用电池认识模型解决问题。

三是必做实验的实施。教师将氢氧燃料电池的设计、实施及原理分析环节合并，开放性过大。学生在活动过程中，出现"重操作、轻设计"的问题，用提供的仪器和试剂去"拼凑"电池；同时，由于学生没有将此实验与初中学过的"电解水获取氢气"关联，在如何获取氢气问题上遇到了障碍。

 **指导建议**

一、结合具体实例，激发学生认知冲突，为实现学科核心素养发展进阶奠定基础

本主题内容涉及对化学反应中能量变化、化学能与电能相互转化的本质的认识，相关内容学生在必修模块进行过初步的学习，在形成初步认识的基础上，也存在着一些迷思概念。例如，关于化学反应中能量变化的本质，部分学生会认为"键能的变化即为能量变化的本质""在电池中，先发生直接接触的氧化还原反应才能产生电流"等。

在化学反应原理模块相关内容教学中，教师要首先结合具体实例，设计探查性问题，激发学生认知冲突，为实现素养发展进阶奠定基础。例如，"氢气与氧气反应生成气态水和液态水释放的能量为什么会不同？"探查学生能否自主发现键能的变化不是化学反应中能量变化的全部；"铜锌双液原电池能否产生电流？为什么？"探查学生对化学能直接转化为电能的本质的认识。

二、充分利用原型素材帮助学生建立概念、发展认识，实现学科核心素养发展进阶

本主题化学能与热能部分涉及内能、焓和焓变等多个抽象的核心概念。在概念建立过程中，教师要充分利用具体反应、实验证据等原型素材帮助学生建立新概念。例如，在焓和焓变的教学中，利用图 3-3-3 所示实验促使学生认识到等温等压条件下，化学反应释放总能量除了有通过与外界热传递测定的热量外，还有对外做的功（体积功）。

本主题化学能与电能部分的素养发展进阶主要是通过电池认识模型的进阶实现的。在教学中，要首先利用铜锌双液原电池、铅蓄电池、氢氧燃料电池建构电池认识模型；再利用电解熔融氯化钠建立关于电池和电解池的统一认识模型，促使学生认识到电极反应、电极材料、离子导体、电子导体是电化学体系的基本要素；利用电解饱和食盐水进一步深入发展对电极反应的认识，建立对电化学过程的系统分析思路。

图 3-3-3　氧化钙与水反应实验

三、创设真实情境，解决现实问题，从"建构"到"应用"，进一步发展学科核心素养

教师应创设真实情境，组织学生开展基于能量利用需求选择化学反应、设计能量转化路径和装置等活动，形成合理利用化学反应中能量变化的意识和思路，从"建构"到"应用"，进一步发展学科核心素养。例如，可以设计供火箭发射使用的高能燃料、改进载人航天器中的氢氧燃料电池等现实任务，让学生利用"化学反应与能量"主题的基本原理，设计问题解决方案。

如何通过"化学反应的方向、限度和速率"教学实现教、学、评一体化？

这个教学关键问题将以"化学反应的方向、限度和速率"为例，探讨实现教、学、评一体化的思路和策略。通过对这个教学关键问题的分析和解决，希望教师能够：

- 了解化学教学中实现教、学、评一体化的难点及难点突破的理论基础。
- 深化对实现教、学、评一体化的相关理论的理解，并能初步运用。
- 初步掌握实现教、学、评一体化的关键策略，并应用在自己的教学实践中。

3-4-1 "化学反应限度"课堂
实录片段（张海英）

3-4-2 "化学反应限度"案例
点评与分析（支瑶）

 问题的提出

课程标准在教学与评价建议中指出，要实施"教、学、评"一体化。"如何在教学中实现教、学、评一体化"成为很多学校、教师关注的研究课题。我们通过调研发现，教、学、评一体化在实践中并没有得到很好的落实。为了探求落实教、学、评一体化的难点，我们选取了不同类型学校的教师进行了访谈，受访教师的核心观点如下。

访谈主题：您在教学中尝试过实现教、学、评一体化吗？效果如何？遇到了哪些困难？

【教师1】

问：您在教学中尝试过教、学、评一体化吗？效果如何？

答：尝试过。感觉跟其他教学没有什么区别。

问：您是怎样做的？

答：就是在一次研究课中，精心设计了教学目标和活动，还设计了作业，通过作业进行学习效果评价。

问：作业设计是怎样做的？

答：就是在选择作业题时注意了与教学目标的对应。

【教师2】

问：您在教学中尝试过教、学、评一体化吗？效果如何？

答：尝试过，效果不太好。

问：您是怎样做的？

答：在一次教学中专门增加了一个活动表现性评价表。但是好像没有什么用，没有评价出什么，而且还占用了课堂教学的时间。

问：活动表现性评价表的主要内容是什么？

答：就是关于小组合作情况、实验操作情况、参与讨论情况之类的。

【教师3】

问：您在教学中尝试过教、学、评一体化吗？效果如何？

答：想过，但没有尝试过。

问：为什么？

答：因为不知道怎么做评价。

化学日常学习评价是化学教学不可或缺的有机组成部分，是化学学习评价的一种重要表现形式，是实施教、学、评一体化教学的重要链条。但是，通过对教师们的访谈可见，如何开展化学日常学习评价恰恰是实现教、学、评一体化的难点。

🔍 问题的分析

结合教师访谈可知，开展化学日常学习评价的难点主要体现在三个方面：一是如何将学习目标转化为评价指标；二是如何设计、实施多样化的活动表现性评价；三是如何有效地设计作业并做好作业反馈。

在突破上述难点之前，需要先回答几个基础性问题：高质量的评价指标的特征是什么？设计高质量评价指标的理论基础是什么？设计高质量评价指标的思路方法是什么？

对比表3-4-1所示的两组关于化学平衡及其影响因素的评价指标，可以发现高质量的评价指标的一些特征：

（1）要有明确的知识点，并体现化学学科核心素养，表3-4-1中的两组指标，都有明确的知识点。

（2）要用输出性行为动词表达评价要求，评价要求要体现能力任务类型。第1组评价指标主要应用了了解、理解、认识等输入性行为动词，而第2组评价指标则应用了列举、说出、概括、解释、判断、设计实验、综合分析、探究等输出性行为动词。

（3）要细化指标的水平，体现出不同的水平要求，第2组评价指标通过列举、概括、分析解释等输出性行为动词和情境素材的陌生度、复杂性等体现水平要求。

（4）要体现出从输入性学习理解到输出性应用实践和迁移创新的关系，第2组评价指标中的指标 1~3 属于输入性学习理解要求，指标 4~8 属于输出性应用实践和迁移创新要求。

表 3-4-1　化学平衡及其影响因素评价指标示例

第1组	第2组
1. 了解化学反应的可逆性和化学平衡建立的过程 2. 理解化学平衡和化学平衡常数的含义，并进行简单计算 3. 结合具体实例，理解外界条件对化学平衡的影响 4. 认识化学平衡的调控在生活、生产和科学研究中的重要作用	1. 能列举典型的可逆反应，能说出外界条件对化学平衡的影响规律 2. 根据数据概括平衡状态特征，能建立 K 与平衡移动的关系，能根据实验事实概括外界条件对化学反应平衡的影响 3. 能用浓度商与平衡常数的关系分析多组分浓度改变的平衡移动问题 4. 能利用外界条件对化学平衡影响的规律分析解释生产、生活和实验中（基于单一因素）的现象 5. 能判断化学平衡状态，能推论预测平衡移动方向及结果；能从化学平衡的角度进行反应条件的选择 6. 能设计实验探究影响化学平衡的因素 7. 能基于多组分浓度关系认识化学平衡，综合分析复杂平衡移动问题 8. 能探究影响化学平衡的因素

要设计出高质量的评价指标，可以参考以下两个方面。

一方面可以参考高考评价体系中关于关键能力的界定。高考评价体系中界定了关键能力群，包括以认识世界为核心的知识获取能力群、以解决实际问题为核心的实践操作能力群和涵盖了各种关键思维能力的思维认知能力群。[①] 依据课程标准的学业要求和学业质量水平，高考评价体系将化学的关键能力概括为理解与辨析能力、分析与推测能力、归纳与论证能力、探究与创新能力，具体如图 3-4-1 所示。[②]

图 3-4-1　化学的关键能力内涵

另一方面可以参考 SOLO[③] 分类理论。比格斯把学生的学习结果分为五个层次，各个层次及其表现如下。

（1）前结构层次：学生基本上无法理解问题和解决问题，或者被材料中的无关内

---

①　李勇，赵静宇，史辰羲. 高考评价体系的基本内涵与主要特征［J］. 中国考试，2019（12）：7-12.
②　单旭峰. 基于高考评价体系的化学科考试内容改革实施路径［J］. 中国考试，2019（12）：45-52.
③　SOLO（structure of the observed learning outcome）原意是观察到的学生学习结果的结构。

容误导，回答问题逻辑混乱或同义反复。

（2）单点结构层次：学生在回答问题时，只能涉及单一要点，找到一个解决问题的线索就立即跳到结论上去。

（3）多点结构层次：学生在回答问题时，能联系多个要点，但这些要点是相互孤立的，彼此之间并无关联，未形成相关问题的知识网络。

（4）关联结构层次：学生在回答问题时，能够联系多个要点，并能将这些要点联系起来，整合成一个连贯一致的整体，说明学生真正理解了这个问题。

（5）拓展抽象结构层次：学生在回答问题时，能够进行抽象概括，从理论的高度分析问题，而且能够深化问题，使问题本身的意义得到拓展。

设计高质量评价指标的基本思路是以课程标准中学业要求和学业质量为依据，先基于学业要求、学业质量水平确定评价指标所包含的知识点、能力水平、任务类型和学科核心素养，再用包含水平、能力任务类型、输出性行为动词的语言加以表述。

 问题的解决

一、将学习目标转化为评价指标

将学习目标转化为评价指标，首先要基于课程标准，确定单元或课时学习目标；再基于学习目标，细化为水平目标，并用输出性行为动词表征评价要求，形成评价指标。例如，在化学平衡常数的教学中，课程标准中的学业要求是"能利用平衡常数和浓度商的关系判断化学反应是否达到平衡及平衡移动的方向"，此要求可以作为这节内容的学习目标。要达成此学习目标，既要知道化学平衡常数和浓度商的表达方式，又要建立化学平衡常数与平衡状态的关联，还要概括浓度商与平衡常数的相对大小关系与化学平衡状态及平衡移动方向的关系，因此可以将评价指标细化为以下四点：

（1）能根据化学方程式写出化学平衡常数、浓度商的表达式，并能进行简单计算。

（2）能建立化学平衡常数与化学平衡状态的关联。

（3）能概括出浓度商与化学平衡常数的相对大小关系与化学平衡状态及平衡移动方向的关系。

（4）能用浓度商与化学平衡常数的相对大小关系判断化学平衡状态，推测平衡移动方向。

二、设计、实施多样化的活动表现评价

活动表现评价主要通过收集和分析学生在学习活动，特别是课堂学习活动中的学习表现，反映学生化学学科核心素养的发展过程，诊断这一过程中的问题，促使学生对学习过程进行积极反思和总结，促使教师对教学过程进行反思和改进，实现教、学、

评一体化。

活动表现评价要求学生在真实或模拟的情境中运用所学知识分析、解决某个实际问题，以语言、行动、作品等方式展示问题解决过程、学习的过程与结果。通过学生在活动过程中的表现与活动成果，活动表现评价可以考查学生理解和运用知识的水平、分析解决问题的思路、实验操作的技能；了解学生学习理解、应用实践和迁移创新能力的发展；诊断学生变化观念、化学思维、科学探究和科学态度素养的水平。活动表现评价还能考查学生主动参与学习的意识、思维品质、情感态度及合作交流的能力等。

活动表现评价要充分发挥课堂学习活动的评价诊断功能。教师在设计课堂学习活动时，不仅要关注活动的学习功能，还要关注其评价功能，确定相应的评价指标。在实施课堂学习活动时，不仅要注意从不同类型的学习活动中对学生的表现做多次观察、记录和分析，结合面谈、交流等多种形式充分收集评价证据，还要基于评价指标，对观察、收集到的学生学习表现作出及时的评价诊断。教师还可以在学习活动后组织学生对自己和同伴在学习活动中的表现进行自评和互评，提高学生的总结和反思能力。

实施活动表现评价要加强学习内容、学习目标与评价任务、评价目标、评价指标的整体设计；要针对承担评价任务的学习活动，设计活动表现的呈现方式和收集方法，设计评价要点和标准；要将学习活动与评价任务同步进行；要围绕核心评价目标开展持续性评价。

三、作业及评价反馈设计

作业是教师为检验、巩固或进一步达成单元学习目标而布置给学生的利用课外时间完成的学习任务。单元作业的规划和设计要体现整体性、进阶性和多样性。

整体性体现为作业的内容、类型、难度、数量和完成时间既符合学习目标的总体要求，也适合学生的实际发展需求。作业的目标和内容设计，既要体现评价指标的要求，还要控制好难度及完成时间。

进阶性是指要依据评价指标的能力水平层级，合理规划作业中的习题水平及比例，课时作业通常为学习理解和应用实践水平，单元练习可以在学习理解、应用实践水平上，适当增加迁移创新水平的习题。不同学习基础或不同学习意向的学生可选择完成不同水平的作业。

多样性是指依据学生实际情况，预判学生完成作业的实际能力，充分考虑学生的兴趣偏好和优势特长，提供纸笔作业、实践探究类作业等不同类型的作业供学生选择。在设计实践探究类作业时，不仅要选择与核心内容相匹配的实践探究活动作为载体，还要依据评价指标精心设计活动任务，提高实践探究类作业与单元学习目标的一致性。

化学反应的限度——化学平衡常数

【课标分析】

"化学反应的限度——化学平衡常数"是化学反应原理模块主题2"化学反应的方向、限度和速率"的核心教学内容，课程标准在内容要求中明确提出"认识化学平衡常数是表征反应限度的物理量，知道化学平衡常数的含义，了解浓度商和化学平衡常数的相对大小与反应方向间的联系"；在学业要求中明确提出"能书写平衡常数表达式，能进行平衡常数、转化率的简单计算，能利用平衡常数和浓度商的关系判断化学反应是否达到平衡及平衡移动的方向"；在教学提示中建议"引导学生经历化学平衡常数模型建构的过程，结合具体实例，促使学生体会化学平衡常数在判断平衡状态、反应方向，分析预测平衡移动方向等方面的功能价值，通过交流讨论活动，帮助学生形成基于浓度商和化学平衡常数的比较分析等温条件下平衡移动问题的基本思路"。根据上述课标要求，如何基于化学平衡常数模型建构，应用平衡常数分析、预测平衡移动方向等学习活动进行活动表现性评价，是决定在化学平衡常数教学中实现教、学、评一体化的关键。

【设计思路】

本案例以化学平衡常数模型建构和应用活动为重点，依据评价指标优化学习活动设计，使学习活动兼具知识学习、思路建构和学习评价的功能，实现教、学、评一体化。

【学习主题】

化学反应的限度——化学平衡常数

【学习目标】

1. 通过数据对比分析、溶解限度的类比迁移，建构化学平衡常数模型；能正确理解、表征化学反应限度。

2. 通过数据处理、分析，深入认识化学平衡常数的影响因素，知道K、T的关系与ΔH有关；能正确书写化学平衡常数表达式，并计算K。

3. 结合具体实例，应用化学平衡常数认识反应；能判断反应正向进行的程度，是否达到化学平衡状态和反应方向。

4. 通过交流讨论活动，形成基于浓度商和化学平衡常数的比较，分析平衡移动问题的基本思路；能通过改变反应条件来调控反应向着希望的方向移动。

【学习活动和评价】

环节	核心活动	评价指标
环节1	类比溶解度的相关知识，迁移思考化学反应限度的关键要素有哪些，整体认识化学平衡常数	学生能否基于数据分析提出溶解限度的关键要素，进而自主提出化学反应限度的关键要素；能否类比溶解度整体认识化学平衡常数

环节	核 心 活 动	评 价 指 标
环节2	书写不同条件下不同反应的 K 的表达式，并计算 K，分析数据，讨论交流影响 K 的因素	学生能否正确书写平衡常数表达式，进行 K 的简单计算；能否找出 K 的影响因素、K 与 T 的关系、化学反应限度与化学平衡状态的关系；能否依据结论给出数据证据支撑
环节3	思考 K 的价值，结合具体实例和数据，应用 K、Q 的比较来判断反应的状态、调控反应，使反应向着希望的方向移动	学生能否应用 K 认识反应；能否基于 K、Q 的比较判断反应是否达到化学平衡状态和反应方向；能否通过改变反应条件来调控反应向着希望的方向移动

【板书设计】

化学反应的限度

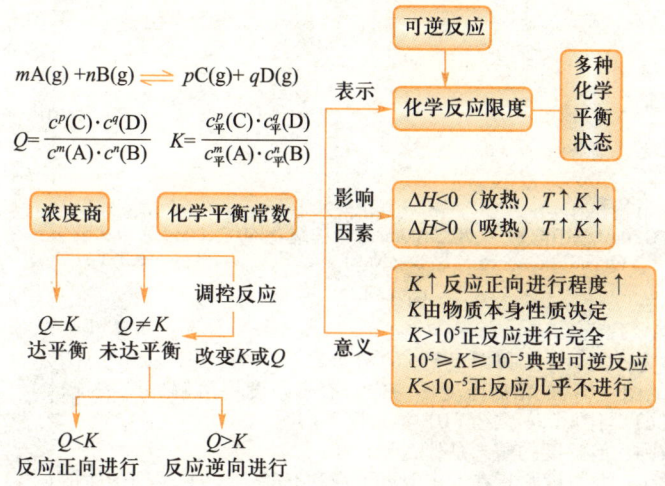

【教学实施过程】（由于篇幅所限，下面仅展示第 1 课时的教学实施过程）

第 1 课时　分析装置要素及工作原理，建构原电池认识模型

环节	活 动 实 录	点　评
如何定量表示化学反应的限度？	教师：H_2 是高效清洁的能源。 $$CO(g)+H_2O(g) \rightleftharpoons CO_2(g) + H_2(g)$$ 是工业制 H_2 的重要反应之一。 　　800℃　　　$CO(g)+H_2O(g) \rightleftharpoons CO_2(g)+H_2(g)$ $c(mol/L)$（起始）　　1　　　1　　　0　　　0 1 mol CO 和 1 mol $H_2O(g)$ 在 1 L 容器中发生反应，能否生成 1 mol H_2？说明理由。 学生：不能，对于可逆反应来说，在一定条件下反应物不可能全部转化成产物，反应只能进行到一定程度，这就是该化学反应在这个条件下所能达到的限度。所以 1 mol CO 和 1 mol $H_2O(g)$ 发生反应生成的 H_2 小于 1 mol。	学生在本环节能够体会化学反应限度的存在及表示方法，通过类比溶解度，深入理解化学平衡常数。

环节	活动实录	点评
	教师：分析下面两组数据，比较反应限度的大小。 800℃　　　　　　　$CO(g) + H_2O(g) \rightleftharpoons CO_2(g) + H_2(g)$ $c(mol/L)$（起始1）　1　　1　　　　0　　0 $c(mol/L)$（平衡1）0.5　0.5　　　　0.5　0.5 $c(mol/L)$（起始2）　1　　2　　　　0　　0 $c(mol/L)$（平衡2）0.33　1.33　　0.67　0.67 学生：从平衡1到平衡2，CO的平衡浓度减小，而水蒸气、CO_2、H_2的平衡浓度均增大，CO的转化率增大，而水蒸气的转化率减小，化学反应限度不能用单一组分的量来表示，应该关注所有组分。 教师：如何用所有组分来表征化学反应限度呢？做个类比迁移，溶解的过程是有溶解限度的，如图3-4-2，饱和溶液1、2、3溶解限度一样吗？说明理由。 (a) 饱和溶液1：　　(b) 饱和溶液2：　　(c) 饱和溶液3： 20℃ 10mL水中溶解　20℃ 100mL水中溶解　80℃ 100mL水中溶解 3.6g NaCl　　　　36g NaCl　　　　38.4g NaCl 图3-4-2	教师在本环节能够通过一组数据探查学生对化学反应限度的原有认识。通过两组数据对比引发学生认知冲突，从熟悉的溶解度迁移建构化学平衡常数模型，发展学生对化学反应限度的认识。 从课堂实施可以看出，大部分学生因无法用转化率、平衡浓度等比较反应限度，而认为反应限度不能用单一组分来表示，部分学生能从溶解限度的表示，类比迁移化学反应限度的表示，自主提出化学反应限度的关键要素
如何定量表示化学反应的限度？	学生：图（a）和图（b）的溶解限度一样，图（c）与图（a）、图（b）的溶解限度不一样，溶解限度用溶解度来表征，图（c）与图（a）、图（b）溶解度不同。 教师：溶解度的概念是什么呢？ 学生：溶解度是指在一定温度下饱和态时，100 g溶剂中所溶解溶质的质量。 教师：也就是说，溶解的限度使用溶质和溶剂的比值来表征，关注了溶解体系的所有组分。化学反应限度的概念应该关注哪几个要素呢？ 学生：化学反应限度应该是在某条件下平衡态时，所有组分的一个特定比值。 教师写副板书： 溶解限度　温度——饱和态时——m（质）/100 g（剂） 化学反应限度 ? 条件——平衡态时——所有组分的特定比值 化学反应限度是平衡时，所有组分的特定比值。 教师：这是什么样的比值呢？科学家们也研究了很长时间，最后用如下表达式来表征化学反应限度，请同学们讨论、说明表达式的含义，以及书写时需要注意的问题。 $$mA(g) + nB(g) \rightleftharpoons pC(g) + qD(g)$$ $$K = \frac{c_{平}^p(C) \cdot c_{平}^q(D)}{c_{平}^m(A) \cdot c_{平}^n(B)}$$ 学生：除了要关注所有组分平衡浓度的特定比值，还要关注系数，固体、纯液体浓度为常数，不代入表达式	

环节	活 动 实 录	点 评
认识化学平衡常数	教师：请写出各反应的化学平衡常数表达式。 学生： $$K = \frac{c_{\text{平}}(CO_2) \cdot c_{\text{平}}(H_2)}{c_{\text{平}}(CO) \cdot c_{\text{平}}(H_2O)}$$ $$K = \frac{c_{\text{平}}^2(NH_3)}{c_{\text{平}}(N_2) \cdot c_{\text{平}}^3(H_2)}$$ $$K = \frac{c_{\text{平}}(CO) \cdot c_{\text{平}}(H_2)}{c_{\text{平}}(H_2O)}$$ 教师：物质的溶解限度用溶解度来表征，受温度影响；化学反应限度用化学平衡常数来表征，受什么条件影响呢？在学案中给出了三个反应在不同浓度、不同温度、不同压强下的 12 个起始态和平衡态数据，每组同学计算 2 个 K，六组同学完成，最后共享 12 个 K。 学生：$K_1 = 1$，$K_2 = 1$，$K_3 = 1$，$K_4 = 2.25$，$K_5 = 0.5$，$K_6 = 0.5$，$K_7 = 0.5$，$K_8 = 4.1 \times 10^6$，$K_9 = 0.8$，$K_{10} = 0.8$，$K_{11} = 0.8$，$K_{12} = 50$。 教师：化学平衡常数 K 受哪些条件影响？如何影响？请说出证据。 学生：K 只与 T 有关，与浓度、压强无关，平衡状态与 c、T、p 均有关，一个化学反应限度可以有多种化学平衡状态；证据是 $K_1 \neq K_4$ 或 $K_5 \neq K_8$ 或 $K_9 \neq K_{12}$，$K_1 = K_2 = K_3$，$K_5 = K_6 = K_7$，$K_9 = K_{10} = K_{11}$，为 K 相同的三种不同平衡状态。 $\Delta H < 0$，$T \uparrow$，$K \downarrow$，证据是 $K_1 = K_2 = K_3 (800℃) < K_4 (620℃)$；$K_5 = K_6 = K_7 (400℃) < K_8 (25℃)$； $\Delta H > 0$，$T \uparrow$，$K \uparrow$，证据是 $K_9 = K_{10} = K_{11}$（800℃）$< K_{12}$（1200℃）	本环节主要是讨论交流活动，目的是深入认识化学平衡常数，分三个子任务完成。在子任务 1、2 中，学生能够正确书写平衡常数表达式，进行 K 的简单计算；在子任务 3 中，学生能找出 K 的影响因素，K 与 T 的关系，认识化学反应限度与化学平衡状态的关系，而且在论证观点过程中，大部分学生能够给出数据证据支撑自己的观点
应用化学平衡常数	教师：通过前两个环节，我们知道化学反应存在限度，用化学平衡常数来表征，会算 K，有了 K，能做点什么呢？ 分析下表由 K 可以得出哪些结论？ | 化学方程式	平衡常数 K（25℃）
---	---
$F_2(g) + H_2(g) \rightleftharpoons 2HF(g)$	6.5×10^{95}
$Cl_2(g) + H_2(g) \rightleftharpoons 2HCl(g)$	2.57×10^{33}
$Br_2(g) + H_2(g) \rightleftharpoons 2HBr(g)$	1.91×10^{19}
$I_2(g) + H_2(g) \rightleftharpoons 2HI(g)$	8.67×10^2 | 学生：对于同类型的反应，K 越大，正反应进行的程度越大，K 由物质本身的性质决定。一般认为，$K > 10^5$ 正反应进行完全，$K < 10^{-5}$ 正反应几乎不进行，$10^5 \geq K \geq 10^{-5}$ 是典型可逆反应，可以通过研究来调控反应，让反应向着我们所希望的方向转化。 教师：下面是实验室模拟数据，t_2 时刻是否达到平衡状态？如果不是，预测反应进行的方向。 某密闭容器中发生反应，已知 800℃ 时 $K = 1$， $800℃\ CO(g) + H_2O(g) \rightleftharpoons CO_2(g) + H_2(g)$ 各物质的浓度随时间变化如下：	在本环节中，学生主要应用平衡常数解决平衡相关问题。由于在前两个环节中学生对平衡常数有了深入的认识，能通过对工业生产生活中的实例和数据分析，应用化学平衡常数认识反应；能自主应用浓度商与化学平衡常数的比较，判断反应是否达到化学平衡状态、反应方向；通过交流讨论活动，基本能通过改变反应条件来调控可逆反应向着希望的方向移动，形成基于浓度商和化学平衡常数的比较来分析平衡移动问题的基本思路

环节	活动实录	点评
应用化学平衡常数	（见下）	

浓度	0	t_1	t_2	t_3
$c(CO)/(mol \cdot L^{-1})$	1	…	0.75	…
$c(H_2O)/(mol \cdot L^{-1})$	1	…	0.75	…
$c(CO_2)/(mol \cdot L^{-1})$	0	…	0.25	…
$c(H_2)/(mol \cdot L^{-1})$	0	…	0.25	…

学生：$\dfrac{c(CO_2) \cdot c(H_2)}{c(CO) \cdot c(H_2O)} = \dfrac{0.25 \times 0.25}{0.75 \times 0.75} = \dfrac{1}{9}$，而 $K=1$，所以 t_2 时刻该反应未达到平衡状态，继续向趋于 K 的方向进行，即向正反应方向进行。

教师：浓度商 $Q = \dfrac{c^p(C) \cdot c^q(D)}{c^m(A) \cdot c^n(B)}$，利用 K、Q 关系判断反应是否达到化学平衡状态，以及反应的方向。$Q=K$ 时反应达到平衡，$Q>K$ 时反应逆向进行，$Q<K$ 时反应正向进行。

研究化学平衡的目的不是等待化学平衡的出现，也不是维持平衡不动，而是破坏平衡，使平衡向着我们所希望的方向移动。

1. 改变哪些条件可以破坏化学平衡状态？说明理由。

2. 以合成氨反应 $N_2(g) + 3H_2(g) \rightleftharpoons 2NH_3(g)$，$\Delta H < 0$ 为例，分析调控哪些反应条件有利于合成氨，并说明理由。

学生：改变 c、p 可以改变 Q，改变 T 可以改变 K，从而使 $Q \neq K$，破坏平衡，使平衡向着 Q 趋于 K 的方向移动。可以采取减小氨的浓度，增大氮气浓度，增大氢气浓度，缩小体积即增大压强等措施来减小 Q，或者降低温度来增大 K，使此反应正向移动，利于合成氨

（案例提供者：北京市中关村中学　张海英）

【案例说明】

本教学案例经历了一次备课、一次试讲和一次正式讲的实践环节，在备课、试讲过程中，主要围绕实现学习活动的评价功能进行了调整和改进。

在认识化学平衡常数环节增加了分组计算化学平衡常数活动，既为后续认识化学平衡常数的性质提供了数据支持，也使该活动具备了评价"能根据化学方程式写出化学平衡常数的表达式，并能进行简单计算"指标达成情况的功能。在应用化学平衡常数环节，分析 H_2 与 X_2 生成 HX 的化学平衡常数值的活动，考查学生对"化学平衡常数是化学反应限度的定量表征"的理解；通过预测反应进行的方向活动，考查学生"能概括出浓度商与化学平衡常数的相对大小关系与化学平衡状态及平衡移动方向的关系"指标的达成情况；通过"以合成氨反应（$\Delta H < 0$）为例，分析调控哪些反应条件有利于合成氨，并说明理由"，考查学生"能用浓度商与化学平衡常数的相对大小关系判断化学平衡状态，推测平衡移动方向"指标的达成情况。

 **指导建议**

一、课堂学习活动设计应有意识地关注评价指标达成情况的诊断

课堂学习活动的评价诊断功能是通过问题设计和活动点评两个环节相互关联、配合实现的。

问题的设计应有意识地关注评价指标达成情况的诊断。例如，通过"为什么压强增大，合成氨反应会向正反应方向进行？"这一问题就可以诊断出，学生能否自主调用平衡常数与浓度商的关系来论证外界条件对化学平衡移动方向的影响。

教师对学生在学习活动表现的点评应有的放矢，增强对学习目标、评价指标达成的指导性。例如，在论证外界条件对化学平衡移动方向的影响时，教师不仅应关注学生能否自主调用平衡常数与浓度商关系进行论证，还可以让学生展示分析论证过程对学生进行思路方法的指导。

二、设计诊断性评价标准促使学生实现自我诊断

教师可以根据评价指标，结合学生在问题解决中的具体行为表现，设定具有水平分级的诊断性评价标准，促使学生进行自我诊断。例如，"以合成氨反应（$\Delta H < 0$）为例，分析调控哪些反应条件有利于合成氨，并说明理由"的活动结束后，可以为学生提供如表 3-4-2 所示的评价标准，请学生回顾个人在上述问题解决中的表现，进行自我诊断。

表 3-4-2　诊断性评价标准示例

评价指标	评价标准
能用浓度商与化学平衡常数的相对大小关系判断化学平衡状态，推测平衡移动方向	水平 1：没有思路，随便猜一下 水平 2：知道浓度改变会改变浓度商，温度改变会改变化学平衡常数，但进一步分析平衡移动方向时，思路不清晰 水平 3：能通过浓度改变对浓度商的影响、温度改变对化学平衡常数的影响，分析平衡移动方向 水平 4：能通过浓度改变对浓度商的影响、温度改变对化学平衡常数的影响，分析平衡移动方向，并能将压强的影响转化为对反应物、生成物浓度的影响，进而分析对浓度商的影响，推测化学平衡移动方向

3-5 如何开展"水溶液中的离子反应与平衡"主题的项目教学？

这个教学关键问题将以"水溶液中的离子反应与平衡"为例，探讨化学反应原理模块设计实施项目学习的思路和策略。通过对这个教学关键问题的分析和解决，希望教师能够：

- 了解化学反应原理模块设计、实施项目学习的基本思路。
- 深化对项目学习特征的理解。
- 初步掌握设计实施项目学习的关键策略，并应用在自己的教学实践中。

3-5-1 "探秘土壤红斑的成因与改良" 项目学习第1课时课堂实录片段（赵晓慧）

3-5-2 "探秘土壤红斑的成因与改良" 项目学习第2课时课堂实录片段（魏洪波）

⚙ 问题的提出

项目学习是基于真实问题情境，结合课程标准和学生发展现状，设计具有挑战性的项目课题，以学生为中心，以小组为单位进行项目的规划、设计与决策，通过持续性评价来分析与反馈项目中存在的问题，并通过项目成果展示进一步优化和反思的学习模式。

近年来，越来越多的一线教师在教学中尝试开展项目学习，项目学习的成熟案例也越来越多，但是我们通过调研和访谈发现，教师在设计、实施项目学习中还是存在一些问题和困难。有的教师认为，实施项目学习需要教师有足够的经验，特别是优秀的教学实施能力，学生需要有充足的时间和扎实的基础；有的教师认为制约项目学习推广的主要原因是学生没有多余的时间参与规模较大、时间较长的探究活动。通过对项目学习案例的文本分析和课堂观察，我们发现，目前项目学习存在的主要问题有三个方面：一是教师缺少真实问题解决的经历和经验，因此在设计、实施项目学习时，在拆解项目任务的过程中会遇到困难；二是项目教学中经常会出现"重真实问题解决线，轻知识发展线和认识发展线"的情况；三是由于真实问题解决的复杂性，教师在"哪些项目子任务由学生完成""什么时候给学生提供什么样的支持"等问题的决策上常会遇到困难。

🔍 问题的分析

要设计、实施好项目学习，教师首先要了解项目学习的特征，其次在面对每一个项目任务时要经历项目任务解决的全过程。

项目学习相关文献表明，项目学习的特征可以概括为以下几个方面。

一是项目情境要结合课程标准相关要求和学科特点，具有真实性。"化学反应原理"模块项目学习的问题情境可以是来自于生产、生活的真实问题，也可以是来自于实验室的研究成果。问题情境所探索的核心问题、涉及的核心内容应符合"化学反应原理"模块课程标准要求和学生认知发展规律，能够体现变化观念与平衡思想、证据推理与模型认知等素养的发展要求。例如，在"水溶液中的离子反应与平衡"主题设计、实施项目学习，海水酸化及防治、保护珊瑚礁、水垢的形成与去除、化肥的合理使用等情境素材，均符合项目学习的情境要求。

二是项目任务要指向化学学科核心素养发展，具有综合性与挑战性。项目学习基于真实的问题情境，项目任务将化学学科核心问题重新组合，具有综合性。面对项目任务，学生需要先将项目任务进行拆解，将真实的综合问题拆解为可解决的化学问题，在解决问题的过程中获得基础知识与基本技能，习得思路与方法，发展化学学科核心素养。例如，在保护珊瑚礁项目中，可将此项目拆解为"你认为珊瑚礁可能的成分是什么？""珊瑚礁是如何形成的？""温室效应加剧为什么会破坏珊瑚礁？""如何处理已经酸化的海水？"4个子任务。

三是项目内容主要由项目情境、项目任务、驱动问题构成，要注重学科知识与思路、方法的整合与融合，要呈现学科知识功能价值，体现学科思想和学科思维方法。项目内容中承载的核心问题要蕴含多元功能的学习活动，促使学生经历的完整项目学习过程既是培养化学学科核心素养的过程，也是进行高阶思维活动的过程。例如，在保护珊瑚礁项目中，学生解决4个子任务对应的核心问题时，既复习了水溶液中的离子反应与平衡主题的核心内容，也形成了分析解决综合复杂的水溶液问题的思路，进一步丰富和发展了电解质溶液认识模型。在项目设计中，为了确保学科思想和学科思维方法的形成，可以增设认识反思性问题，例如，"结合刚才对珊瑚礁的形成的分析，你认为厘清复杂水溶液体系的变化过程，需要考虑什么？"

四是项目评价主要聚焦在项目学习教学目标是否达成，学生在项目学习中的学习效率如何，是否对相关化学学科知识产生迁移，是否发生了深度学习，以及项目成果中是否真正体现了学生化学学科核心素养的发展等方面。

问题的解决

一、选择项目主题

"化学反应原理"模块项目主题的选择应秉持真实性、适切性、发展性原则。真实性是指项目主题所包含的核心项目任务是来源于生产、生活或实验研究的真实任务，而非主观臆造的任务；适切性是指项目任务解决过程中涉及的核心知识、学科认识应符合课程标准和学生认识发展特点；发展性是指项目主题所对应的项目学习内容具有化学学科核心素养发展价值，能促进学生知识的学习理解或迁移应用。教师可从化学学科核心素养发展价值和化学核心知识的社会应用价值两个维度选取具有综合性、挑战性的项目主题。项目主题可以采用主副标题相结合的形式，既呈现真实项目任务，也体现学科核心素养发展价值，如"揭秘索尔维制碱法和侯氏制碱法——化学平衡思想的创造性应用"。

二、确定项目学习目标

项目学习目标的设定要充分体现化学学科核心素养发展价值和社会应用价值，体现学生学科认识和高阶思维能力的发展，呈现素养达成的途径。例如，图 3-5-1 所示的"揭秘索尔维制碱法和侯氏制碱法"项目学习目标中，"学会分析溶液中的微粒和平衡，理解平衡之间的相互影响，能根据实际需求选择调控平衡移动的方法"就体现了化学学科核心素养发展价值和学科认识、高阶思维能力的发展；"体会化学原理的巧妙应用，了解我国科学家对制碱工作作出的巨大贡献"就体现了项目的社会应用价值；"通过认识制碱工业中复杂的多平衡体系""通过了解工业制碱的原理"则体现了素养达成的途径。

> **项目学习目标**
> - 通过认识制碱工业中复杂的多平衡体系，学会分析溶液中的微粒和平衡，理解平衡之间的相互影响，能根据实际需求选择调控平衡移动的方法。
> - 通过了解工业制碱的原理，体会化学原理的巧妙应用，了解我国科学家对制碱工业作出的巨大贡献。

图 3-5-1 项目学习目标示例（引自鲁科版高中化学教材）

三、确立项目任务，完成任务拆解

依据项目主题和项目学习目标，明确项目蕴含的基础知识、关键能力和价值观念，结合学生的认识发展特点，确立项目总任务。例如，在关于工业制碱的项目中，考虑到工业制碱原理的复杂性和系统性，以及学生缺少对工业生产实际的了解，可将项目总任务定位为"揭秘",而非"设计"。教师在确立项目总任务之后,需要对其进行任务拆解。在进行任务拆解时,首先需要基于真实问题解决逻辑,梳理出完成项目任务的若干子问题,再结合学生的认识发展特点和问题解决能力,对子问题进行筛选,确定由学生完成的项目子任务。例如,根据索尔维制碱法和侯氏制碱法的特点,将项目任务拆解为"解读索尔维制碱法"和"体会侯氏制碱法的创新"两个子任务。

四、根据项目任务设计驱动性问题

驱动性问题应指向项目子任务,借助情境素材将学生难以入手的问题转化为学科本质的问题。驱动性问题要具有促进学生深入思考问题、解决项目任务的作用。例如,在"解读索尔维制碱法"子任务中,作为必备的情境素材,要为学生提供索尔维制碱法的关键反应,但是怎样才能促使学生从微粒和微粒间相互作用的微观视角进行深入分析呢?教师需要进一步创设情境,促使学生产生认知冲突,进而提出驱动性问题。例如,提供实验模拟索尔维制碱法的方法和现象,基于实验现象提出图 3-5-2 所示的驱动性问题。

实验室模拟索尔维制碱法

实验目的

根据索尔维法的基本原理,探究能否通过将二氧化碳通入氨盐水来获得碳酸氢钠沉淀。

实验内容

模拟索尔维法的实验装置如图,锥形瓶中装有碳酸钙粉末,分液漏斗中装有稀硫酸,试管中装有氨盐水,并滴有酚酞溶液。用冰水浴降低试管内的温度。打开分液漏斗,观察二氧化碳通入氨盐水的现象。

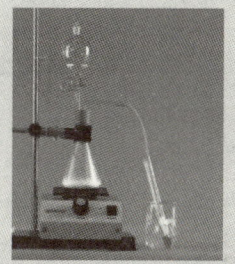

模拟索尔维法的实验装置

观察记录

开始反应　　　　15 min　　　　30 min　　　　45 min

不同反应时间下的现象

思考

1. 碳酸氢钠可溶于水,而索尔维法却能得到碳酸氢钠沉淀,试用化学平衡的原理解释原因。

2. 实验中氨盐水的作用是什么?为什么要先向饱和食盐水中通入氨气制得氨盐水,再通入二氧化碳?

3. 实验发现,酚酞完全褪色后才有沉淀逐渐析出。在整个实验过程中,溶液中微粒的种类、数量发生了什么变化?原因是什么?

图 3-5-2　项目学习驱动性问题示例(引自鲁科版高中化学教材)

五、反思总结，建构知识与方法体系

在驱动性问题的引领下完成项目任务后，教师一定要设置项目梳理环节，帮助学生从具体任务中"跳出来"，基于项目任务解决过程，梳理所用到的核心知识，概括、提炼问题解决的思路方法，建构知识与方法体系。图3-5-3为"揭秘索尔维制碱法和侯氏制碱法——化学平衡思想的创造性应用"项目的反思总结任务设计。

项目成果展示 ▶▶

1. 回顾本项目的学习，归纳总结当遇到复杂的真实溶液问题时应采取的分析思路。

2. 总结通过本项目的学习形成的对溶液中的离子平衡和平衡移动的新认识。

3. 从反应原理的角度向同学们介绍我国化学工业科学家侯德榜对制碱工业作出的巨大贡献。

图3-5-3　项目的反思总结任务设计示例（引自鲁科版高中化学教材）

【案例】

探秘土壤红斑的成因与改良——盐类的水解

【课标分析】

盐类的水解是"化学反应原理"模块主题3"水溶液中的离子反应与平衡"的核心教学内容，课程标准在内容要求中明确提出"认识盐类水解的原理和影响盐类水解的主要因素"；在学业要求中明确提出"能用化学用语正确表示水溶液中的离子反应与平衡，能通过实验证明水溶液中存在的离子平衡，能举例说明离子反应与平衡在生产、生活中的应用""能从电离、离子反应、化学平衡的角度分析溶液的性质，如酸碱性、导电性等""能综合运用离子反应、化学平衡原理，分析和解决生产、生活中有关电解质溶液的实际问题"；在教学提示中建议"结合自然现象（如海水的酸碱性及其变化）、生活问题的解决（如明矾净水）、生产实际（如矿石中有效成分的提取），组织学生开展分析解释、方案设计等活动，促进学生认识水溶液中的离子反应与平衡对生产、生活和社会发展的作用"。根据上述课标要求，如何基于选择真实情境、设计项目任务是在盐类的水解相关内容教学中实施项目学习的关键。

【设计思路】

本案例以"探秘土壤红斑的成因与改良"为真实问题解决任务，结合真实情境设计了一些分析解释、推论预测、实验验证任务，以问题驱动的方式，将概念构建与证据推理相结合，让学生在提出假设—设计实验—获取证据—分析证据的过程中逐一突破障碍点，在教学过程中将化学学科核心素养发展与项目任务解决有效地融合起来。

【学习主题】

探秘土壤红斑的成因与改良——盐类的水解

152

单元3 「化学反应原理」模块教学关键问题

【学习目标】

1. 知道盐类水解的原理，能用化学用语表述盐类水解的过程。

2. 能结合实验，分析温度、浓度和外加酸、碱、盐对盐类水解平衡的影响。

3. 能应用水解平衡及其移动原理，设计并调控实验，解决多平衡体系协同竞争的问题。

4. 基于盐类水解动态可逆，进一步提升和发展平衡思想。

【学习活动和评价】

环节	核心活动	评价指标
环节 1 （第 1 课时）	依托真实情境，建构分析盐类水解的模型：小组合作讨论，以氯化铵溶液为载体分析水溶液的酸碱性，并用实验加以验证，初步建立分析盐溶液的模型	学生能否从溶剂、溶质的角度分析水溶液的微粒种类； 学生能否找全溶液中的微粒，判断微粒间是否有相互作用，能否关注到弱相互作用间的平衡； 学生能否分析出溶液的酸碱性，在分析过程中能否关注到水的电离平衡的正向移动
环节 2 （第 1 课时）	继续依托真实情境，应用模型，使用化学符号表征盐类水解：小组合作分析有没有使土壤呈碱性的化肥，以浓度均为 0.10 mol/L 的两种盐为例，预测它们在水中会发生什么行为，并用符号进行表征，归纳总结盐类水解的规律	学生能否正确使用模型，分析出两种盐溶液的酸碱性，能否概括归纳盐类水解的实质和规律； 学生能否分析复杂溶液体系，能否关注到溶液中离子的竞争关系，能否分析解决综合复杂问题； 学生能否根据实验事实，准确运用符号表征盐类水解
环节 3 （第 2 课时）	探究盐类水解的影响因素： 1. 影响盐类水解的因素 2. 探秘土壤红斑的成因 3. 酸性土壤的改良方法	学生能否基于真实情境寻找合适的证据，能否基于合理施肥找到酸性土壤的改良方法

【教学实施过程】

第 1 课时　探秘化肥对土壤的影响

环节	活动实录	点　评
情境引入	教师展示图片：土地酸化，幼苗死亡。给出专家的结论：土壤酸化是由过度使用化肥造成的。 教师：通过今天的学习，我们一起来寻找答案。 学生倾听、思考：一个农业问题与我们这节课有什么关系？ 教师：同学们思考如下几个问题。 【问题 1】大家了解的化肥有哪些？ 学生思考讨论，回答问题，知道几种常见的化肥。 （教师写副板书：列出一些常见的铵盐和硝酸盐。） 教师（继续追问）：化肥真的能使土壤酸化吗？我们选取最常用的氮肥（铵盐）来探究这一问题	从人人关心的土地、环境出发引入课题，让学生体会到化学与人类的生产生活息息相关，提升化学学科的价值观。 找到一种合适的化肥，为分析盐类水解做铺垫。 重新认识化肥的概念，思考化肥与土壤的关系

环 节	活 动 实 录	点 评
建构模型	【任务1】大家以 NH_4Cl 为例，分析它到底会不会使土壤酸化，为什么？把你们讨论分析的过程用化学符号在白纸上展示出来。 （学生小组讨论分析，把过程写在白纸上。） 教师根据学生分析的实际情况，找几个有代表性的观点加以分析、引导（哪个同学只想到了哪一步，缺少了哪个关键步骤）。 学生分析情况展示。在分析过程中，有的学生只想到了消耗氢氧根，没想到水的电离平衡移动，也得出了酸性的结论；有的同学想到了水的电离平衡发生正向移动，这就产生了认知冲突。 教师：到底哪些同学分析得更全面，我们如何来解决这一冲突呢？ （学生根据实验盒内提供的物品，想到了 pH 的测定的实验，再进行分析。） （学生测得氯化铵溶液的 pH 大约是 6，就这一数值展开讨论。） 教师提出问题：pH 大约是 6，说明了什么？ （学生展示自己的观点，并说出理由。此时大部分学生意识到 H^+ 浓度增大了，是根据 K_w 不变得到的，还有学生说出水解很微弱。） （教师趁热打铁给出氯化铵水解很微弱的资料。） 教师：请思考，根据前面学过的知识，进行微观探析寻找答案。核心问题是：为什么氢离子浓度大于氢氧根浓度？ （学生最终得出盐的水解促进了水的电离平衡正向移动的结论。） （教师分析学生写出氯化铵水解的离子方程式，展示学生书写的氯化铵水解离子方程式，并将整个分析过程用板书展示出来。） （根据学生运用符号表征的情况，教师和学生一起归纳总结盐类水解离子方程式的注意事项。） 【问题2】所有的化肥都能让土壤酸化吗？大家分析一下 KNO_3 溶液，它是否能使土壤酸化？汇报分析的结果。 （学生开始讨论分析，汇报并说出理由。）	学生通过自己的分析和实验验证来突破盐类水解的实质问题：① NH_4Cl 在水中能电离；② 学生在讨论溶质的问题时能够想到溶剂水；③ 能够想到溶质和溶剂相互作用；④ 二者的相互作用会对原来水的电离产生影响。 培养学生自主分析问题的能力，让学生能够在掌握核心知识上得到生长，至此本节的重难点得到突破。 通过理论分析和实验，学生意识到盐类水解是多体系动态平衡。 培养学生多角度分析问题和实事求是归纳总结的能力。 以简单的化肥为例，应用刚刚建立的模型，探查学生掌握情况（思路和符号表征是否正确）
迁移应用	教师：大家想一想，是不是所有的能水解的盐都呈酸性呢？下面大家来分析一组盐溶液，浓度均为 0.10 mol/L 的 CH_3COONa 溶液、Na_2CO_3 溶液，预测这两种盐在水中会发生什么行为？ （学生认真思考、分组讨论，展示结果。） 教师：为了验证我们对几种不同盐的分析，下面进行实验验证。 【实验探究】分组实验：用 pH 试纸测定以上盐溶液的 pH，测定的酸碱性和预测的一致吗？ 学生：实验与理论分析的结果是一致的。 （教师给出一组盐，让学生分析并填写下表。）	知识迁移，模型应用，寻找规律，提升学习能力，学生掌握较好，绝大部分学生能自主分析，并用符号表征。

环节	活动实录	点评
	<table><tr><td>组别</td><td>物质</td><td>分析盐溶液的酸碱性</td><td>盐的组成</td></tr><tr><td rowspan="2">第一组</td><td>NaCl</td><td></td><td></td></tr><tr><td>NH₄Cl</td><td></td><td></td></tr><tr><td rowspan="2">第二组</td><td>KNO₃</td><td></td><td></td></tr><tr><td>NH₄NO₃</td><td></td><td></td></tr><tr><td rowspan="2">第三组</td><td>CH₃COOK</td><td></td><td></td></tr><tr><td>CH₃COONa</td><td></td><td></td></tr></table>	学生已经掌握了盐类水解的规律，感知盐溶液可以呈酸性、碱性和中性。这与自己的理论分析是一致的，产生一种成就感。
迁移应用	（学生能较快地填好表格。） 【问题3】你能根据前面的分析总结出盐类水解的概念吗？（盐类水解的条件和实质） （学生能总结出盐类水解的概念，但对其实质和条件还不能在头脑中实现转化。知道什么样的盐能水解，也知道促进了水的电离。） （教师完善概念。） 【小结】通过本节课的探究，铵盐这类化肥的使用确实能使土壤酸化，根本原因是它们在水中能水解。 教师：其实化肥的种类很多，也有一些是碱性的，如碳酸氢铵、尿素等，盐类的水解在实际生产生活中的应用是非常广泛的，有人把盐类的水解编成了下面的顺口溜，你是怎样理解的？ 有弱才水解，无弱不水解； 谁强显谁性，同强显中性。 教师再次展示土壤酸化图片，提出土壤出现红斑的原因，让学生课下思考解决，为下节课盐类水解的应用问题做铺垫	培养学生归纳总结、语言表达的能力，检验课堂效果。 这种教与学的过程，由引导式教学代替了传统的教师直接分析讲解，发展了学生的演绎思维，提升了学生的学习能力和认知水平，同时增强了学生的自信心。

第2课时 探秘土壤红斑的成因与改良

环节	活动实录	点评
情境引入	教师展示 PPT 图片（图3-5-4），内容为第一节课后思考问题。科学研究分析表明，红色斑状物主要是由于酸性土壤中的铁离子溶解，迁移汇集到土壤表面，经过雨水太阳暴晒，从而形成了铁的氢氧化物和铁的氧化物。请同学们思考：哪些因素会促进迁移到土壤表面的 Fe^{3+} 形成氢氧化铁？如何解决土壤酸化问题？ 学生应用已有知识分析，猜测可能的原因是由氧气、碱、水或多重因素共同作用的结果。经讨论，水为主要原因，应用第一节知识书写出 Fe^{3+} 水解的离子方程式。 教师引导学生应用模型分析溶液中的粒子和土壤红斑的成因，通过情境助学，教材自学，学案导学，诊断学生对土壤红斑的预测，及时反馈评价，帮助学生突破抽象的微观认知障碍，激发学生的学习热情	从学生的角度，本环节能够承接第一节内容，通过真实的情境，让学生对于本节课的内容有初始的判断，图片生动，有极强的代入感，激发学生的探究兴趣。

环节	活 动 实 录	点 评
情境引入	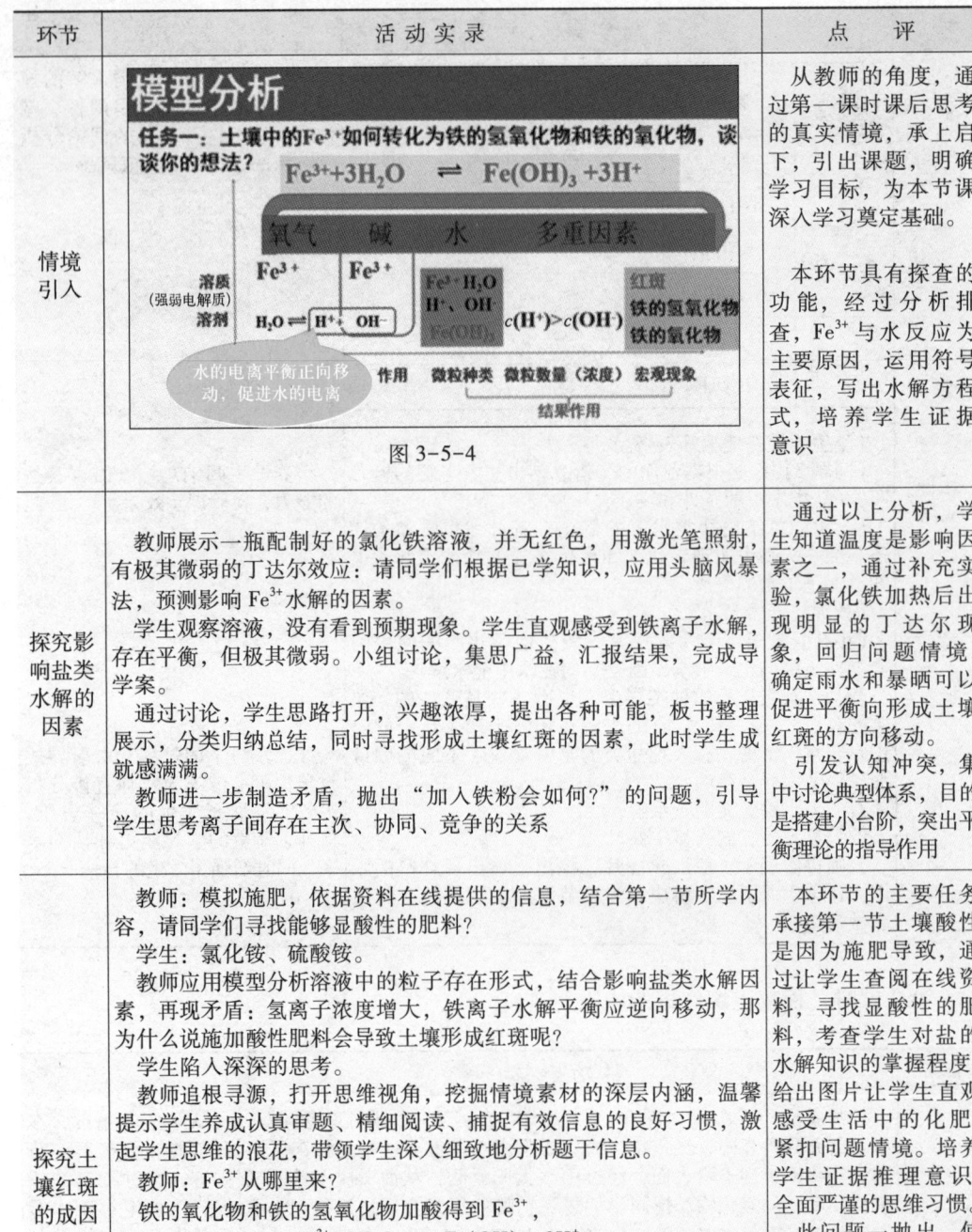 图 3-5-4	从教师的角度，通过第一课时课后思考的真实情境，承上启下，引出课题，明确学习目标，为本节课深入学习奠定基础。 本环节具有探查的功能，经过分析排查，Fe^{3+} 与水反应为主要原因，运用符号表征，写出水解方程式，培养学生证据意识
探究影响盐类水解的因素	教师展示一瓶配制好的氯化铁溶液，并无红色，用激光笔照射，有极其微弱的丁达尔效应：请同学们根据已学知识，应用头脑风暴法，预测影响 Fe^{3+} 水解的因素。 学生观察溶液，没有看到预期现象。学生直观感受到铁离子水解，存在平衡，但极其微弱。小组讨论，集思广益，汇报结果，完成导学案。 通过讨论，学生思路打开，兴趣浓厚，提出各种可能，板书整理展示，分类归纳总结，同时寻找形成土壤红斑的因素，此时学生成就感满满。 教师进一步制造矛盾，抛出"加入铁粉会如何？"的问题，引导学生思考离子间存在主次、协同、竞争的关系	通过以上分析，学生知道温度是影响因素之一，通过补充实验，氯化铁加热后出现明显的丁达尔现象，回归问题情境，确定雨水和暴晒可以促进平衡向形成土壤红斑的方向移动。 引发认知冲突，集中讨论典型体系，目的是搭建小台阶，突出平衡理论的指导作用
探究土壤红斑的成因	教师：模拟施肥，依据资料在线提供的信息，结合第一节所学内容，请同学们寻找能够显酸性的肥料？ 学生：氯化铵、硫酸铵。 教师应用模型分析溶液中的粒子存在形式，结合影响盐类水解因素，再现矛盾：氢离子浓度增大，铁离子水解平衡应逆向移动，那为什么说施加酸性肥料会导致土壤形成红斑呢？ 学生陷入深深的思考。 教师追根寻源，打开思维视角，挖掘情境素材的深层内涵，温馨提示学生养成认真审题、精细阅读、捕捉有效信息的良好习惯，激起学生思维的浪花，带领学生深入细致地分析题干信息。 教师：Fe^{3+} 从哪里来？ 铁的氧化物和铁的氢氧化物加酸得到 Fe^{3+}， $$Fe^{3+}+3H_2O \Longrightarrow Fe(OH)_3+3H^+$$ 化肥使土壤酸化的作用结果，实际上是先使土壤深层的铁的氧化物、氢氧化物溶解，铁离子汇聚迁移到土壤表面，后发生水解反应，再现反应主次协同的问题。 学生恍然大悟，情境素材要用好。 教师：真的是因为雨水和暴晒就形成红斑了吗？老师在实验室模拟了一下，在氯化铁溶液中加入氯化铵固体，加热蒸干，最终得到这样的红棕色固体，经实验检测主要成分为 Fe_2O_3。同样条件下，在氯化铁溶液中加入硫酸铵固体，会怎样呢？请同学们预测。	本环节的主要任务承接第一节土壤酸性是因为施肥导致，通过让学生查阅在线资料，寻找显酸性的肥料，考查学生对盐的水解知识的掌握程度。给出图片让学生直观感受生活中的化肥，紧扣问题情境。培养学生证据推理意识，全面严谨的思维习惯。 此问题一抛出，使原本活跃的学生陷入沉思，和学生已有认知发生了激烈的矛盾冲突，学生百思不得其解。课堂上出现了"无声胜有声"的场面。

环节	活 动 实 录	点 评
探究土壤红斑的成因	学生：差不多，一样吧！ 教师展示实验图片（图3-5-5） (a) Fe$_2$O$_3$　　(b) Fe$_2$(SO$_4$)$_3$ 图3-5-5	实验验证了雨水和暴晒后土壤红斑的成因，凸显盐类水解的应用，并解释配制、储存、获得固体的过程中加入酸的原因，同时对比不同阴离子，对同一环境的作用结果不同，土壤形成红斑的程度不同，凸显控制变量的思想
酸性土壤的改良方法	教师：酸性土壤是红斑形成的主要原因，那么，同学们设想一下，我们用化学知识如何进行改良呢？ 学生：施加碱性肥料，减低土壤的酸度。 教师：利用在线资料，请同学们选取显碱性的肥料。 学生对碳酸氢铵的酸碱性产生怀疑。 教师鼓励学生自主完成两个实验，分析实验现象，寻找证据，得出结论。 学生找到碳酸钾、碳酸氢钠，自主完成实验，写出相关的水解方程式。 在 FeCl$_3$ 溶液中，存在 Fe^{3+} 水解平衡： $$Fe^{3+}+3H_2O \rightleftharpoons Fe(OH)_3+3H^+$$ 在 K$_2$CO$_3$ 溶液中，存在 CO$_3^{2-}$ 水解平衡： $$CO_3^{2-}+H_2O \rightleftharpoons HCO_3^-+OH^-$$ $$HCO_3^-+H_2O \rightleftharpoons H_2CO_3+OH^-$$ $$2Fe^{3+}+3CO_3^{2-}+3H_2O \rightleftharpoons 2Fe(OH)_3\downarrow +3CO_2\uparrow$$ 教师：经以上分析，对于酸性土壤我们应如何改良呢？我们来听一听专家的建议（播放视频）。 教师课堂回顾进行小结。 1. 影响盐类水解的因素 2. 探秘土壤红斑的成因 3. 酸性土壤的改良方法 教师：同学们，今天我们所做的真实情境的课题研究，只是知识海洋中的沧海一粟，生活处处皆化学。愿同学们掌握和应用化学知识，解决生活中的真实问题	依据学生认知规律，不断制造矛盾冲突，聚焦障碍点，升华主题，解释发生剧烈双水解反应的原因，铺垫离子不共存的问题。 本节课的明线是土壤红斑的成因，暗线为影响盐类水解的因素。教师通过板书设计，厘清脉络，夯实重点。 梳理逻辑顺序，把握知识内涵，凸显大概念下真实问题解决的整体思路和方法，让情境伴随始终

（案例提供者：北京一零一中学怀柔分校　赵晓慧　魏洪波）

【案例说明】

本教学案例经历了一次备课、一次试讲和一次正式讲的实践环节，在备课、试讲过程中，设计思路进行了调整和改进。

教师在初始教学设计时，将"土壤酸化与红斑形成"仅作为情境引入，后续盐类水解及影响因素的探究仍旧回到教材提供的素材和问题线索中，没有实现对情境问题的探索与解决，没有体现项目学习的特征。备课时，围绕"土壤酸化与红斑形成"设计问题线索，通过"化肥真的会使如导致土壤酸化吗？""所有的化肥都会导致土壤酸化吗？""雨后、曝晒为什么会形成土壤红斑？""如何优化改良化肥？"等问题探究，将盐类水解及其影响因素的探究与真实问题解决融合，体现出项目学习的特征。

教师在试讲时，以施肥为主线，最后合成了土壤改良剂碳酸亚铁，内容丰富，但线索比较多，学生驾驭项目任务有困难。根据试讲情况，将教学线索调整为以一条逻辑线为主，解决项目中的真实问题，任务更加聚焦、具体。此外，还将演示实验转化为学生分组实验，补充了创新实验。

指导建议

一、将项目学习相关理论与促进学生认识发展的教学理论相结合，促进项目学习的素养发展功能

在进行项目学习设计时，除了基于项目学习特征选择项目主题、确定项目学习目标、确立项目任务、拆解项目任务、设计驱动性问题、梳理项目学习成果外，教师还要聚焦项目任务中包含的核心概念，基于核心概念所在的概念原理内容主题确定认识模型和学习进阶路径，结合项目进行学习内容分析和学习者分析，确定知识发展线索和认识发展线索，再与项目拆解时得到的真实问题解决线索相关联，形成三条线索相互融合的项目学习任务链。

二、基于课程标准和学生实际确立项目

确立项目是项目学习设计与实施的关键，教师可依据图 3-5-6 所示程序确立项目。

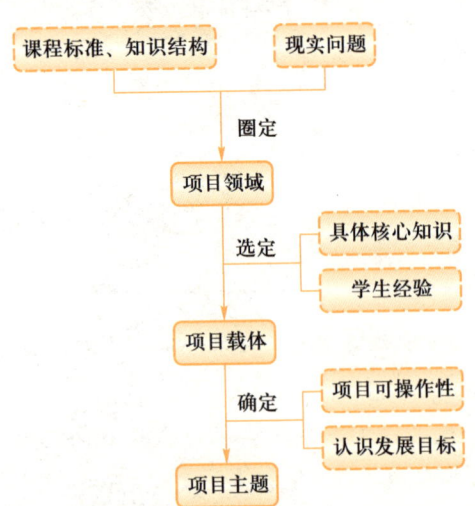

图 3-5-6　确立项目的基本程序

其中，现实问题可以是社会热点问题、生活常见问题、生产核心问题和科研关键问题。

三、基于子任务设计具体项目活动

设计具体项目活动时，教师要注意分析活动的认识发展价值，分清主次，确保核心活动的活动时间和空间；要分析学生能力，确保任务难度的合理性；要尽可能保证活动形式的多样性；还要做好活动任务的完成时段分配，必要时，可以设计课内外相结合的活动。此外，还要考虑为活动实施提供相应的资源支持。

单元 4 "物质结构与性质"
模块教学关键问题

4-1 怎样整体理解"物质结构与性质"模块的内容价值？

这个教学关键问题是基于核心素养的高中化学选择性必修课程教学的认识性问题，主要讨论"物质结构与性质"模块内容的教学价值，提升教师对本模块内容的理解，并为单元教学设计做准备。通过对这个教学关键问题的分析和解决，希望教师能够：

- 从研究问题和研究方法的角度，明确本模块的研究对象和认识方式。
- 从模型建构的角度，体会本模块对学科思维发展的价值。
- 认识本模块对材料、生命科学发展的重要贡献。

4-1-1 "晶体模型的构建与应用"
单元的内容价值分析（尹博远）

4-1-2 "晶体模型的构建与应用"
关键活动分析（尹博远）

 问题的提出

谈到内容价值，教师通常会想到激发学生兴趣、解决某些学科问题、形成基本思路方法、体会化学的应用和社会价值等。但是"物质结构与性质"模块的概念抽象、难度大、实验少，不容易激发学生兴趣。另外"物质结构与性质"模块特例多，理论模型多且边界模糊，很多教师都感觉难以概括出普适性的思路方法，让学生体会结构知识的应用与社会价值也比较困难。很多教师都认为"物质结构与性质"模块内容的价值难以概括并让学生体会到。因此有必要讨论这一问题。

 问题的分析

一、"物质结构与性质"模块的研究对象和认识方式

明确模块的研究对象和总体认识方式，对学生深入理解学科具有重要价值。化学学科是在原子、分子层面上研究物质组成、结构、性质、转化及其应用的一门基础科学。课程标准中"物质结构与性质"模块包含三个主题，分别是"原子结构与元素的性质""微粒间的相互作用与物质的性质""研究物质结构的方法与价值"。前两个主

题反映了高中阶段"物质结构与性质"模块的基本研究问题，也是重要的认识对象；第三个主题指出了相关的研究方法与价值，需要充分体会并融合在前两个主题的内容中。

主题1"原子结构与元素的性质"包含"原子核外电子的运动状态""核外电子排布规律""核外电子排布与元素周期律（表）"等核心内容。其中，"原子核外电子的运动状态"是基础，人们利用原子轨道等概念来描述核外电子能量的差异，并通过光谱研究揭示了"核外电子排布规律"，进而从微观角度完善了"核外电子排布与元素周期律（表）"之间的关联，进一步打通了"位-构-性"之间的关系，将副族元素纳入其中，扩展了对价电子的认识，对宏观辨识与微观探析素养有明显的促进作用。其中，元素原子得失电子能力是一条重要的线索，一方面它是电子分层排布的结果，另一方面它也是元素周期律（表）要讨论的重要问题。电离能、电负性这些指标所要说明和比较的正是元素原子得失电子的能力，而这也是讨论元素代表物性质和研究化学反应本质的重要基础。

主题2"微粒间的相互作用与物质的性质"包含"微粒间的相互作用""共价键的本质和特征""分子的空间结构""晶体和聚集状态"等核心内容。其中，"微粒间的相互作用"是一个重要的统摄性概念，既包括共价键（含配位键）、离子键、金属键等经典的化学键，也包括范德华力和氢键等分子间相互作用。"共价键的本质和特征"具有明显的承上启下的作用，一方面不同原子得失电子能力的差异导致了成键方式的不同，另一方面不同化学键的特点也影响着晶体类型和微粒排布方式。在各种相互作用中，共价键具有最为重要的地位，共价键的本质和特征既有科学史上的重大意义，也是学生认识分子空间结构的基础。"分子的空间结构"是分子与物质性质之间的桥梁，分子的手性和极性影响物质的旋光性和溶解性等。"晶体和聚集状态"一方面是微粒间相互作用的结果，另一方面也影响物质的性质。其中晶体是一类非常重要的聚集态，通过晶体结构的测定可以获得物质结构的信息，也可以通过人为调控和设计获得具有特定功能的结构和材料。

通过这两个主题，应当让学生明确"物质结构与性质"模块认识对象和研究问题的层次性。在原子层面上，关注原子结构与原子半径、电离能、电负性等元素性质的关系（或者说原子结构与得失电子能力的关系）；在分子层面上，关注共价键类型与分子空间结构，分子对称性与手性、极性等分子性质的关系，以及分子极性、分子间作用力与溶解性、熔沸点等物质性质的关系；在聚集态层面上，关注微粒间的相互作用与晶体结构的关系，关注晶体结构与各向异性、熔点和沸点等物质性质的关系。只有明确这种层次性，学生才能真正体会"结构决定性质"这一学科观念的具体内涵，才能明确"何种结构"决定"哪些性质"，才能真正获得宏观辨识与微观探析素养的发展。另外，"尺度"是科学领域的一个重要的跨学科概念，有层次性地学习"物质结构与性质"模块有助于加深学生对"尺度"概念及其重要性的认识，也有助于比较不同尺度问题的研究思路。

通过这两个主题，应当让学生形成认识结构问题的基本角度和思路。纵观物质在原子、分子和聚集态等不同尺度上的结构特点，实际上都是从"微粒种类""相互作用""空间排布或关系"三个角度来研究的。在原子层面上，关注原子的构成微粒，核与电子间的相互作用以及核外电子的排布规律；在分子层面上，关注构成分子的原子种类和数目，进而分析形成共价键或分子间的相互作用类型，在此基础上推测分子的空间构型；在聚集态层面上，关注晶胞中微粒的种类、数目，晶体的类型以及微粒的空间排布情况。因此，"微粒种类""相互作用""空间排布或关系"是认识物质结构特点的三个基本角度，其中微粒种类影响相互作用类型，相互作用类型又影响微粒的空间排布，由此可以形成认识结构问题的基本思路和推理路径。

二、结构模块涉及的研究方法与价值

课程标准在"物质结构与性质"模块主题 3 中提到与研究方法与价值相关的三方面问题，分别是"物质结构的探索是无止境的""研究物质结构的方法""研究物质结构的价值"。将这些研究方法与价值独立出来作为一个主题，足以说明课程标准对这部分内容的重视。教师需要考虑这部分内容与主题 1、主题 2 核心知识的结合点。

"物质结构的探索是无止境的"表明了一种科学态度与精神，这既是对化学发展史的总结，也是对未来学科发展的预判。在使用与物质结构相关的化学史和科技前沿材料时，教师需要关注这个方面价值的提炼、点拨和引领。另外，"物质结构的探索是无止境的"还与"尺度"这一重要跨学科概念相关，课程标准明确提到"了解从原子、分子、超分子等不同尺度认识物质结构的意义"。对主题 1 和主题 2 的具体内容具有统摄作用，可以作为模块复习的框架和线索。

"研究物质结构的方法"部分中，一方面有对具体研究方法的要求，课程标准明确提到"原子光谱、分子光谱、晶体 X 射线衍射等是测定物质结构的基本方法和实验手段"。另一方面还有对抽象的学科思想方法的要求，如"认识物质的空间结构可以借助某些实验手段来测定，通过这些手段所获得的信息为建立物质结构模型或相关理论解释提供支撑"。这实际上是对模型建构和探究教学提出的要求。在教学中应当让学生一方面认识到化学研究并不只是"瓶瓶罐罐"，技术手段的进步对物质结构研究产生了巨大的推动作用；另一方面体会到物质结构研究基于实证的客观性，以及对数据解读、解释和提出新猜想过程中体现出来的创造性。

"研究物质结构的价值"部分聚焦结构与物质性质的关系，点明了结构研究的主要功能——"物质结构的研究有助于发现具有预期性质的新物质，以及为设计与合成这些新物质提供理论基础"。同时指出"认识研究物质结构有助于了解材料的结构与性能的关系，对优化物质结构、改善材料性能具有重要意义。了解生命科学中许多重大问题的解决均需要物质结构理论与分析测试技术的支持"，点明了与物质结构紧密相关的两个重点研究领域——材料科学和生命科学。这为教师选取情境素材提供了方向和依据。

在明确了"物质结构与性质"模块的研究对象和认识方式，及其承载的多维度价值之后，当务之急是找到一个载体，将这两者联系起来。而模型建构正是这样一个载体。

模型建构是科学研究中的一种重要思想方法，也是"证据推理与模型认知"素养的重要体现。课程标准中，"物质结构与性质"模块的学业标准和教学策略部分多次提到模型建构。例如，在主题1的学业要求中明确提到"能说明建构思维模型在人类认识原子结构过程中的重要作用，能论证证据与模型建立及其发展之间的关系"；在主题2的学业要求中也提到"能运用离子键、配位键、金属键等模型，解释离子化合物、配合物、金属等物质的某些典型性质""能借助分子晶体、共价晶体、离子晶体、金属晶体等模型说明晶体中的微粒及其微粒间的相互作用"。重视模型建构意味着不只是将知识视为结论，同时还要关注其形成过程和经历的思维，强调其中的推理论证和形成的可迁移的角度和思路。

模型既包括实体模型（如球棍模型、电子云模型等教具），也包括思维模型。课程标准强调的主要是思维模型的建构。从模型的特点和功能角度看，一般分为"解释性模型"和"规律性模型"。"解释性模型"侧重提供理论解释，典型的例子包括原子结构模型、共价键模型、杂化轨道理论等。从广义上说，各种化学理论都可以视为解释性模型。"规律性模型"侧重概括和建立变量之间的关联，典型的例子包括元素周期律、金属活动性顺序、质量守恒定律等。通常可以将很多定律、定理视为规律性模型。除此之外，还可以将"表征方式"也视为一类模型，表征性模型研究的并不是化学本体问题，而是对结果的表征方式，典型例子如"晶胞选取规则"，它是一种出于研究方便而进行的人为规定。

将科学理论、规律视为模型，更能反映真实科研的常态，体现科学本质。特别是对解释性模型而言，针对同一个问题，解释性模型往往不止一种，模型之间存在竞争关系。例如，共价键理论、杂化轨道理论、分子轨道理论（高中不要求掌握）就是对成键本质的不同回答。它们之间既有关联也有区别，并且在化学研究中同时被使用。这就需要培养学生比较和评价模型的能力，让学生意识到各种模型背后的基本假设、模型的局限性和适用范围等。模型建构也是一种科学探究过程。模型在本质上是一系列假设的复合体，基于这些假设可以进行理论解释和推演。好的模型能够解释更多的问题，遇到更少的矛盾，并能做出更有预测性的推论。因此，注重模型建构可以让学生体会到客观世界的复杂性，同时理解人类认识世界的过程、方法及其局限性。避免因为遇到"不唯一的结论"而陷入对化学学科的怀疑中。

模型建构还是一种重要的学习方式和教学策略。课程标准在"物质结构与性质"模块主题1的教学策略中提到"利用氢原子和多电子原子光谱所产生的复杂现象，引导学生反思已有理论模型的局限，建立新的原子结构模型。借助科学史的故事和素材多角度展示人类对微观结构的认识过程，促进学生对科学本质的理解"。在主题 2 的教学策略中提到"关注不同类型微粒间相互作用概念的形成和发展思路，充分利用建立这些概念所使用的关键证据，通过实验事实和数据的对比，引发学生的认知冲突，引导学生进行解释，促使学生反思原有的概念模型的局限性，深化对微粒间相互作用模型的认识"。可见，模型建构是学习和理解这些抽象内容的重要方式。通过比较不同模型的差异，可以理解模型背后的理论观点，以及模型演化过程中的关键问题和证据，最终对研究问题本身形成更深入的认识。例如，对共价键、杂化轨道和配位键理论，要通过模型比较让学生认识到这些理论之间的关联，经典共价键理论的局限性（键角、超越 8 电子稳定结构等），以及杂化轨道和配位键理论对经典共价键理论的发展等。

✏️ 指导建议

在实践中关注"物质结构与性质"模块的内容价值，可以帮助教师明确课程设计的定位、立意和确定学习目标。"物质结构与性质"模块内容抽象，理论繁多，并且很多理论本身有"竞争性"（如杂化轨道理论和分子轨道理论），或者边界模糊（如共价键和离子键），教师在单课时教学设计中通常会"就概念讲概念"，强调概念结论的理解，这就会使教学细碎、抽象，并且容易得出有争议的结论，或者陷入不同理论解释带来的迷思中。关注"物质结构与性质"模块内容的价值，整体把握单元学习目标，可以减少此类问题，使学生在学习中获得多方面的收获。下面以"晶体模型的构建与应用"单元教学为案例，呈现其单元学习目标的设计，目的是讨论如何挖掘"物质结构与性质"模块内容的素养发展价值，确定单元学习目标，并说明单元学习目标确定的一些注意事项。

【案例】

晶体模型的构建与应用（单元学习目标的确定）

【单元学习主题】

晶体模型的构建与应用——"晶体与聚集状态"单元教学

【单元学习目标】

1. 通过建立模型，能主动从微观角度看待晶体与非晶体的区别；能结合实例描述晶体中微粒排列的周期性规律，能提出和理解晶胞选取规则，并基于此分析简单晶胞中微粒的种类、数量和空间关系，并从这些角度分析金属晶体和离子晶体等典型晶体的结构。

2. 通过晶体生长和拆解等实验事实，能证据关联推测出晶体微观结构具有周期性有序排列特征；通过晶体的模型宏微观特征联系，能推测固定熔点、各向异性等宏观特征背后原因。

3. 通过史料分析、设备和软件支持，设计实验探究、验证晶体微观结构特征，认识到 X 射线衍射等技术手段对研究物质结构的重要作用。

4. 通过科学史熏陶，能认识到人类对物质结构的认识在不断发展；能欣赏物质结构的研究及其理论发展对化学学科发展的贡献。

通常在晶体、晶胞等内容的教学中，教学目标直接指向晶体"自范性"和"各向异性"等概念的辨析与理解，以及晶胞计算等技能的掌握。如果晶体特征与晶胞计算、各种具体晶体结构的分析之间缺乏关联，学生就会不清楚为什么要学习晶体的"自范性"和"各向异性"以及晶胞计算。

在这个案例中，第1条单元学习目标就明确从宏观与微观两个视角来认识晶体，目的是认识到晶体中微粒排列的周期性重复规律。在此基础上认识晶胞及其选取规则，用重复结构单元认识、表征无限重复结构，体现了"小中见大""宏微结合"的思想。第2条单元学习目标阐述了这种"小中见大"的思想是如何形成的——通过晶体生长和拆解实验，刺激学生基于证据推测晶体的微观结构，并解读固定熔沸点、各向异性等其他性质加以佐证。第3、4条单元学习目标补充了结构内容其他方面的价值，并明确了具体载体和实现手段。

第1条单元学习目标的提出在很大程度上依赖于对"物质结构与性质"模块认识对象和认识方式的理解。教师不是就事论事地讲解"自范性""各向异性"等概念，而是回到本模块研究的基本问题——宏观晶体特征与微观晶体结构的关系上。不是通过概念去区别晶体和非晶体，而是通过晶体宏观特征激发和外显学生的微观想象。关注学生对晶体结构的微观想象中是否体现了微粒种类、数量和空间关系等基本认识角度，再去解释"各向异性"等特征。该取证、解释与论证过程，本质上就是模型建构的过程，也是第2条单元学习目标的核心内容。可见，明确"物质结构与性质"模块的认识对象和认识方式，关注模型建构这一核心学科思想方法，对单元教学的整体定位和目标确定具有重要的意义。

如何整体规划"物质结构与性质"模块的单元教学?

这个教学关键问题是基于核心素养的高中化学选择性必修课程教学的实践性问题，使教师在理解物质结构与性质模块内容价值的基础上，通过概括梳理知识结构和认识方式，提升整体规划"物质结构与性质"模块的单元教学的能力，提升对"物质结构与性质"模块本体的理解，并为单元教学设计做准备。通过对这个教学关键问题的分析，希望教师能够：

- 分析单元内容，明确核心知识及其功能价值。
- 基于研究对象和认识方式，梳理单元教学内容间的关系。
- 基于模型建构、理解、应用、反思，规划单元任务与学习活动。

4-2-1　"晶体模型的构建与应用"　　　4-2-2　"晶体模型的构建与应用"
第1课时课堂实录片段（梁国兴）　　　第2课时课堂实录片段（梁国兴）

 问题的提出

化学学科中，结构化学作为物理化学的分支，其内容比较抽象，概念、理论较多，并且部分理论并没有定论，多个理论在科学研究中并行使用。高中阶段"物质结构与性质"模块的内容也具有类似的特点，这给教师把握学科本体问题和教学深广度带来了一定的困难。部分教师只重视结论讲解，非常容易出现科学性错误。

在实践中，"物质结构与性质"模块的教学通常呈现知识散点化，容易出现"就概念讲概念"的现象，核心知识的功能不明确，学生在学习中比较被动，需要进行大量记忆。这就进一步增加了本模块的学习难度。此外，本模块的教学往往缺乏贯穿不同课时的主线，核心任务未能反映核心知识间的关联，缺乏学习活动或活动逻辑不清楚。总而言之，本模块的教学非常需要在课程层面上进行整体规划，以教学单元为单位进行系统设计。

 问题的分析

在教学实践中主要存在以下认识误区和不足。

1. 误区：不关注知识所要回答的学科问题

学科知识间可以通过学科问题、学科观念、研究方法、认识方式等很多方式"聚合"起来，其中基于学科问题的聚合是最基础的方式。"物质结构与性质"模块教学的知识散点化，说明教师对知识间的关联缺乏概括，忽视了知识所回答的学科问题。

以共价键、离子键、金属键为例，它们共同指向的是"原子间以何种方式结合"这一学科问题。原子间如何结合与原子的种类、得失电子能力紧密相关。易得电子的原子与易失电子的原子之间，倾向于通过电子转移的方式形成离子键；当两种原子均易得电子时，倾向于通过"共用电子对"的方式形成共价键；当两种原子均易失电子时，可以在体系中产生"自由电子"，依靠自由电子与金属阳离子间的相互作用形成金属键。可见，概括出"原子间以何种方式结合"这一学科问题，既能与"物质结构与性质"模块主题 1"原子结构与元素的性质"的相关知识（如电离能、电负性）关联，也能突显共价键、离子键、金属键等概念之间的关系与逻辑，为不同课时的驱动性任务设计提供线索。

再以"晶胞"这一概念为例，其本身并不是一种可区分的结构实体，而是人们对无限有规则重复结构的物质所采用的一种研究方法和思维方式。因此，晶胞的教学一定要关联晶体的微观结构特征，让学生体会到选取晶胞是为了"小中见大"，简化对晶体结构的认识，同时要反映晶体结构的最基本信息——微粒种类、数目和空间位置关系。分析晶胞中原子的位置关系和计算晶胞中各原子的数目，都是要回答这一学科问题，而不单纯是一种技能。后续对金属晶体、离子晶体等具体晶体的学习，也需要迁移应用这种思维方式，将这几种晶体的教学统整起来，并在微粒种类、微粒间相互作用、空间排布、物质性质之间建立关联。

2. 不足：对科学理论的发展缺乏理解

"物质结构与性质"模块教学的散点化，也与教师不理解科学理论的发展有很大关系。"物质结构与性质"模块中的理论内容较多，有些理论是对早期理论的发展和改进，有些理论之间存在"竞争关系"，是对同一问题的不同解释。如果教师不将这些科学理论间的发展关系梳理清楚，只强调知识结论，就会增加学生的记忆负担，甚至可能产生混淆。

以"共价键模型""杂化轨道理论""配位键理论"为例，它们都是对原子间如何形成共价键的解释，并且"杂化轨道理论"和"配位键理论"是对经典共价键模型的修正。在经典共价键模型中，未成对电子数决定形成共价键的个数，因此共价键具有饱和性；原子轨道具有方向性，通过不同方式（σ 键、π 键）重叠后形成的共价键也具有方向性。但实际分子的组成和空间构型与理论预期存在偏差，这是杂化轨道理论提出的基础。如果不将这一偏差呈现出来，很多学生就会纠结"为什么要这样杂化的""有什么理论依据"等，而这些问题是没有答案的。杂化轨道理论在解释水分子的空间构型时又会遇到问题，由此催生了价电子对互斥理论。如果不讲理论发展的过程，学生就会觉得存在矛盾，并且认为杂化轨道理论"不可靠"。

问题的解决

一、基于课程标准要求，聚焦学科问题和大概念

学科问题和学科大概念都具有较强的统摄性，可以有效地将零碎知识组合起来，形成有意义的、体现学科本质的框架结构。教师可以基于课程标准中的主题名称和内容要求来确定本主题的学科问题和核心概念。例如，"物质结构与性质"模块主题1的名称是"原子结构与元素的性质"，这就点明了整个单元要回答的学科问题。该主题中包含"原子核外电子的运动状态""核外电子排布规律""核外电子排布与元素周期律（表）"三部分内容。其中前两部分讨论的是原子结构问题，是在必修基础上对电子运动状态和核外电子排布的再认识；第三部分讨论的是元素性质及其变化规律，是对元素性质周期性变化规律的解释。"结构决定性质"是化学学科的一个学科大概念。具体到本主题中，核外电子运动状态和能量的差异导致不同元素原子核外电子排布的差异，进而导致元素性质（原子半径、电离能、电负性）的差异。把握这一学科大概念，就可以将不同内容关联起来。

二、在学科问题和大概念引领下，规划单元核心任务

单元的核心任务设计要突出知识间的关联和学科大概念，为学生展现一个合理的认识逻辑。仍以"原子结构与元素的性质"主题为例，单元的核心任务规划如下。

任务一：探究核外电子的运动状态及其能量差异；

任务二：推测不同元素原子的核外电子排布情况；

任务三：从原子结构角度解释元素性质的周期性变化。

单元核心任务要突出内容间的关联，例如，在任务一中要强调电子的运动状态差异与能量差异的关联，一方面是因为对电子运动状态的研究本就依赖于光谱证据，另一方面是因为任务二需要遵循体系能量最低的原则讨论核外电子排布问题。在任务二中，除了承接能量最低的原则外，还要关注推测的依据——元素周期表，要让推测出的结果能与元素周期表中元素的位置相匹配。由此给任务三做好铺垫。通过这样的单元核心任务设计，学生才有可能体会原子结构是如何决定元素性质的，而不是孤立地学习每一部分的具体知识。

【案例】

"晶体模型的构建与应用"单元教学

【单元学习主题】

晶体模型的构建与应用——"晶体与聚集状态"单元教学

【单元学习目标】

1. 通过建立模型，能主动从微观角度看待晶体与非晶体的区别；能结合实例描述

晶体中微粒排列的周期性规律，能提出和理解晶胞选取规则，并基于此分析简单晶胞中微粒的种类、数量和空间关系，从这些角度分析金属晶体和离子晶体等典型晶体的结构。

2. 通过晶体生长和拆解等实验事实，能与证据关联推测出晶体微观结构具有周期性有序排列的特征；通过晶体的模型宏微观特征联系，能推测固定熔点、各向异性等宏观特征背后的原因。

3. 通过史料分析、设备和软件支持，设计实验探究、验证晶体微观结构特征，认识到 X 射线衍射等技术手段对研究物质结构的重要作用。

4. 通过科学史熏陶，能认识到人类对物质结构的认识在不断发展；能欣赏物质结构的研究及其理论发展对化学学科发展的贡献。

【单元学习活动和评价】

课时	内容主题	核心活动	评价指标
课时 1	晶体模型的建立	基于晶体外观和实验，想象和论证晶体的微观形态	能否提出晶体结构的微观想象；能否将微观想象与一些证据建立关联；能否从微观角度解释各向异性等宏观性质
课时 2	晶胞概念的提出与应用	讨论 NaCl 晶胞的选取规则；分析 NaCl 晶体和晶胞包含的信息和要素	能否从简便和包含更多结构信息等角度，理解晶胞规则，并用于分析晶胞
课时 3	应用晶体模型分析典型晶体	想象金属晶体、离子晶体的微观构成	能否基于微粒种类、微粒相互作用，推测微粒可能的空间排布；能否基于熔沸点等性质的微观本质，与微粒种类、相互作用、空间排布等结构要素建立关联

【板书设计】

晶体模型的构建与应用

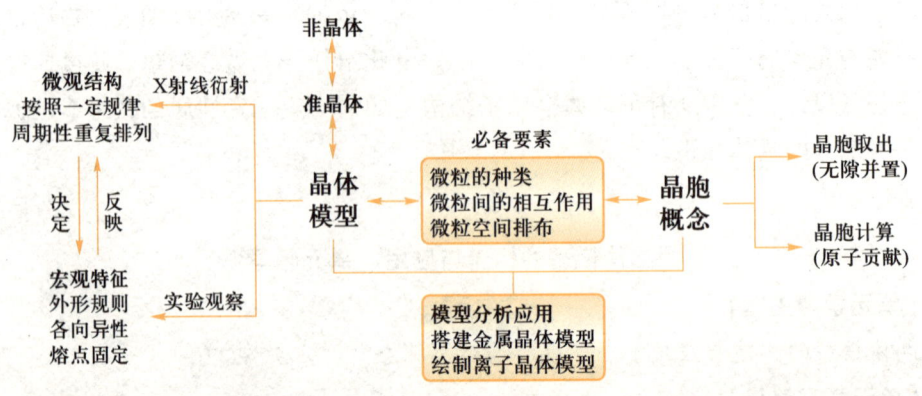

第1课时　晶体模型的建立

环节	活动实录	点评
基于宏观辨识和证据推测晶体的微观特征	教师：今天我们要学习的对象，不仅具有极高的颜值，更常有极高的应用价值，它就是晶体，是一种特殊的物质存在形态。请你观察自己组的晶体，尝试描述晶体的几何外形。 学生：我认为晶体有规则的几何外形，有一定的对称性。 教师：玻璃也可以加工出规则的几何外形，大家应该见过碎玻璃，碎玻璃是没有规则外形的。那么，晶体的几何外形是天然形成的吗？我们请一位同学来体验一下，敲碎方解石，并说一说你看到了什么。 （用实物投影展示被敲碎的方解石） 学生：方解石被敲碎后，依然具有比较规则的几何外形，虽然跟原来不一样，但是基本还是长方形的。 教师：我们再看一段硫酸铜晶体生长的视频，大家思考前面提出的问题——晶体的几何外形是天然形成的，还是加工出来的？ （播放视频，学生观看） 学生：是天然形成的，小的硫酸铜晶体虽然和大块的不一样，但它是沿着某个方向规则生长的，最后能长成大晶体。 教师：结合方解石的碎裂，以及硫酸铜晶体的生长等现象，你认为晶体在微观上应该具有怎样的结构？请画出你的微观想象	通过观察各种不同的矿物晶体，增强学生视觉和触觉感官体验，有利于学生准确总结和深刻体会晶体宏观外形特征。 利用晶体解理和生长两个方向证据的呈现，强化宏观和微观证据的关联，引导学生思考微观的本质，发展证据推理与模型认知素养
对微观结构想象的验证，探究晶体的本质特征	教师：我看大家都画出来了，大部分同学画得比较有规则，为什么大家会这样猜想呢？ 学生1：我觉得宏观上晶体既然是规则的，那么微观上也应该是规则的。 学生2：我看到食品中的晶体从小长大，它是向着某一个方向生长的，这应该是因为微观上晶体的微粒是规则排布的，所以才有这种方向性。 教师：大家说得有道理，特别是学生2的推理，是有一定证据支持的。还能寻找更多的证据吗？ 教师：这里有两组图，分别是晶体和非晶体的微观结构及其熔点变化曲线（图4-2-1）。你认为哪种微观结构和熔化曲线是晶体的，哪种是非晶体的。为什么它们的熔化曲线有差异？ 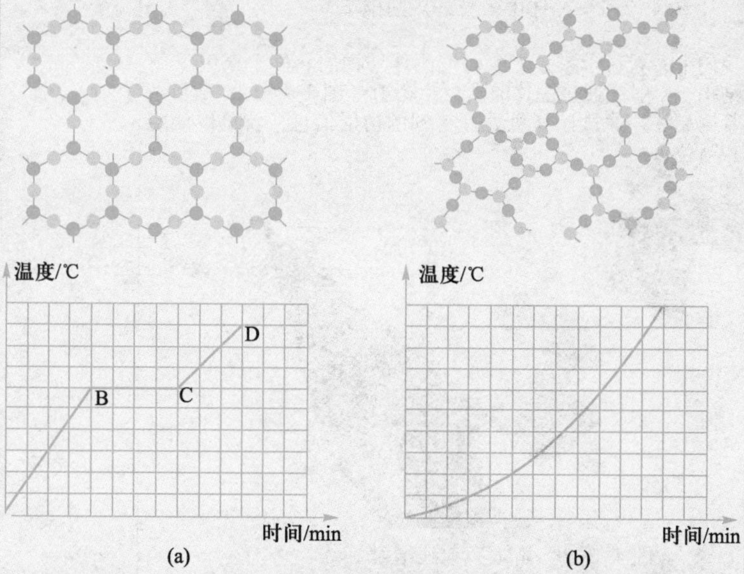 图4-2-1　晶体和非晶体的微观结构及其熔点变化曲线 学生1：我认为图（a）的微观结构和熔化曲线是晶体的，我在物理课中学过，晶体有固定的熔点。	通过微观想象，建立宏观与微观之间的关联，发展学生证据推理的意识和能力。 通过熔点变化、各向异性等宏观现象的分析，一方面理解这些晶体的特征，另一方面进一步发展学生的宏观关联和证据推理能力。

环节	活动实录	点评
对微观结构想象的验证，探究晶体的本质特征	教师：谁能解释一下为什么是这样？提示大家思考，什么是熔点？它与什么因素相关？ 学生2：图（a）是晶体的，熔点实际上就是破坏微粒间相互作用所需的温度，如果这种相互作用是一样的，比如图（a）中的微观结构中键长都一样，那么熔点应该就是确定的。图（b）中微粒间距离不同，相互作用力也不同，熔点就不确定。 教师：大家说得非常好，结合熔点的微观本质以及前面学习过的微粒间作用力进行了很好的推理。 教师：在加热晶体研究其熔点时，我们还发现了这样的现象，比如云母晶体在加热时，在不同方向上的导热性不一样。还有石墨晶体，在不同方向上的导电性也不一样。你能结合晶体的微观结构加以解释吗？同学们可以相互讨论一下。 学生：我们觉得，如果晶体中的微粒是规则排列的，那么可能在不同方向上包含的微粒是不同的，或者微观结构是不同的，所以导电性、导热性不一样。 教师：我用图来展示一下这位同学的说法。确实，如果晶体内部微粒的排布是规则的，那么可能在不同方向上"接触"到的微粒是不同的，就好比排成整齐的队列，从不同角度看到的东西是不同的。这种现象称为"各向异性"，它是晶体中微粒有规则排布的又一个证据（图4-2-2）。 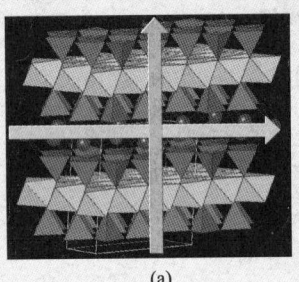  （a）　　　　　　　　　（b） 图4-2-2　晶体中微粒的规则排布 教师：最后我们来看看科学家是怎么研究晶体结构的。科学家用X射线测定晶体的结构，X射线通过晶体时会发生衍射（图4-2-3），衍射条纹与晶体结构紧密相关。通过计算机处理得到的衍射信息，就可以测定晶体中原子的相对位置。  图4-2-3　晶体X射线衍射 教师：请大家梳理本节课所学内容，反思我们是如何从晶体的宏观特征推测和验证晶体的微观结构的，哪些宏观证据或特征能帮助我们判断物质是否为晶体	这个提示很重要，思考宏观现象的微观本质，是建立宏微关联的关键。 各向异性这个概念比较抽象，可以先不明确给出概念，而是呈现现象，借助比喻帮助学生理解

第 2 课时 晶体的简化——晶胞的选取和计算

环节	活动实录	点评
晶体的简化与晶胞的选取	教师：我们可以用球棍模型来模拟晶体的结构，请大家分组拼插 NaCl 晶体的模型，看看 3 分钟内大家能拼出多大的晶体模型。 （学生分组拼插） 教师：大家有什么感受？ 学生：NaCl 晶体就是不断重复，但是用球棍模型表示起来太麻烦了。能不能用计算机完成这个过程？ 教师：当然可以用计算机完成（图 4-2-4），但是当我们要描述和研究这个晶体的结构时，是不是依然很麻烦呢？你认为可以怎么办？ 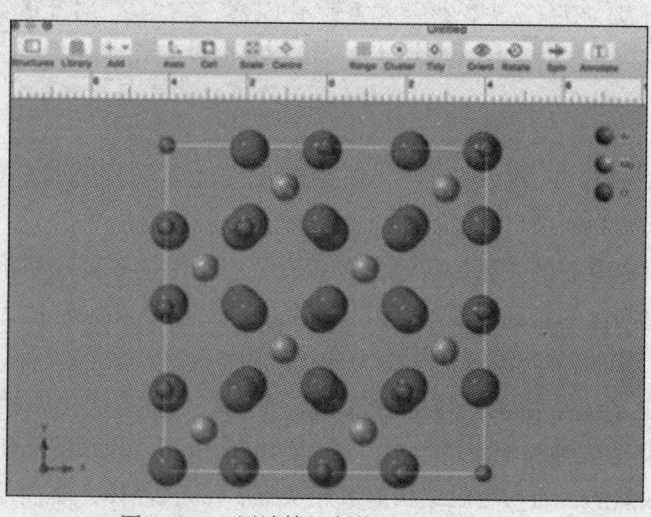 图 4-2-4 用计算机制作 NaCl 晶体模型 学生：其实像 NaCl 晶体就是在不断重复，如果能取出一个"重复单元"来，把它研究清楚就行了。 教师：那这个"重复单元"怎么选取呢？请大家分组讨论选取的规则。 学生 1：我们觉得简洁最重要，最简式就是 NaCl，因此 1 个 Na 和 1 个 Cl 可以组成"重复单元"。 学生 2：但是 1 个 Na 和 1 个 Cl 没法反映原子间的位置关系。我觉得要把"重复单元"再扩大，把 1 个 Cl 周围上下左右前后的 6 个 Cl 都包含进来。 学生 3：这样是一个四角锥结构，它没法通过重复把空间充满，单元中间会有空隙，无法处理。 教师：大家的讨论非常好，我们要思考什么是真正的简洁，就是真的可以重复，而不需要做移动、旋转或分类讨论。我们把这样的重复单元称为"晶胞"。这是一个 NaCl 的晶胞，它不仅包含了微粒的空间排布信息，而且确实可以"无隙并置"，从而能够无限重复。此外，它还方便放置在直角坐标系中，原子的空间位置表述方便。如果可能，我们尽量让晶胞的各个角度是直角。当然，有时也可以更换坐标系来解决不是直角的问题。 教师：请大家分析这个 NaCl 晶胞，说出它包含了哪些微观层面的信息。 学生 1：微粒种类是 Na⁺ 和 Cl⁻，每个 Na 的上下左右前后有 6 个 Cl，每个 Cl 也是同样的，这个晶胞包含 13 个 Na 和 12 个 Cl。	通过体验，让学生意识到晶体结构的重复和规律性，意识到选取"重复单元"的必要性。 讨论选取规则是一类重要的建模活动，需要给予学生一定的自由度，以方便研究、包含结构信息等为评判依据。不必追求快速得出"正确"结论。

环节	活动实录	点评
晶体的简化与晶胞的选取	学生2：但是NaCl的最简式中Na和Cl是1:1的，这个晶胞中Na和Cl不是1:1呀！ 教师：提示大家思考，这些Na和Cl都是这个晶胞所独占的吗？显然不是，那么应该怎么计算呢？ 学生：顶角上的微粒是8个晶胞共有，除以8；棱上的微粒是4个晶胞共有，除以4,；面上的微粒是2个晶胞共有，除以2，内部的就是这个晶胞独有的。所以算出来NaCl晶胞中的Na和Cl都是4个，符合1:1的关系。 教师：很好，我们运用几何知识解决了这个问题。请大家梳理这节课所学内容，反思我们是如何研究晶体这种无限重复结构的	晶胞作为重复单元，一定要包含全面的结构信息，这个晶胞分析活动既回应了重复单元的功能，又让学生整体认识晶胞，还能自然地引出晶胞计算，是一个重要的学生活动

（案例提供者：北京市育英学校　梁国兴）

【案例说明】

本案例经历了一次备课、一次试讲和一次正式讲的实践环节。通过课堂观察和师生访谈，了解学生的问题和困惑，关注教师的教学感受，持续改进。

备课阶段主要解决内容间的关系、核心任务设计、驱动性任务设计等整体规划层面的问题，明确要通过晶体的宏观特征推测其微观特征，以及将晶胞定位为针对晶体微观特征的简化研究工具。

试讲阶段主要优化了学生活动、师生对话和点评小结，重点优化的活动包括：① 增加敲碎方解石的体验实验和相关科学史，帮助学生确认晶体规则的几何外形不是人工塑造的，也不是偶然的，而与微观结构有紧密关联；② 在晶体、非晶体熔点变化的分析时，强调熔点的微观意义，促使学生将实际问题转化为化学问题，并与微粒间相互作用关联起来；③ 讨论晶胞选取规则时，进一步明确需要考虑的问题，并强调这些问题从根源上来自晶胞的功能——对晶体无限重复结构的简化，因此要包含微粒种类、数目、空间排布等基本角度的信息，而避免直接给出"无隙并置"或"对称性"原则。

✏️ **指导建议**

在以上案例中，单元整体规划方面强调了核心知识的功能与核心知识间的关联，具体活动设计方面关注了学生建模能力的培养，其中涉及的关键要点和策略可以总结如下。

一、站在学科问题研究者的视角反思核心内容的功能

教师首先是学科问题的研究者，要关注学科知识的形成，以及知识的功能价值。特别是当课程标准中没有明确的学科问题和大概念提示时，更需要如此。例如，教师要反复思考：为什么要提出"晶胞"这一概念？它是面对什么样的学科问题提出来的？怎么解决这一问题？如果教师有这种思考的意识与习惯，就不难想到"晶胞"是一种研究无限重复结构的工具或研究方法，类似于高分子化合物中的"链节"。类似的还有晶胞计算，为什么要计算？我们为什么要关注晶胞中微粒的数目？在素养导向的教学中，学生不是莫名其妙地学习知识，而是要在问题驱动下，明确自己讨论的问题，为什么讨论。这就需要教师自己先做好准备和示范。

二、站在学生的立场上精细设计学习任务与反馈评价

活动对学科观念、素养、能力、科学态度等的培养至关重要。教师在设计学生活动时不仅要让学生动起来，而且要真正站在学生的立场上，思考驱动问题是否合乎逻辑，活动目标和要求是否明确，活动的经历是否有助于学生体会预期的学科观念和形成相应的能力。以第 1 课时引导学生基于晶体的宏观结构进行微观想象为例，教师要站在学生的角度思考：学生在什么情况下会进行自主的微观思考？需要什么证据才能帮助学生进行微观想象？仅仅从晶体规则的几何外形推测其具有规则的微观排布，这种推理是否过于草率？思考了这些问题后，教师就不会直接播放晶体生长微观过程的视频，避免让学生被动接受结果，而是借由方解石的碎裂，刺激学生进行主动的微观想象，再以晶体生长作为证据验证猜想。

另外，点评、提示与追问也非常重要，通过这些细节的设计，可以让学生的认识发展过程更清晰、更顺利。例如，在讨论晶体、非晶体的熔点变化时，追问学生熔点的微观含义，提示学生关注晶体、非晶体微观结构上的差异，都有助于学生将两者关联起来，实现真实问题与化学问题的转化。这种追问微观本质的策略同样可以用在分子间作用力与沸点、晶体类型与熔点等问题的分析中。

4-3 如何通过"原子结构与元素的性质"教学实现素养进阶发展?

这个教学关键问题是基于核心素养的高中化学选择性必修课程教学的实践性问题，以原子结构与元素的性质为例，理解结构问题的基本认识角度和思路，通过核心任务和问题设计促进学生在必修课程基础上实现素养的进阶发展。通过对这个教学关键问题的分析和解决，希望教师能够：

- 在必修基础上再认识位-构-性关系，丰富认识角度与思路。
- 围绕位-构-性关系的再认识，规划和设计核心任务。
- 设计促进宏观辨识与微观探析、证据推理与模型认知等素养发展的学习任务与学生活动。

4-3-1 "寻找定量比较原子得失电子能力的方法"第1、2课时课堂实录片段（董阳）

4-3-2 "寻找定量比较原子得失电子能力的方法"关键活动点评（尹博远）

 问题的提出

选择性必修"物质结构与性质"模块主题1"原子结构与元素的性质"的教学中，容易出现以下问题：① 部分内容的超标教学，② 必修内容的简单重复，③ 内容之间缺乏关联。超标教学主要是在光谱分析、原子轨道、波函数等方面直接引入大学内容；简单重复主要是在原子模型、元素周期律（表）和原子半径变化方面；内容之间缺乏关联主要是原子结构、核外电子排布、元素性质之间缺乏关联。由于存在这些问题，课堂上多数学生感觉听不懂，能听懂的部分又和必修差不多。总而言之，在"原子结构与元素性质"方面，选择性必修阶段的教学往往会出现"断层"，影响学生学科核心素养的进阶发展。

 问题的分析

一、对学生的基础和发展点缺乏思考

学生在初中化学和物理课程中都学习过原子结构。在选择性必修"物质结构与性

质"模块的教学中，很多教师的教学设计与初中阶段的没什么区别，这就是教师对知识功能价值和学生发展点缺乏思考的结果。学生的素养发展是一个进阶过程，即使是类似的内容，在不同教学阶段也有不同的功能价值，这是"螺旋上升"的课程理念所决定的。就事论事地介绍原子结构模型及其发展过程，并不是化学学科此阶段应关注的重点问题。至于原子结构的研究过程细节、波函数的具体公式和意义等内容，更是明显超出了选择性必修的课标要求。

化学学科中讨论原子结构是为了研究体系的能量和稳定性问题，因为体系的稳定性与化学反应能否发生以及反应条件密切相关。体系能量是一个重要的中介变量，基态原子核外电子排布是为了让体系能量达到最低，原子得失电子能力的强弱也是通过体系能量变化（电离能、电子亲和能）表现出来的。但是对体系能量本身的描述并不是选择性必修阶段的重点问题，教师应当引导学生将体系能量作为一个定性思考的视角，发挥它的关联作用，而不宜将波函数表达式等知识引入进来。

二、缺乏基础探查和促进素养发展的活动

部分教师对学生素养发展规律不了解，采用的教学策略与素养发展规律不匹配。学科观念作为素养的重要组成部分，并不是凭空产生的，也很难通过讲解直接"灌输"，而是在与学生观点进行对话的过程中形成的。要通过活动促进学生认识不断发展和完善，最终达成科学认识。尽管学生的原始观点可能很粗糙、不完善，但却是素养发展的起点。教师需要在此基础上，通过对话暴露学生观点中的问题，或者通过证据和比较让学生接纳更合理的科学观点。只讲知识结论的教学难以促进素养发展，知识结论也不是素养发展的基础。在某些结构问题上，科学界目前都没有明确的结论，但是课堂上却出现了确定性的结论，这是不可取的。

另外，直接讲解结论的教学也未必高效。以"原子核外电子排布规则"为例，实践中一些教师直接告知学生改造原理并花大量时间训练1—36号元素原子核外电子排布问题。学生不清楚原子核外电子排布，只能通过机械训练来熟练1—36号原子核外电子排布的书写。另外，由于构造原理中存在"能级交错"现象，洪特规则中存在"半满""全满"等特殊情况，使学生觉得结构内容很凌乱，进而影响他们对化学的学习。

 **问题的解决**

一、将内容的功能价值与学生基础和发展点对接

在前面的问题分析中提到，化学学科关于原子结构问题，最关心的是体系的能量和稳定性，具体表现在核外电子排布和得失电子能力上。化学家关注轨道的能量差异，最终要解释的是各种元素和物质性质活泼或稳定的问题。而这一问题势必需要基于元

素周期律（表）中的位-构-性关系来思考。

必修阶段，学生对原子结构和核外电子排布有一定认识，知道电子是分层排布的，但是当时认为同层电子是相同的、没有能量差异。选择性必修阶段，应当让学生认识到，同层电子能量有差异，精细光谱证据可以说明这一点。因此同层电子能量有差异，而基态原子的电子排布又倾向于使体系能量最低，故核外电子排布进一步精细化，遵从一系列规则，并且仍要与元素周期律（表）相匹配。

选择性必修阶段还扩展了认识对象。必修阶段，学生只能比较相邻元素的性质和部分代表物的性质（如单质的氧化性、还原性，最高价氧化物对应水合物的酸碱性等）。但是通过选择性必修的学习，学生应能基于电离能、电负性数据，跨元素进行性质的比较，并且具有一定的理论解释能力，而不仅是基于元素周期律（表）位置的关联水平。

二、调用学生已有认识，通过活动和反思促进学生素养发展进阶

素养发展的进阶需要在活动和对话中实现，因此在具体活动设计和实施过程中，教师要关注和主动调用学生的已有认识，设计好探查性、驱动性的问题和活动，并且明确活动要求。

以"原子核外电子排布"这一内容的教学为例，因为学生通过必修阶段的学习已有一定认识，可以设计探查性活动——画出1—18号元素的原子结构示意图，并针对电子分层排布问题加以说明。待学生完成后，教师追问：同一层电子的能量是不是完全相同的？必要时教师可以引导学生回顾玻尔结构的光谱证据，说明同一层电子的能量有差异。当学生认可同一层电子的能量存在差异后，就可以呈现驱动性任务，让学生重新画出1—18号元素原子的核外电子排布情况，并提示电子排布的结果要与元素周期律（表）匹配。在学生自主设计和讨论电子排布过程中，适当提供"泡利不相容原理""洪特规则"等支持学生的学习。这样的设计才能将"核外电子排布"这个认识角度进一步展开，并与元素周期律（表）中"位"的角度关联。

在"核外电子排布与元素周期律（表）"中，主要是进一步完善"位-构-性"关系。其中，原子半径的周期性变化及其解释可以作为复习内容，回顾必修水平的"位-构-性"关系。进一步将第一电离能的变化作为主要发展点，在体系能量变化与原子得失电子能力间建立关联。可以设计一系列解释类任务，说明用第一电离能比较得失电子能力参数的合理性。将电负性的周期性变化与第一电离能的周期性变化加以比较，设计评价类任务。在知识学习的同时，学生的模型建构能力也得以发展。下面以"寻找定量比较原子得失电子能力的方法"单元设计为例，具体来说明。

【案例】

寻找定量比较原子得失电子能力的方法（单元教学）

【单元学习主题】

寻找定量比较原子得失电子能力的方法

【单元学习目标】

1. 知道原子半径、电离能、电负性的含义，通过比较，意识到它们都能在一定程度上定量地反映原子得失电子的能力。

2. 能基于数据概括原子半径、第一电离能、电负性随原子序数变化的趋势和大致规律，解释原子半径、电离能的周期性变化。

3. 能利用电负性比较原子在化合物中竞争电子的能力，能利用电负性判断元素原子得失电子能力的强弱，推测化学键的极性和判断元素化合价的正负。

4. 能基于寻找、检验和评价参数的活动，结合理论与实验证据，体会科学模型（关系类模型）的建构过程，了解该类模型的建模思路。

5. 能基于寻找、检验和评价参数的活动，体会建构模型的创造性与局限性，形成大胆假设、小心求证的科学态度。

【单元学习活动和评价】

课时	内容主题	核心活动	评价指标
课时 1	基于原子半径定量比较原子得失电子能力	解释用原子半径比较元素原子得失电子能力的合理性	能否基于必修所学，解释原子半径与得失电子能力间的关联
		评价用原子半径比较原子得失电子能力的效果	能否结合实验事实，证明或证伪基于原子半径的预测
课时 2	寻找定量比较原子得失电子能力的新参数	寻找和评价定量比较得失电子能力的新参数——电离能	能否想到从能量视角来进行定量比较；能否结合元素周期律（表）、实验事实来检验基于第一电离能的预测
		反思改进，寻找新参数——电负性	能否结合元素周期律、实验事实来检验基于电负性的预测

【板书设计】

寻找定量比较原子得失电子能力的方法

分析影响因素	▶ 核对电子的吸引力（核电荷数） ▶ 电子之间的排斥力（电子层数、最外层电子数）
提出可能参数	▶ 选取相关变量——原子半径 ▶ 直接测量失去（或得到）电子的能力（能量）
对参数进行检验	▶ 与元素周期律（表）的吻合程度 ▶ 与实验事实和经验规律的吻合程度
参数评价与调整	▶ 局限性→电负性

【教学实施过程】

第 1 课时　基于原子半径定量比较原子得失电子能力

环节	活动实录	点评
解释用原子半径判断得失电子能力的合理性	教师：请学生们回顾在必修课程中学过的关于元素性质的内容，并回答下列化学问题。 （1）比较 Na 和 Mg 的失电子能力强弱？ （2）Br_2 和 Na_2S 能否反应？ （3）SiH_4 中 Si 的化合价是 +4 还是 -4？ （4）LiOH 和 $Mg(OH)_2$ 的碱性强弱。 （学生回答略） 教师：刚才这几个问题之间有什么共同点吗？你认为怎么才能解决？ 学生1：它们都与元素周期律（表）相关，要学好元素周期律（表）。 教师：谁能说得再具体一点，到底需要知道什么才能解决这些问题？ 学生2：需要了解原子得失电子能力的强弱，或者说金属性、非金属性的强弱。因为它决定了物质的氧化性、还原性的强弱，化合价的正负，以及最高价氧化物对应水合物的酸碱性的强弱。 教师：概括得很好，原子得失电子能力（元素的金属性、非金属性）的比较非常重要，它与氧化还原反应能否发生，化合价的正负等问题都有关。那么，怎样比较元素金属性、非金属性（原子得失电子能力）的强弱呢？ 学生：可以根据元素在元素周期表中的位置，比如 Na 和 Mg 同周期，Na 在 Mg 左侧，金属性更强。 教师：那么 Br 和 S 的非金属性呢？ 学生：这种就没法比较，反正都比 Cl 弱。 教师：这种情况下，我们能否找到定量参数来比较？大家觉得原子得失电子能力与什么因素有关？ 学生：应该与核电荷数、电子层数、核外电子数都有关系。 教师：我们在必修课程中确实讨论过，与这些因素有关，那么它们能不能帮助我们比较原子得失电子的能力呢？ 学生1：都需要条件，如果电子层数相同，则可以比较核电荷数。如果核外电子数相同，则可以比较电子层数。单独用某一个没法比较。 学生2：是不是可以用原子半径来比较，因为核电荷数越大，电子层数越少，原子得电子能力也越强，相应的原子半径就越小。 教师：这是一个很好的思考，原子半径是一个综合参数，它既受到核电荷数的影响，也受到电子层数的影响。下面的资料（图4-3-1）给大家提供原子半径的各种定义，我们通常使用的是相邻原子的核间距作为半径之和这种定义，由于测定方法不同，又有共价半径、金属半径、范德华半径等。请大家判断用原子半径判断原子得失电子能力的合理性。 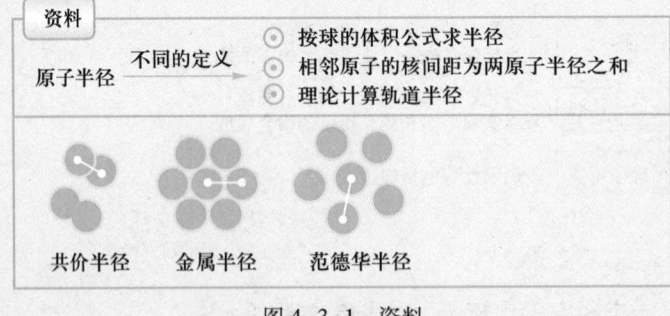 图4-3-1 资料	通过问题激发学生思考，与已有认识衔接，并引发认知冲突与需求，其中 Br 和 S、H 和 Si、Li 和 Mg 都难以通过必修课程中学过的知识来比较。 点出原子得失电子能力的重要性，这也是本单元的重要发展点，有助于后续讨论化学键的类型。 关注影响因素是寻找参数、发现规律、建构模型的第一步。 通过这个活动丰富学生对原子半径的认识，也让学生明白为什么原子半径是元素的性质

环节	活动实录	点评
解释用原子半径判断得失电子能力的合理性	学生：如果统一标准的话，应该是可以的。原子得电子能力越强，两个核受到电子的吸引越强，核间距就越小。 教师：从理论上看，原子半径用于判断原子得失电子能力具有合理性。接下来，我们还要结合实证来检验一下	
评价用原子半径比较原子得失电子能力的效果	教师：我们先看看整体变化趋势，请大家回顾在必修课程学过的内容，原子半径在元素周期表中有怎样的变化趋势？原子半径有怎样的变化趋势，它们一致吗？ 学生：同周期，原子半径从左到右越来越小；同主族，原子半径从上往下越来越大，副族元素同周期的原子半径变化不大；原子得失电子能力（元素金属性、非金属性）的变化趋势也是这样的。 教师：接下来看表中的具体数据，请你预测 Li 和 Mg 的失电子能力，S 和 Br 的得电子能力强弱。 <table><tr><td>原子</td><td>Li</td><td>Mg</td><td>S</td><td>Br</td></tr><tr><td>原子半径/10^{-10} m</td><td>1.34</td><td>1.30</td><td>1.02</td><td>1.14</td></tr></table> 学生：Li 的失电子能力强于 Mg，因为 Mg 的原子半径更小，控制电子的能力更强；S 的得电子能力强于 Br，因为 S 的原子半径更小。 教师：这个推测与实际相符吗？已知 LiOH 是一种强碱，而溴水可以将 Na_2S 氧化产生硫单质。 学生：Li 和 Mg 的预测复合实际，但 Br 和 S 的不符合，因为反应说明 Br 的得电子能力强于 S。 教师：可见，原子半径理论上可以用于定量比较原子得失电子能力，但是实际上会存在一些偏差。我们反思一下本节课所学，如何寻找和评价一个定量比较原子得失电子能力的参数呢？ 学生1：我们先讨论了核电荷数等一些影响因素，看单个影响因素本身能不能用，如果不能用，再考虑复合参数。 学生2：我们结合原子半径的定义，从理论上讨论了它与原子得失电子能力是有关系的，从理论上判断它可能可以。 学生3：我们又结合实际情况作了检验，一方面看原子半径与现有的一些规律 [如元素周期律（表）] 是否吻合，另一方面看它与实现现象能否匹配。 教师：大家总结得很到位，下节课我们会继续利用这一思路继续寻找定量比较原子得失电子能力的参数。	整体变化趋势既是课标要求，也是检验、评价参数的考量之一。 利用数据创设认知冲突，发现原子半径的局限性。 通过反思总结，引导学生重新认识原子半径的内涵，并且初步形成规律性模型建构的基本思路

环节	活动实录	点评
寻找和评价定量比较得失电子能力的新参数：电离能	教师：上节课我们分析发现，用原子半径定量比较原子得失电子能力存在一定的问题。还能找到其他参数吗？提示大家思考，除了影响因素外，我们能不能更直接测定原子得失电子能力？ 学生：可以考虑给原子加一个电场或磁场，看多大的场能把电子给"打"出来，类似阴极射线的发现那样。 教师：这是一个很好的迁移，场的大小可以换算为能量的大小。科学家通常用"电离能"和"电子亲和能"来表征原子失去或者得到电子时所需或释放的能量。我们先看电离能，其定义为：气态基态原子（或离子）失去一个电子所需要的最小能量（单位：$kJ \cdot mol^{-1}$）。原子失去的第一个电子对应的电离能称为第一电离能，还有第二、第三电离能。从定义上看，似乎第一电离能可以作为比较原子得失电子能力的参数，那么请大家思考，如何进行检验呢？ 学生：跟原子半径一样，一个是与已有的元素周期律（表）相比较，另一个是与实验结果进行比较。 教师：好，那我们就试一试。这里给大家提供第二周期元素第一电离能的数据，大家可以将不同元素作为横坐标，第一电离能作为纵坐标作图，以方便比较。 （学生作图，如图 4-3-2） 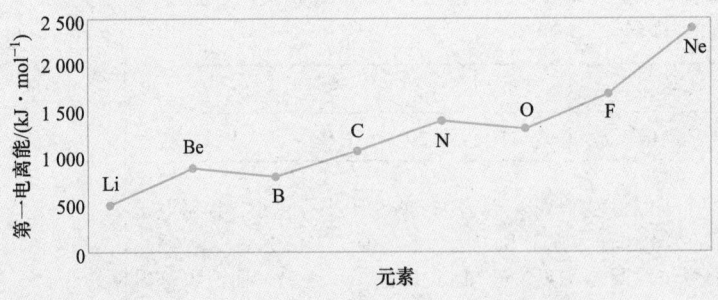 图 4-3-2　第二周期元素与第一电离能的关系图 教师：第二周期元素第一电离能的变化符合你的预期吗？ 学生：大趋势差不多，是从左到右增加的，但是中间有特殊点，如 Be 和 N，比后面的 B 和 O 的第一电离能高。 教师：请你画出 Be、B、N、O 的轨道表示式，看看 Be、N 有什么特点，能否解释第一电离能较高的特点。 学生：Be 的 2s 电子是全满的，N 的 2p 电子有 3 个，是半满结构，半满或全满结构能量较低。 教师：可见，用第一电离能比较原子得失电子能力也存在一定的问题。我们还可以再与实验证据进行比较，有时不需要真正做实验，可以与一些基于实验得出的经验规律相比较，例如我们初中学过的金属活动性顺序。为了便于比较，大家可以按金属活动性顺序对应的元素作为横坐标，它们的第一电离能作为纵坐标，作图后进行比较。 （学生作图，如图 4-3-3） 教师：与你的预期一致吗？ 学生：不一致，而且差异很大，用第一电离能基本看不出什么规律来。	学生自主提出电离能的难度较大，教师可以适当给予提示，学生已有物理学、质谱和阴极射线的相关知识基础，应不难理解。 这里是迁移应用了对原子半径参数的检验思路，从整体趋势角度进行检验。 对异常点的解释和反思也是必要的，一方面发挥结构知识的功能，另一方面这也是建模活动的重要部分。 从实验或经验规律的角度进行检验，同样是思路方法的迁移应用。

环节	活动实录	点评
寻找和评价定量比较得失电子能力的新参数：电离能	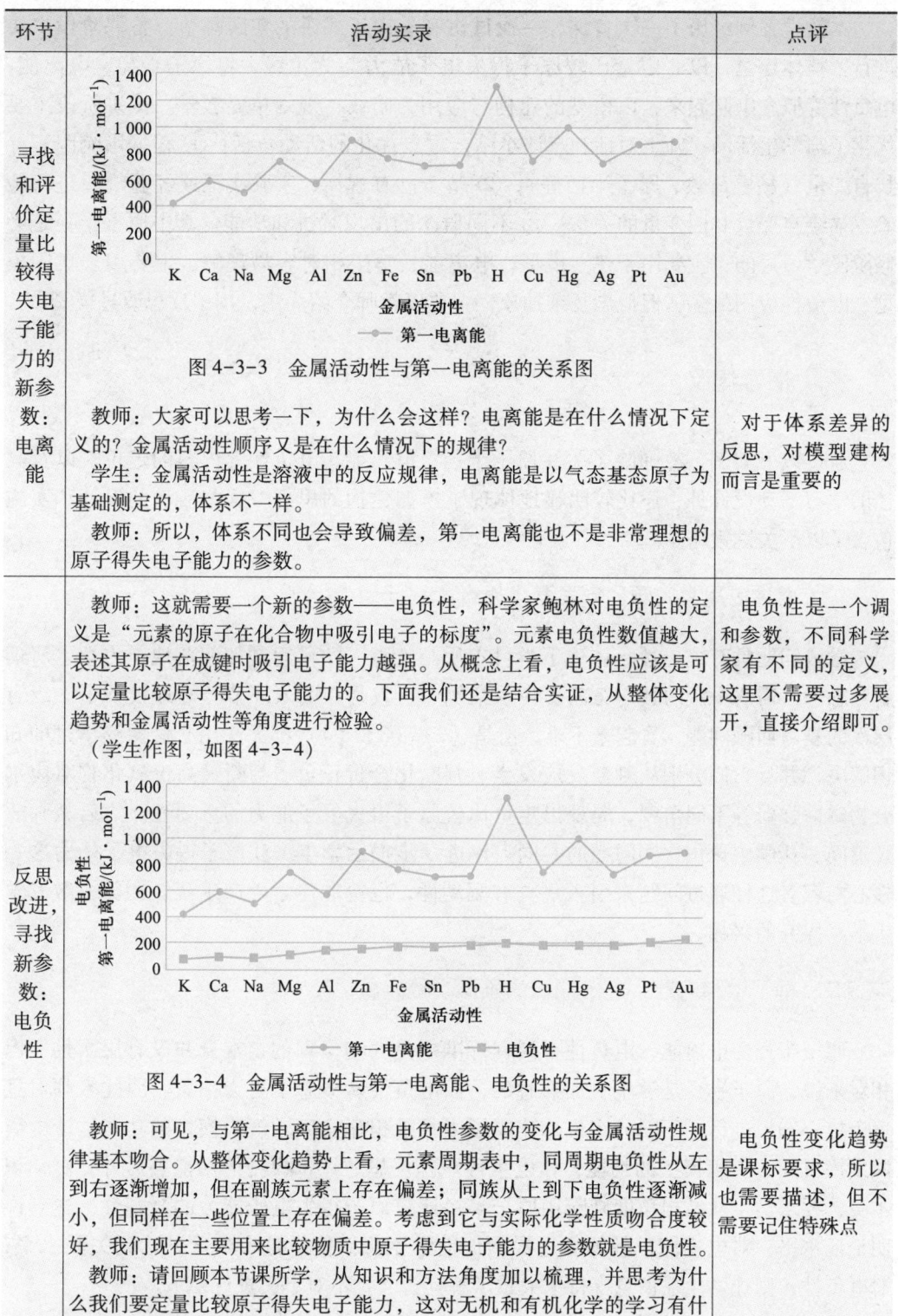 图 4-3-3　金属活动性与第一电离能的关系图 教师：大家可以思考一下，为什么会这样？电离能是在什么情况下定义的？金属活动性顺序又是在什么情况下的规律？ 学生：金属活动性是溶液中的反应规律，电离能是以气态基态原子为基础测定的，体系不一样。 教师：所以，体系不同也会导致偏差，第一电离能也不是非常理想的原子得失电子能力的参数。	对于体系差异的反思，对模型建构而言是重要的
反思改进，寻找新参数：电负性	教师：这就需要一个新的参数——电负性，科学家鲍林对电负性的定义是"元素的原子在化合物中吸引电子的标度"。元素电负性数值越大，表述其原子在成键时吸引电子能力越强。从概念上看，电负性应该是可以定量比较原子得失电子能力的。下面我们还是结合实证，从整体变化趋势和金属活动性等角度进行检验。 （学生作图，如图 4-3-4） 图 4-3-4　金属活动性与第一电离能、电负性的关系图 教师：可见，与第一电离能相比，电负性参数的变化与金属活动性规律基本吻合。从整体变化趋势上看，元素周期表中，同周期电负性从左到右逐渐增加，但在副族元素上存在偏差；同族从上到下电负性逐渐减小，但同样在一些位置上存在偏差。考虑到它与实际化学性质吻合度较好，我们现在主要用来比较物质中原子得失电子能力的参数就是电负性。 教师：请回顾本节课所学，从知识和方法角度加以梳理，并思考为什么我们要定量比较原子得失电子能力，这对无机和有机化学的学习有什么帮助	电负性是一个调和参数，不同科学家有不同的定义，这里不需要过多展开，直接介绍即可。 电负性变化趋势是课标要求，所以也需要描述，但不需要记住特殊点

（案例提供者：首都师范大学附属中学　董阳）

185

4-3　如何通过『原子结构与元素的性质』教学实现素养进阶发展？

【案例说明】

本教学案例经历了一次备课、一次试讲和一次正式讲的实践环节。备课阶段主要进行了整体定位，以"定量比较原子得失电子能力"为主线，将原子半径、电离能、电负性等概念串联起来，以模型的建构与应用为暗线，规划单元教学。试讲阶段主要优化了与学生活动、师生对话和点评小结，重点优化的活动包括：① 根据影响因素寻找自变量（核电荷数、原子半径等）；② 基于已有规律、实验实证或经验规律进行检验，描绘自变量和因变量的关系；③ 不同概念的出现时机和功能，其中原子半径是必修阶段学习过的，主要用于建立模型；电离能，学生相对容易理解，主要用于巩固模型；电负性应用最多，但概念复杂抽象，主要以教师介绍为主，用于反思改进模型。

 指导建议

通过以上案例，教师除了关注原子半径、电离能、电负性等内容的定位，以及具体的学习活动设计外，还比较明显地体现了模型建构的思想。这些活动的设计和实施包含了以下关键策略。

一、通过应用类问题，激发学生思考学科问题

学科问题具有统摄性，体现了学科本质与特点。学科问题如何落地，为学生所理解和思考，需要一定的教学策略。在本案例中，教师在引入环节巧妙地设计了一组有层次的复习回顾问题，看起来不难，但是（2）（3）（4）都无法用必修课程学过的知识解决，并且它们分别从判断反应发生、判断化合价正负、判断最高价氧化物对应水合物碱性强弱等不同角度，展现出定量比较原子得失电子能力的重要性。之后教师通过追问，让学生聚焦这些问题的共同点，进一步提示学生关注原子得失电子能力这一核心内容。这种通过问题来引入更具有驱动性，也更能使学生产生认知冲突，激发学生继续探究的兴趣。

二、基于学科问题，确定知识的不同功能定位

原子半径、电离能、电负性在课程标准中是并列呈现的，本身并没有层次性。但相对来说，原子半径是学生更加熟悉的，而电负性从概念上更为抽象。因此教师对这三个核心知识进行了不同的定位，让原子半径承担建立问题解决模型的功能，让电离能发挥巩固、应用模型的功能，让电负性承担反思、评价模型的功能。另外，对知识本身，要求学生从结构角度判断用原子半径比较原子得失电子能力的合理性，达到说明论证水平；对电离能，教师通过提示促使学生想到能量这个角度，达到关联水平；对电负性，则让学生在信息支持下大致了解其含义，不对定义进行要求。

三、通过建模和反思活动，概括形成问题解决思路

课标标准中要求学生"认识元素的原子半径、第一电离能、电负性等元素性质的周期性变化"。但是如何让学生形成印象深刻的认识，理解其丰富的意义？这是值得思考的问题。本案例中，教师采用的策略是在模型建构与比较的过程中让学生形成这一认识。在探究"如何定量比较原子得失电子能力"的问题中，将原子半径、第一电离能、电负性等的周期性变化情况作为评价模型的一个角度，为这种周期性变化赋予更多的学科意义。在这个过程中，学生还能形成"规律性模型"建构的一般思路，在其他变量间的关系类问题中可以迁移应用。

4-4　如何通过"微粒间的相互作用与物质的性质"教学实现教、学、评一体化?

这个教学关键问题是基于核心素养的高中化学必修课程教学的实践性问题,通过分析学习内容的价值、学生的障碍和发展点确定评价的内容和要求,并在教学活动设计和实施中体现教、学、评的一致性。通过对这个教学关键问题的分析和解决,希望教师能够:

- 体会学生研究和学习评价对本模块教学的重要性。
- 把握学生在特定结构内容上的障碍点和发展点。
- 在学习活动中诊断学生问题,有针对性地开展教学。

4-4-1　"分子间相互作用模型的建立与发展" 第 1 课时课堂实录片段（郝昀铮）　　4-4-2　"分子间相互作用模型的建立与发展" 第 2 课时课堂实录片段（周培）

问题的提出

"物质结构与性质"模块的内容比较抽象。如果教师不了解学生的想法和观点,教学就会变得十分枯燥,教师也很难针对学生的困惑提供有效的帮助。另外,学生在必修阶段已经学习过一些物质结构方面的知识,如果教师不关注和关联这些基础,会让学生产生"割裂感"——学生会认为自己在学习全新的内容,从而导致课堂教学效率降低。

另外,教师教学时往往追求快速将知识内容讲解完,再让学生做练习,以反馈学习效果。对于物质结构与性质模块的内容,如果教师加快节奏,学生就会更难以理解抽象的概念。而且学习后的反馈不能及时反映学生学习概念时的困难,存在滞后性。因此,在物质结构与性质模块中开展教、学、评一体化的研究是非常有必要的。

问题的分析

一、本模块中研究学生和学习评价的重要性

在任何模块的教学中,教、学、评一体化设计都是很重要的。但对于"物质结构与性质"模块而言,教、学、评一体化具有更突出的意义。对于其他模块,其学科本

体知识相对成熟，很多问题基本上是有"定论"的，传统的"重教轻学"模式是以此为前提的。而"物质结构与性质"模块的学科本体正在快速发展中，很多问题并没有"定论"，各种理论观点仍处在"争鸣"状态，这对强调"重教轻学"的教学模式有很大冲击。教师并不掌握最新的数据和发现，仅强调结论很可能出现科学性问题，而且学生很难直接理解抽象概念。故教师要同时关注教和学，强调学生体验和反思，重视学生活动的逻辑；要更加关注科学理论的发展和演进过程，强调模型的建构与论证过程，下结论时需要留有余地。

另外，科学发展史上很多科学家的观点，与当下学生的想法和学习进阶是类似的。科学史上观点的演进过程，与课堂上学生观点发展的过程也是类似的，因此，重视学生观点的发展与转变，可以引入科学史的演进，将教与学融合起来。以价键理论为例，学生在必修阶段所学的价键理论类似于路易斯的经典价键理论，尚未从量子力学的角度加以考虑。选择性必修阶段的价键理论需要结合第一章所学的量子力学观点，基于轨道和电子云再认识"共用电子对"的本质，进而对共价键的本质和类型进行再认识。教师应当充分关注学生对问题的想法和观点，在"物质结构与性质"模块中，学生的观点很可能与科学史上某一阶段的典型认识类似，是值得关注和回应的。

二、学生研究和学习评价对学习活动设计的作用

如前所述，"物质结构与性质"模块的教学需要从概念结论导向转变为概念或模型建构导向，证据推理与模型认知素养的发展是"物质结构与性质"模块教学的重要目标之一。因此，教师需要对学生已有的观点、推理的过程和依据有清楚的认识。这样才能将抽象的新概念与学生原有认识整合起来。忽视学生的已有认识，即使教师讲解得很清晰，也难以让学生建立起理论之间的关联，容易让学生陷入多理论并行所带来的矛盾中。而合理使用认知冲突、比较与反思等策略，则可以活跃课堂的同时，加深学生对概念的理解。

仍以价键理论为例，共价键、杂化轨道理论、价电子对互促理论、配位键理论单独看起来都很抽象，如果仅强调结论，则学生不可避免地产生困惑——到底什么时候用什么理论？可见，"物质结构与性质"模块的教学不仅要把结论讲清楚，更要让学生理解这些理论间的演进关系，甚至理解一些理论背后的重要假设。例如，在开展杂化轨道理论的教学时，教师可以让学生基于经典共价键预测分子的结构，发现问题，进而尝试突破经典价键理论的某些假设，建构符合事实的改进理论。课堂教学的设计也应围绕认知冲突的产生，对旧理论模型的反思、突破并梳理形成新理论等核心活动。可见，学生的认识发展过程构成了教学的主要环节，师生对话是课堂的主要任务。这样的课堂就需要学生研究和学习评价来支持。

 问题的解决

一、从学科逻辑和科学发展史角度，分析学生可能的障碍点和发展点

在"物质结构与性质"模块的教学中，学生的观点是多样化的，建议教师以学科

逻辑和科学发展史为线索，关注他们对一些关键问题的认识和想法。在"微粒间的相互作用与物质的性质"这一课标主题下，"价键理论的发展"是一条重要的线索，可以围绕这条线索结合实例探查、了解学生的观点。例如：

①请你写出 C 原子的价电子排布式，并根据必修所学的共价键理论，预测 C 与 H 成共价键后形成的化合物的组成。（经典价键理论与轨道杂化理论的关联）

②请你根据共价键理论或轨道杂化理论，预测 H_2O 分子的键角。（经典共价键理论、轨道杂化理论与价电子对互促理论的关联）

③根据必修所学的共价键理论，NH_3 能与 H^+ 结合吗？为什么？（经典共价键理论与配位键理论的关联）

这些问题是科学发展史上的重要问题，是推动价键理论发展的重要证据。学生通过①体会到经典价键理论的局限性，进而意识到不同轨道之间可以重新组合（线性组合），最终使体系的能量最低；学生通过②发现经典共价键模型和杂化轨道理论都不能准确预测键角，仍要从体系能量最低的角度预测电子对的分布；学生通过③意识到共价键中的"共用电子对"并不需要双方共同提供，也可以是单方面提供电子，另一方面提供轨道，最终使得体系能量最低。学生学习过这些概念后，应当进一步反思，认识到能量最低是体系形成化学键的最基本原则。

二、通过测评和开放性活动任务，及时了解学生观点，促进学生认识发展

明确了学生的障碍点和发展点后，教师需要将它们转化为具有认知冲突或反思功能的学习活动。例如对于①，可以以学生熟悉的 CH_4 为例，让学生从原子核外电子排布和经典共价键的角度去预测分子构成。在明显的认知冲突中，尝试对共价键模型的某些要求进行突破。例如通过电子激发，解决形成 4 个共价键的问题；面对甲烷中 4 个共价键完全相同的事实，促使学生假设 2s 轨道和 2p 轨道可能重新进行了组合。

总体来说，针对学生的障碍点提出问题后，教师要给学生适当的思考时间，鼓励学生说出自己的想法，暴露问题，而不是急于纠正学生的观点。因为暴露出来的问题往往就是理论之间的矛盾点，也是新理论的发展点。这是概念或模型建构导向教学的核心问题。讨论后，教师还应引导学生反思，对共价键理论有哪些新的认识，以便将新的理论整合到共价键理论中，促进学生的认识发展。

【案例】

"分子间相互作用模型的建立与发展"单元教学

【单元学习主题】

分子间相互作用模型的建立与发展

【单元学习目标】

1. 能通过数据对比，区分分子间作用力的类型（范德华力和氢键），能描述分子间作用力的特征和实质；能比较不同类型的分子间作用力（范德华力和氢键）的联系与区别；能说明典型物质的分子间作用力的类型。

2. 能结合数据，说明分子间作用力（含氢键）对物质熔、沸点等性质的影响，能列举含有氢键的物质及其性质特点。

3. 能利用电负性判断共价键的极性；能根据分子结构特点和键的极性来判断分子的极性，并据此对分子的一些典型性质及其应用作出解释。

4. 能从微粒的空间排布及其相互作用的角度对生产、生活、科学研究中的简单案例进行分析，举例说明物质结构研究的应用价值，如氢键对生命的重大意义。

【单元学习活动和评价】

课时	内容主题	核心活动	评价指标
课时 1	分子间存在相互作用吗？	基于科学史和信息，寻找分子间存在相互作用的证据	学生能否对水蒸发和水热分解的温度加以解释，将所需能量和相互作用强度建立起关联
	分子间相互作用与物质性质	比较不同物质的沸点，分析分子间相互作用的影响因素	学生能否自主发现沸点与物质相对分子质量的关联； 能否从沸点的微观含义角度，建立相对分子质量与范德华力的关联
课时 2	特殊的分子间相互作用——氢键的提出	比较不同有机物挥发时的温度变化曲线，尝试解释原因	学生能否有序地分析温度变化曲线，结合前一节课所学进行解释； 能否结合异常点，提出新的相互作用的可能性——氢键
	氢键的特征与形成条件	比较不同元素氢化物的沸点，尝试解释第二周期元素氢化物沸点的异常	学生能否关联所学，准确判断异常点，并提出氢键的存在范围； 能否结合原子半径、电负性等数据，合理推测氢键的特征与形成条件

【板书设计】

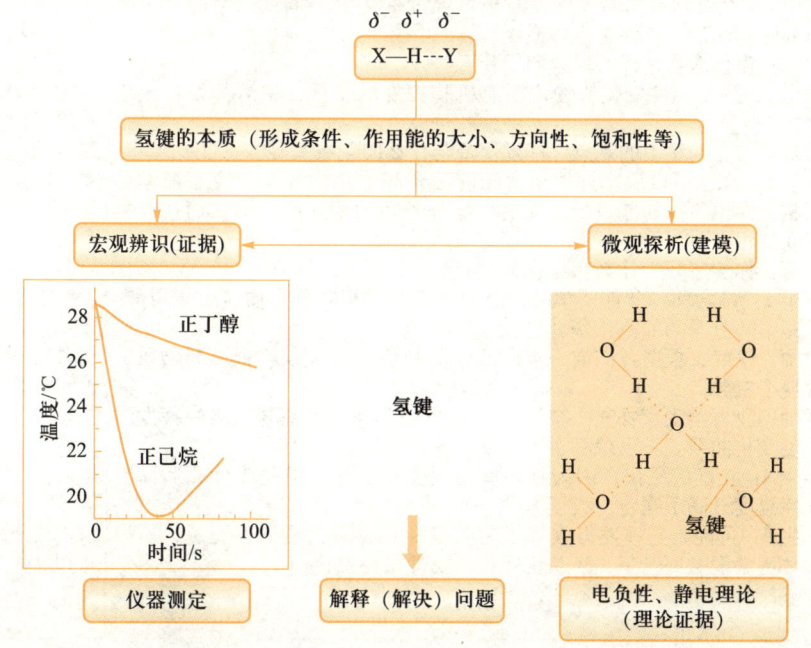

分子间相互作用模型的建立与发展

第 2 课时　特殊的分子间相互作用——氢键的提出与认识

环节	活动实录	点　评
特殊的分子间相互作用——氢键的提出	教师：下列是用温度传感器测定的几种有机物液体在挥发时的温度变化曲线，分析图 4-4-1 中的曲线，并解释曲线变化的原因。 教师：我们首先来明确，传感器测定的温度是有机物体系的还是环境的？ 学生：应该是环境的。 教师：好，在这个前提下，请观察曲线，你获得了哪些信息？ 图 4-4-1　温度变化曲线 学生 1：我看到不管是什么醇，在挥发时环境温度都在降低，说明它们挥发是吸收能量的。 教师：这部分能量到哪儿去了呢？用来做什么了？ 学生 1：因为液体分子间的相互作用力比气体分子强，这部分能量应该是用来克服液体分子间的相互作用了。 教师：好的，还有其他同学观察到什么信息吗？ 学生 2：我看到不同的醇挥发时环境温度变化是不同的，甲醇挥发时环境温度变化最快，而正丁醇最慢。 教师：为什么会这样？这说明了什么？ 学生 2：环境温度变化快慢说明有机物挥发的快慢，甲醇挥发比正丁醇更快。 教师：结合同学 1 的观点，挥发快慢与什么问题有关呢？ 学生 2：那也可以说，挥发快意味着分子间作用力较小，克服液体分子间相互作用所需的能量少。说明甲醇分子间的相互作用的弱，而正丁醇分子间的相互作用强。 教师：你能解释为什么存在这种差异吗？ 学生 2：结合前一节课所学的，因为正丁醇的相对分子质量大于甲醇，所以正丁醇分子间的范德华力更大。 教师：很好，根据我们前一节课所学的知识，这可以解释不同物质的挥发速率差异。 教师：我再给大家补充一个信息。图 4-4-2 是正丁醇与正己烷挥发时的温度变化曲线。正己烷和正丁醇哪个挥发更快？ 学生 3：正己烷更快，因为其环境温度变化更快，但是为什么后面它的环境温度升高了呢？ 学生 4：可能是它挥发得太快了，在 50 s 左右时已经挥发完了，所以后续环境温度又回升了，还是说明正己烷挥发得更快。	使用传感器测量温度变化曲线而不是单纯的沸点，更有助于促使学生考虑挥发的微观过程。因为沸点对应的是环境温度，如何将环境温度与体系中物质的相互作用关联，需要诊断学生的观点并推理（路径为：环境温度变化→体系能量变化→分子间相互作用）。 曲线分析具有丰富的评价功能，需要有序提问，依次诊断，评价点包括： ① 解读表面信息，观察到曲线表达的是有机物挥发吸收环境中热量这一过程。 ② 关注到同一物质挥发时温度变化的原因（挥发速度、能量变化与相互作用的关联）。 ③ 关注到不同物质曲线不同的原因（相对分子质量与挥发速度的关联→相对分子质量与分子间作用力大小的关联）。 通过补充冲突信息，促使学生反思范德华力模型的局限，促进学生提出新相互作用模型。

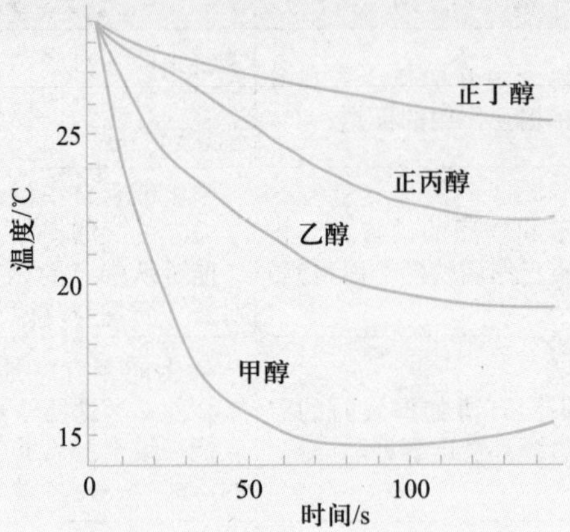

环节	活动实录	点　评
特殊的分子间相互作用——氢键的提出	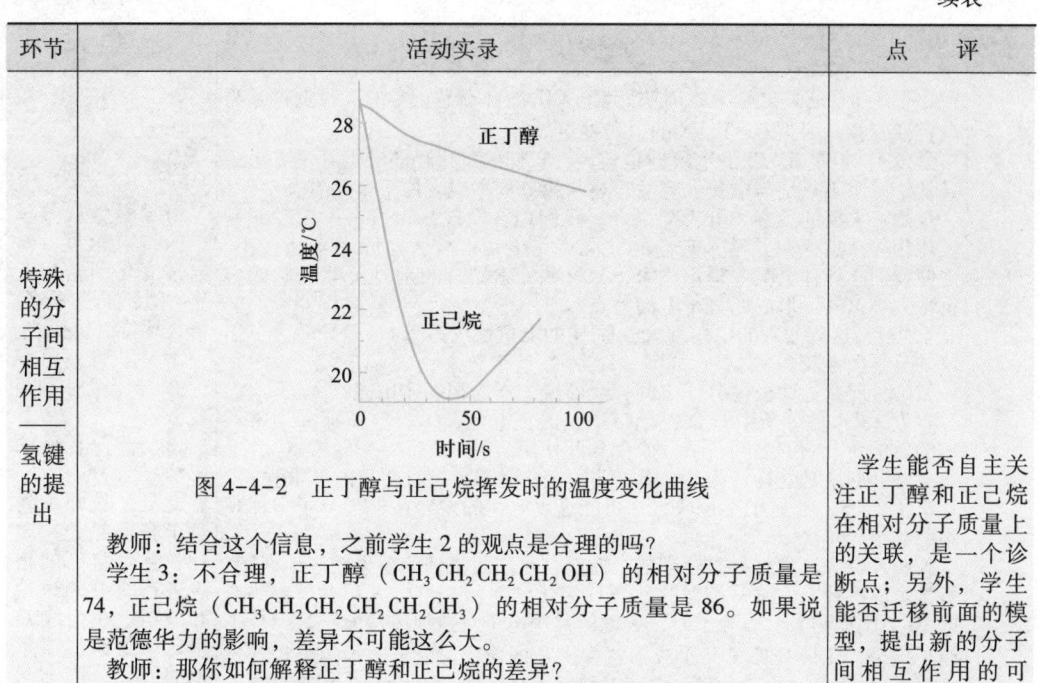 图 4-4-2　正丁醇与正己烷挥发时的温度变化曲线 教师：结合这个信息，之前学生 2 的观点是合理的吗？ 学生 3：不合理，正丁醇（$CH_3CH_2CH_2CH_2OH$）的相对分子质量是 74，正己烷（$CH_3CH_2CH_2CH_2CH_2CH_3$）的相对分子质量是 86。如果说是范德华力的影响，差异不可能这么大。 教师：那你如何解释正丁醇和正己烷的差异？ 学生 3：应该是存在一种不同于范德华力的分子间相互作用	学生能否自主关注正丁醇和正己烷在相对分子质量上的关联，是一个诊断点；另外，学生能否迁移前面的模型，提出新的分子间相互作用的可能，是一个难点
氢键的特征与形成条件	教师：刚才同学 3 提到，可能存在一种不同于范德华力的新的分子间相互作用。这种新的相互作用真的存在吗？是普遍存在的吗？我们继续分析资料来探究。 教师：这里给大家呈现的是主要的非金属元素氢化物的沸点变化曲线（图 4-4-3），你从中观察到了什么信息？分析出什么问题？ 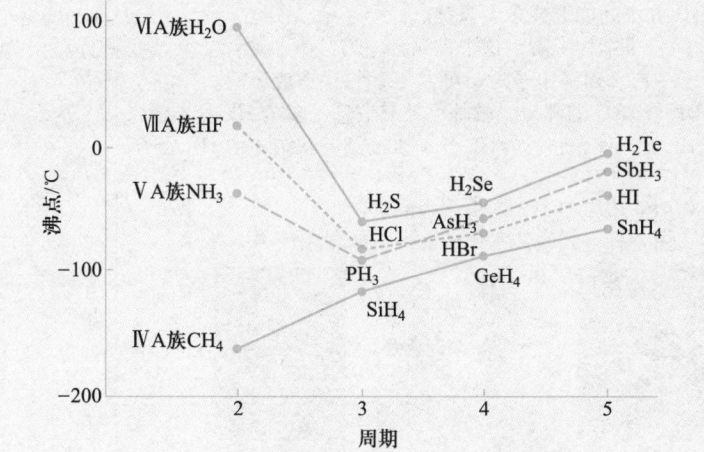 图 4-4-3　非金属元素氢化物的沸点变化曲线 学生 1：我看到图中大部分非金属元素氢化物的沸点随着周期数增加先降低再升高，但碳族元素是异常的。 学生 2：不对，碳族元素才是正常的，因为范德华力与相对分子质量有关，同主族周期数越大，物质的相对分子质量越大，沸点应该越高才对，是其他族元素存在异常。 教师：异常出现在哪里？你推测为什么会存在异常？ 学生 2：异常出现在第二周期，第二周期元素的氢化物的沸点比预期高，可能是因为第二周期元素原子半径较小。	这组信息中，也包含丰富的评价功能，评价点包括： ① 关注到不同同期主族元素沸点变化的趋势。 ② 能根据前面所学，找准曲线的异常变化（有学生只看到表面，认为 C 族元素的曲线是异常的）。 ③ 能对曲线的异常变化进行合理解释和归因（有学生单纯将其归因为第二周期或者电负性）。 ④ 根据归因，推测新相互作用的本质。 ⑤ 定量认识，H_2O 的沸点最高，并推测可能的原因。

环节	活动实录	点　评
氢键的特征与形成条件	学生3：但是C也是第二周期元素，CH_4的沸点是正常的，我觉得是与电负性有关。因为O、F、N的电负性更大。 学生4：但是S、Cl的电负性也较大，它们的氢化物的沸点并没有出现异常，说明不只是与电负性有关，还与第二周期或者原子半径有关。 教师：大家的观察和分析都很好，我们现在发现，O、F、N三种元素氢化物的沸点存在异常，它们的共同点是电负性较大，原子半径较小。这使我们想到什么呢？提示大家，与这些元素结合的是H元素，它的电负性大小怎样？形成的分子有何特点？ 学生1：这些元素的电负性大，而H的电负性仅为2.1，差异较大，形成的分子极性较强。 教师：那么这些极性分子之间，会形成怎样的相互作用呢？ 学生2：极性分子中H那一端带一定的正电荷，O、F、N那一端带一定的负电荷，它们之间还可以产生相互作用。 教师：如果是这样，为什么S、Cl的氢化物沸点没有明显的异常？ 学生2：S、Cl原子半径较大，可能这点电荷的差异在整个分子中体现不明显了。 教师：看来这种解释是合理的，能够与目前观察到的现象较好地匹配。科学家的解释与大家是类似的，当H原子分别与F、O、N以共价键结合成HF、H_2O和NH_3等分子时，成键的共用电子对强烈地偏向于F、O、N原子一边，使得H原子几乎成为"裸露"的质子。由于质子的半径特别小（$3×10^{-11}$ m，即30 pm），它可以把另一分子中的F、O或N原子吸引到它的附近而形成氢键（以虚线代表）。 教师：我再追问一个问题，我们看到H_2O的沸点是最高的，按照刚才关于氢键的说法，为什么HF的沸点不如H_2O高呢？H_2O的高沸点意味着什么？ 学生：F的电负性比O大，半径比O小，H和F之间的相互作用应该更强。如果H_2O的沸点高，就说明H_2O分子间的相互作用强于HF，很有可能是因为H_2O分子间能形成多个氢键。 教师：从H_2O的分子结构上看，这个推测合理吗？ 学生：H_2O分子中有2对孤电子对，可以与2个H形成氢键。 （若学生追问HF与H_2O的沸点，教师可补充信息：多个HF分子经常会形成二聚体$(HF)_2$，而不是一个HF分子通过氢键联结3个HF分子，所以HF的沸点仍低于H_2O。） 教师：很好，你们能用模型来表示出水中的氢键吗？ 学生动手体验，用各种方式表达水中的氢键，如图4-4-4。 图4-4-4　水中的氢键模型 教师：可见，氢键这种分子间相互作用具有一定的饱和性和方向性，这与范德华力是不同的。 教师：我们来做一个总结，这节课我们应用了前一节课所学的研究思路，从相互作用所需的能量入手，研究并提出了氢键这种新的分子间相互作用，并通过数据分析和比对，认识了氢键的形成条件和特征。这种通过能量变化来研究相互作用的方法是比较普遍的，请大家关注	引导学生从分子结构特点角度，对异常变化和新相互作用特征进行分析，评价点包括： ① 电负性差异。 ② 分子极性和相互作用。 ③ 原子半径的影响。 此处，教师不要急于得出结论，要让学生对自己的猜想进行充分的讨论和分析。在由表及里认识氢键形成条件的同时，逐渐形成氢键的概念。 通过这个追问，能够比较自然地将氢键的饱和性、方向性体现出来。HF的氢键需要补充信息说明，避免学生认为1个HF可以形成3个氢键

单元4 『物质结构与性质』模块教学关键问题

（案例提供者：北京航空航天大学附属实验学校　郝昀铮　周培）

 **指导建议**

一、依托模型建构活动实现学习诊断与评价

在上述案例中，学习评价与教学活动是紧密融合的，利用学生观察数据、提出解释等建模活动实现学生学习的探查与诊断。因此，在教、学、评一体化设计中，一个重要的问题是学习活动设计要指向学科问题，而不能指向知识结论。对分子间相互作用这一内容来说，核心问题是分子间是否存在，以及存在怎样的相互作用。解决核心问题的思路是通过体系能量变化推测分子间的相互作用。这个思路是贯穿始终的，对范德华力和氢键是一致的，并且在探究氢键的特征和本质的过程中也是反复使用的，不只是一个引入。

面对学科问题，学生要基于数据提出解释，这就是很好的诊断契机。诊断点既包括学生关注信息的宽度，也包括他们基于信息提出解释或假设的合理性，以及解释或假设能否获得其他信息的支持等。这里侧重诊断和评价的是学生的分析和建模能力，而不只是对范德华力、氢键概念的理解。在上述案例中，氢键概念的出现是很晚的，是在关于这种特殊分子间作用力基本探明后，顺其自然提出的。这与基于概念理解的教学有很大的区别。

二、预期学生的不同表现，准备有针对性的教学策略

若要让学习活动具有评价功能，教师需要对学生在活动中可能的表现进行预期。在上述案例中分析不同主族非金属元素氢化物沸点的活动，教师不能仅仅设计这个活动，更要预期学生对异常点及其成因的可能观点。如果学生只看表象，认为 CH_4 的沸点是异常点，教师一方面应诊断出学生在前一节课的所学存在问题，另一方面要准备好对策，例如回顾上节课的基本观点——范德华力与相对分子质量的关系，并让学生再做判断。另外，要对学生可能的不同归因有所预期，例如学生可能将沸点异常归因为第二周期（原子半径）、电负性等因素，教师需要考虑如何将这两个方面统合起来，可以在第二周期中找到"反例"，准备 Cl、S 等元素的电负性等资料。教师提前预期学生的可能表现，可以更顺利地在合理争论中得出结论，避免发生因准备不足而强行给出结论的情况。

4-5 如何开展"研究物质结构的方法与价值"主题的项目教学?

这个教学关键问题是基于核心素养的高中化学必修课程教学的实践性问题,通过分析课程标准要求,认识研究物质结构的方法与价值,并渗透到常态教学中。通过对这个教学关键问题的分析,希望教师能够:

- 认识和理解研究物质结构的方法与价值。
- 结合核心内容教学,规划需要学生理解的研究方法。
- 开展项目教学,彰显研究方法与价值。

4-5-1 "青蒿素分子结构的测定"项目学习
第1课时课堂实录片段(艾涛)

4-5-2 "青蒿素分子结构的测定"项目学习
第2课时课堂实录片段(刘聪)

 问题的提出

"研究物质结构的方法与价值"在课程标准中是一个独立的主题,但在现有的教科书中并没有专门的章节与之对应,而是将其分散、渗透在其他内容的教学中。课程标准将其列为独立主题,意在彰显这部分内容的重要性。但是从实践层面看,有关方法与价值内容的教学和考查一直是一个难题。教师很难通过直接讲解的方式让学生体会到研究方法与价值,再加上考查方式不明确,很多教师会直接忽略这部分的内容要求。

 问题的分析

一、课程标准的内容要求

课程标准中"研究物质结构的方法与价值"主题的内容要求包括三个方面。

(1)物质结构的探索是无止境的。了解人类探索物质结构的过程,认同"物质结构的探索是无止境的"观点,了解从原子、分子、超分子等不同尺度认识物质结构的意义。

（2）研究物质结构的方法。认识物质的空间结构可以借助某些实验手段来测定，通过这些手段所获得的信息为建立物质结构模型或相关理论解释提供支撑。知道原子光谱、分子光谱、晶体 X 射线衍射等是测定物质结构的基本方法和实验手段。

（3）研究物质结构的价值。初步认识物质的结构与性质之间的关系，知道物质结构的研究有助于发现具有预期性质的新物质，以及为设计与合成这些新物质提供理论基础。认识研究物质结构有助于了解材料的结构与性能的关系，对优化物质结构、改善材料性能具有重要意义。了解生命科学中许多重大问题的解决均需要物质结构理论与分析测试技术的支持。

第一条展现的是科学态度与基本信念，是唯物主义的重要观点。正是这种观点促使研究者不断探索和追问物质结构，从哲学思辨中发展关于物质结构的认识。对物质结构的探索结果具体表现在从原子、分子、超分子等不同尺度对物质结构的认识上。

第二条强调了研究物质结构的方法，有助于打破学生在初中、必修阶段形成的"化学基于试管实验"的刻板认识。通过光谱、X 射线衍射等现代仪器分析的重要方法可以让学生更深入地认识化学研究在手段方法方面的丰富性，并认识到这些现代仪器分析手段对化学研究的重要意义。除了要让学生了解原子光谱、分子光谱、晶体 X 射线衍射等基本方法和实验手段外，教师还应让学生从中体会科学研究的本质——依托一定证据建立模型与解释。

第三条中特别值得关注的是物质结构与性质之间的关系，并且应结合原子、分子、超分子等不同尺度的结构与元素性质、物质性质建立关联。这是体会物质结构研究价值的基础，教师应在教学中适当引领，促使学生体会到这一点。另外，课程标准强调了结构研究在设计合成新物质、材料性能优化、生命科学等方面的价值。教师需要寻找相关素材，设计基于信息的学生活动，促使学生体会结构研究的实际价值。

二、相关内容在教学中的必要性

"研究物质结构的方法与价值"对"物质结构与性质"模块的教学来说也是非常必要的，可以为"物质结构与性质"模块的课程设计和单元规划提供线索与结构，通过单元教学设计促进素养发展目标的落地。教师要关注在原子、分子、超分子等不同尺度上的结构与性质的关系问题，并且要不断通过引导性、反思性问题促使学生思考，自主地将零散的原子、分子、聚集态等知识梳理起来，并与元素性质、物质性质关联起来。这种自主关联是宏观辨识与微观探析素养的基石。

另外，教师要将科学探究、物质结构的研究方法、模型建构教学等关联起来，为课时教学建构合理的环节逻辑，设计有效的课堂活动。在其他模块的教学中，提出问题和假设往往是被弱化的，由教师给出，而"物质结构与性质"模块的教学中很多核心知识本质上就是一种有证据支持的假设或模型，因此对模型的理解、验证和反思是"物质结构与性质"模块教学的重要任务。教师要结合学情，恰当地引领学生基于证据理解或反思模型，进而对抽象的结论形成更深入的认识。

 **问题的解决**

一、把握研究物质结构的方法、价值与核心知识的关联

在"物质结构与性质"模块的教学中，既要重视研究的方法和价值，又不能将它们变成一种"知识"讲授给学生，而是要寻找它们与核心内容之间的关联和结合点。以原子光谱为例，课程标准并没有将原子光谱定位为核心知识，而是作为结构研究的方法，因此教学中不宜将原子光谱作为一个知识点来讲解。教师应更关注原子光谱与电子运动之间的关联，让学生理解：① 不同的关于电子运动状态的假设对应不同的光谱形态（连续光谱、线状光谱）；② 通过光谱可以获得电子和原子轨道的能量信息；③ 基于精细光谱，可以推测主量子数 n 相同时，电子的能量仍有差异，需要更多量子数来描述这种差异。围绕建立这种关联展开教学，原子光谱才符合研究方法的定位。

可见，研究物质结构的方法与价值的落实依赖于核心知识。有时，教师要了解、学习一些结构研究方法的具体应用，并将其转化为学生活动，以突出结构研究方法的价值。以 X 射线衍射为例，除了结合物理知识和演示实验介绍方法之外，还可以挖掘该方法在晶体结构测定中的实际应用，并将其转化为学生活动。

二、通过项目活动设计增进学生对研究方法与价值的实际体验

研究方法与价值具有抽象性，很难通过讲解的方式来传递。教师需要将其融入学生活动中，让学生在体验的基础上进行反思和总结。例如，原子光谱可以融入对原子结构的探究活动，通过信息和资料，让学生建立起原子光谱信息与原子结构的关联，并且不断修正对原子核外电子运动状态的认识。在这个过程中，学生既理解了核心知识，又体会到原子光谱作为证据的研究方法与价值。

学生活动的设计既可以是单课时的，也可以是跨课时的。例如，在进行共价键理论、杂化轨道理论、价电子对互斥理论等内容的教学时，教师可以在共价键理论的结尾处提出"预测分子空间结构"的任务，并作为杂化轨道理论、价电子对互斥理论的起始任务，将这些理论贯穿起来，促使学生体会理论的发展与演进、模型的建构与修正过程。

项目式教学对学生理解结构研究方法和价值方面具有独特的优势，项目活动比一般的学生活动更具有驱动力、更加充分，可以让学生有更多体验和反思的空间。另外，项目式学习强调合作、交流与实践，可以让学生有更强的代入感，对方法与价值的理解更深入。项目式教学需要精细化设计，其核心是挑战性任务和活动的设计。通常，挑战性任务应当与核心知识相关联，体现核心知识的功能价值，或者是指向对核心知识的再认识；此外，挑战性任务要具体可操作，让学生能够体验和实

践，以便在实践中体验研究方法与价值。下面以青蒿素分子结构的测定为例，结合案例加以说明。

【案例】

晶体结构（单元复习）

【单元学习主题】

青蒿素分子的结构测定

【单元学习目标】

1. 知道几种常见现代仪器手段在物质结构测定中的基本用途。知道晶体 X 射线衍射的基本原理，认识晶体 X 射线衍射在确定晶体原子坐标、辅助结构测定中的重要意义。

2. 体会现代技术手段——质谱、核磁共振图谱、红外光谱等对科学研究的推进作用。具有通过现代技术手段得到的数据、信息进行科学推理的研究意识。

3. 能够从立体的角度看待分子结构，尝试借助简单模型将微观青蒿素转换至宏观尺度，实现分子结构的可视化，了解青蒿素特异的骨架支撑是保证青蒿素具有抗疟疾作用的重要结构因素，认识鉴定物质结构的意义和作用。

4. 能通过键长与原子间距离相比对，确定青蒿素分子中的成键类型，掌握研究分子立体结构的一般思路方法。

5. 从青蒿素提取到测定结构的漫长过程中，体会学科研究的艰辛历程；认识到科学在不断发展和进步；体会化学研究的发展离不开现代技术手段的支持。通过议题探讨，体会社会性科学议题研究的一般过程，形成问题解决思路。

6. 在探索青蒿素结构过程中，形成严谨求实、认真探索的科学态度，提升学生的民族自豪感。

【单元学习活动和评价】

课时	内容主题	核心活动	评价指标
课时 1	讲述史实，引导设问	引导学生思考科学家在发现青蒿素之后必须要进行的重要工作——结构鉴定	学生能否多角度思考问题；能否关注到有机物结构鉴定的重要意义
	初步测定青蒿素分子结构	设计方法测定青蒿素分子结构；利用已知信息尝试写出青蒿素分子的结构	学生能否将测定分子结构的一般思路方法应用于真实问题情境中
	寻找新方法测定青蒿素分子结构	通过弹簧衍射实验了解电磁波和光的衍射，体会衍射图案与衍射物结构之间存在对应关系	学生能否通过类比思想理解 X 射线衍射法测定晶体结构的基本原理

课时	内容主题	核心活动	评价指标
课时2	初步搭建青蒿素分子模型	分组合作，根据青蒿素的三维坐标信息，利用泡沫模型将青蒿素中的氧原子和碳原子位置摆放出来	学生能否做好小组分工合作，共同解决难题；是否具有较强的动手能力
	确定青蒿素分子结构	分组合作，根据键长信息确定青蒿素中化学键的种类和位置，确定青蒿素的分子结构	学生能否通过创造性思维解决难题；能否在面对复杂问题时抓住重点矛盾
	确定青蒿素分子结构的意义	确定青蒿素分子结构的意义，包括对分子稳定性的解释，以及对结构改性和全合成的指导意义	学生能否理解有机物结构鉴定的重要意义；能否体会科学研究是在不断发展进步的

【板书设计】

青蒿素分子的结构测定

【教学实施过程】

第1课时

环节	活动实录	点评
讲述史实，引导设问	教师：2015年10月5日，"诺贝尔生理学或医学奖"获奖名单揭晓，来自中国的女药学家屠呦呦获奖，以表彰她对疟疾治疗所做的贡献。她也是首位获得诺贝尔科学类奖项的中国科学家。把时间拉回到1964年，越南战争爆发，疟疾肆虐，寻找有效的抗疟疾药被中美两国提上日程。1969年1月，北京中医研究院接受抗疟药研究任务，屠呦呦被任命为科研组组长。屠呦呦从东晋葛洪《肘后备急方》阐述青蒿的用法得到了启发，"青蒿一握，以水二升渍，绞取汁，尽服之"，冷榨服用"绞汁"，悟出不宜高温加热的道理，并考虑到有效成分可能在亲酯部分，遂改用乙醚提取，于1971年10月在去除了酸性成分的中性提取物中首次提取青蒿素。	讲述重要的科学史事件，既能培养学生勇挑重担的态度，又能提升学生的民族自豪感。让学生初步体会结构测定的必要性和价值。

环节	活动实录	点评
讲述史实，引导设问	一个关键性问题：如果你是屠呦呦，接下来你准备做什么呢？ 学生：① 研究如何大规模生产；② 在青蒿素的基础上改进；③ 确定青蒿素的结构；④ 研究青蒿素药理。 教师：这些都是屠呦呦需要做的工作，但首要的是测定青蒿素的分子结构，因为这是开展其他工作的基础	把学生带入分子结构测定的必要性探讨
初步测定青蒿素的分子结构	教师：如果你是屠呦呦，你会选择哪些方法来测定青蒿素的分子结构？选择这些方法的目的是什么？ 学生：① 用燃烧法和质谱获得青蒿素的分子式；② 用红外光谱检测青蒿素分子中的官能团；③ 用核磁共振检测青蒿素分子中氢原子的种类和各类氢原子数目之比。 教师：屠呦呦正是通过这些方法获得了青蒿素分子结构的部分信息，请大家分析相关文献资料，将这些信息提取出来。 学生获得的信息有：① 分子式为 $C_{15}H_{22}O_5$；② 含有六元环内酯、过氧基（—O—O—）和三个甲基；③ 没有碳碳双键或三键。 教师：模拟科学研究过程，用碘化钾淀粉溶液验证过氧基（—O—O—）的存在。根据这些信息，你能尝试写出青蒿素的分子结构吗？ 学生在试写的过程中逐渐发现问题：① 无法确定，能够写出很多个分子结构式；② 根据分子式可得知青蒿素的不饱和度为 5，已知的六元环内酯可以提供两个，但由于没有碳碳双键或三键，剩下的 3 个不饱和度只能通过成环获得，而哪些原子成环现有信息无法确定。 教师：科学家也遇到了同样的困难，北京、上海的专家写出很多同分异构，然而无法确定它的最终结构	回顾已有的结构研究方法，初步认识青蒿素结构。 通过追问，促使学生意识到核磁共振等方法面对复杂有机物时存在的局限性
寻找新方法测定青蒿素的分子结构	教师：通常，我们研究物质除了用化学方法外，还有质谱、红外光谱、紫外光谱、核磁共振图谱、碳谱等，这些方法的共同点是用其他物质或工具作用于我们研究的物质并发生相互作用，有些作用会破坏分子结构、有些则不会破坏。通过相互作用得到的现象或数据来分析推测出待测分子的结构特点。既然现有的方法无法准确测定青蒿素的分子结构，我们能否寻找新的检测工具来获得更多的结构信息呢？这时，晶体 X 射线衍射法出现在科学家的视野中。 教师：我们可以用激光笔和光栅模拟 X 射线衍射的效果（图 4-5-1）。 图 4-5-1　光的衍射现象 教师：衍射现象是你们在物理中学到的，你能简述它的原理吗？ 学生：如果光栅上狭缝的间隙与入射光的波长接近，光就会出现衍射现象，衍射是光的波动性的体现。 教师：如何用光的衍射原理来研究晶体结构呢？ 学生：可以调整入射光的波长，比如用 X 射线作为入射光，让它与晶体相互作用，根据衍射结果和 X 射线波长来反推晶体结构。 教师根据学生实际知识储备介绍用 X 射线测定蛋白质分子双螺旋结构的现象及原理，体会衍射图案与衍射物结构之间存在对应关系。并让学生认识到这是一种功能强大的测定晶体结构的方法。 教师：北京、上海的研究人员共同协作，从获取晶体到仪器测定，再到理论计算，朝着青蒿素分子结构测定迈出了重要的一步	通过类比，初步体会晶体 X 射线衍射的原理，获取解析青蒿素分子结构的新信息

环 节	活动实录	点 评
初步搭建青蒿素的分子模型	教师：请同学们观察青蒿素的电子密度图，你觉得这幅图（图 4-5-2）存在哪些问题？ 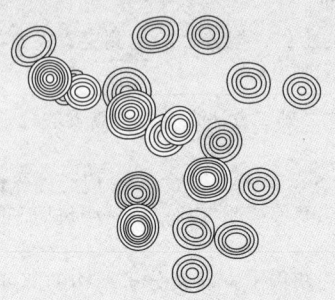 图 4-5-2　青蒿素的电子密度图 　　学生：① 原子数目不够；② 这个图是平面的，不能获得原子位置的三维信息。 　　教师：原子数目少的原因是氢原子电子密度小，在早期的 X 射线衍射中显示不出来。又因为该图是从一个方向照射青蒿素晶体得到的，所以只是一个平面信息图。如何解决这些问题？ 　　学生：① 有了 C 和 O，最后根据有机物成键规律，把氢原子补上就可以了。② 需要从不同角度照射青蒿素，获得这些原子的立体信息。 　　教师：科学家正是按照这两条思路，获得了青蒿素分子中 C、O 原子的三维坐标信息。为了把这些信息更明确地表示出来，科学家们想出了一个好办法，用三维坐标模型将这些原子的位置摆放出来。请同学们按照学案上的三维信息，模拟科学家的实验过程，将青蒿素的所有 C、O 原子位置用泡沫小球等教具在空间摆放出来。 **青蒿素中 C 和 O 原子的三维坐标** 	原子	x/cm	y/cm	z/cm	原子	x/cm	y/cm	z/cm
---	---	---	---	---	---	---	---
C1	15.8	11.5	23.2	C11	9.0	32.7	16.3
C2	7.7	7.4	24.5	C12	8.9	31.1	7.4
C3	1.2	13.2	26.9	C13	2.5	38.8	18.7
C4	0.6	20.6	21.4	C14	8.4	0.6	30.6
C5	8.8	24.9	21.1	C15	34.5	15.3	2.9
C6	15.3	19.2	18.3	O1	27.9	23.3	12.3
C7	14.1	17.4	9.4	O2	22.8	23.5	19.6
C8	28.2	15.3	9.6	O3	20.6	13.7	5.7
C9	29.8	9.3	16.3	O4	12.1	24.3	4.5
C10	22.0	5.5	19.8	O5	6.6	35.9	2.5		锻炼学生的动手能力和团队合作意识，初步体会到青蒿素分子结构的立体性
确定青蒿素的分子结构	教师：现在我们已经把所有的 C 和 O 原子摆出来了，我们得到青蒿素的结构了吗？还存在哪些问题？ 　　学生：没有得到青蒿素分子结构，因为化学键的位置还没有确定。 　　教师：如何确定化学键的种类和位置呢？	结合前面课程中结构分析所得的信息进行推断。

环节	活动实录	点评
确定青蒿素的分子结构	学生：在有机化合物中，同种化学键的长度应该是基本不变的，可以利用已有的键长信息来确定哪些原子之间形成化学键，形成哪种化学键，哪些原子之间可能并未形成化学键。 教师：请利用已有的键长信息确定青蒿素分子中化学键的位置。 **几种化学键的键长信息** 	键的类型	键长/10^{-10} m	转换后键长/cm
C—C	1.53	9.2
C=C	1.32	8.0
C—O	1.43	8.6
C=O	1.23	7.4
O—O	1.47	8.9
羧酸或酯中的 C—O	1.30	7.8		鼓励学生迎难而上，激发对科研的热情，体会喜悦感与成就感
确定青蒿素分子结构的意义	教师：在青蒿素的结构（图4-5-3）被确定之后，我们可以解释其结构的稳定性，可以更好地对青蒿素进行改进，可以展开青蒿素的全合成工作。通过两节课的学习，同学们一起重走了青蒿素结构的发现之旅，同学们有哪些收获呢？ $$\text{CH}_3$$ 图4-5-3 学生：① 深切感受到了科学家的艰辛历程，以及遇到困难永不退缩的决心；② 体会到有机物结构的立体性；③ 体会到晶体 X 射线衍射技术在测定物质结构中发挥的重大作用。 教师：从1976年青蒿素结构确定到现在已经过去40年了，随着科技的发展，晶体 X 射线衍射技术更加成熟，一些复杂有机物如海葵毒素，某些重要的蛋白质等都是通过该方法鉴定出结构。然而，晶体 X 射线衍射并不是完美的，它的最大缺陷就是必须培养待测物的单晶。为了解决这个问题科学家们不断开辟新的方法，比如近年来发展起来的冷冻电镜技术不需要培养单晶也能检测出蛋白质的结构。总之，科学探究是永无止境的	前后呼应，总结结构鉴定的意义。使学生体会到科学探究永无止境

（案例提供者：北京理工大学附属中学　艾涛　刘聪）

指导建议

一、通过结构测定任务体现新研究方法的独特价值

上述案例中选取了复杂有机物结构测定，而不是简单晶体结构的测定任务，具有

多重考虑。首先，复杂有机物结构测定任务可以与"有机化学基础"模块中学习的质谱、红外光谱、核磁共振图谱等关联起来，一方面具有复习的功能，另一方面也展现出 X 射线衍射方法在结构测定中可以直接确定原子位置的独特价值，让学生体会到原有的质谱、核磁共振图谱等方法的局限性。其次，有些学生认为 X 射线衍射只适用于无机物，对其在分子晶体，特别是有机物晶体结构测定中的应用不明确，通过这一活动设计可以扭转学生的偏差认识，并进一步了解真实的科学过程。当然，青蒿素的结构测定还具有重要的世界影响和教育意义，这也是设计任务时需要考虑的因素。

二、引发对核心知识和学科问题的反思

通过这个项目活动，还可以引发学生对一些核心知识和学科问题的反思。通过第 2 课时的拼插活动，学生可以进一步反思"键长"是如何测定的？为什么"键长"能被视为独立于"键能"的重要键参数。很多学生在学习共价键理论时都存在疑问：既然键长与键能是相关的，而键能比较容易测定，为什么不用键能来替代键长？通过这个项目活动，学生应体会到在复杂有机物结构测定中，原子间是否成键、成键的方式等都是通过原子位置信息与键长数据库比对来确定的，也应体会到在复杂有机物中，特定化学键键能的测定是困难的。通过体验形成对化学知识和学科问题的深入反思，是项目式教学的一个重要功能。

三、明确项目任务要求，做好材料和数据准备

项目式教学强调学生实做，为了支持学生的实践体验，教师需要明确项目任务要求，同时做好材料和数据方面的准备工作。以青蒿素结构测定为例，为了应用 X 射线衍射的结果，需要在三维坐标系中进行模拟建模活动。教师要给学生准备坐标纸、竹签、泡沫小球、尺子等相应的材料，以及常见化学键的键长信息。教师要通过过渡语言，讲清楚活动的目的，提示一些重要的操作性问题，使学生有效利用课堂时间完成活动任务。

单元 5 "有机化学基础"模块教学关键问题

5-1　怎样整体理解"有机化学基础"模块的内容价值?

这个教学关键问题是高中化学新课程"有机化学基础"模块教学的课程理解性问题,基于课标要求,结合学科能力理论,分析"有机化学基础"模块各核心内容主题的素养发展价值,明确素养发展目标,为素养导向的教学与评价奠定基础。通过对这个教学关键问题的分析和解决,希望教师能够:

- 明确"有机化学基础"模块核心内容的学科核心素养发展内涵。
- 明确"有机化学基础"模块的学科核心素养发展目标。
- 了解确定"有机化学基础"模块单元学习目标的思路。

5-1-1 "有机化学基础"模块的
课标分析（陈颖）

5-1-2 "多角度认识有机反应
模型的建立及应用"说课（叶斐）

问题的提出

"有机化学基础"是高中化学选择性必修课程模块之一。课标要求学生通过本课程模块的学习,"建立'组成、结构决定性质'的基本观念,形成基于官能团、化学键与反应类型认识有机化合物的一般思路,了解测定有机化合物结构、探究性质、设计合成路线的相关知识,发展化学学科核心素养"。其中,基本观念和认识思路是高中阶段有机化合物主题的素养内涵实质,有机化合物的结构测定、性质探究及合成路线设计既是素养的知识及活动经验基础,也是素养培养和发展的核心任务载体。

有机化合物是高中化学教学的核心内容,如何构建该模块的学业质量水平模型?如何科学精准地诊断和评价学生在该模块学业质量标准达成情况和学科核心素养发展水平?如何基于质量水平模型确定该模块具体教学内容所承载的学生素养发展价值,并将其转化为涵盖学生素养发展水平表现的教学目标,并进行学习活动和评价的一体化设计?这些都是亟待解决的重要问题。

问题的分析

学业质量标准是以本学科核心素养及其表现水平为主要维度,结合课程内容,对学生学业成就表现的总体刻画。有机化合物主题的素养内涵和素养发展要求是什么？我们仍可基于学科能力、学科和特定主题的认识方式的研究成果来进行梳理。

从知识经验、研究对象及问题情境、学科认识方式、学科能力活动及表现四个关键维度，建立有机化合物主题学科核心素养和关键能力构成模型（图5-1-1），从多维度整合揭示有机化合物主题学科核心素养。

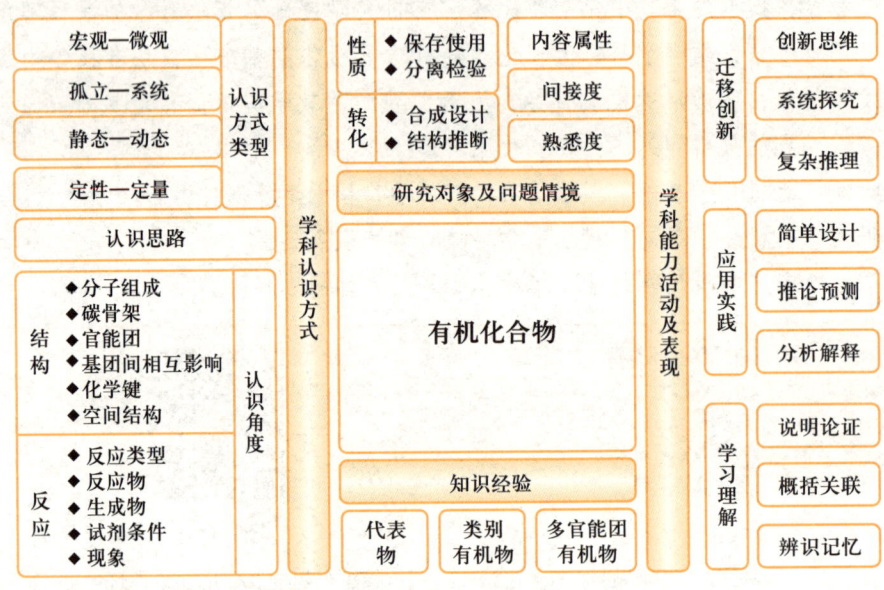

图5-1-1 有机化合物主题学科核心素养和关键能力构成模型

有机化合物主题的知识经验包括简单代表物、单官能团的典型类别有机化合物和多官能团的复杂有机化合物的组成、结构、主要性质与应用。这些知识经验是有机化合物主题学科核心素养和关键能力形成的基础和保障，即学生必须具备一定的知识经验，才有可能发展其在该主题下的素养。反之，只有知识经验，还远不能形成素养，这就涉及素养的内涵实质问题，即有机化合物的化学认识方式，还要能够将有机化合物的知识经验转化为化学认识方式，才能够真正发展学科核心素养和关键能力。

那么，有机化合物的化学认识方式又是怎样的？这要回到有机化学的知识体系中探寻。"有机化学基础"模块非常凸显"结构决定性质"的学科思想。"结构决定性质"是化学学科基本观念、学科大概念，也是有机化学学科核心思想，有机化学独特的研究对象及研究方法赋予了该学科思想独特的内涵。课程标准对有机化合物的结构要求非常明确，提出了官能团、化学键及基团间相互影响等概念，即对有机物的结构要从上述角度进行分析。除了结构，在性质主题下提出了有机化学反应类型和有机合成等核心概念，其中反应类型是能够促进学生理解有机化合物性质内在规律的核心概念。要将"结构决定性质"的学科思想转化为学生认识有机物的角度和思路，结构及反应的概念体系能够发挥重要的作用。因此，在关键能力构成模型中，确定结构和反应是有机化合物的一级认识角度。

结构和反应的下级概念构成其二级认识角度，结构的二级认识角度包括分子组成、碳骨架、官能团、基团间相互影响、化学键、空间结构；反应的二级认识角度包括反应类型、反应物、生成物、试剂条件和现象。不同的认识角度及角度之间的逻辑关联则构成了基于典型代表物、基于官能团和基于化学键的认识方式发展层级，体现出宏观—微观、孤立—系统、静态—动态、定性—定量的认识方式类型。

知识经验和化学认识方式解决了素养和能力的内涵及实质问题。那么如何培养和测评素养，要关注能力构成模型中的研究对象及问题情境、学科能力活动及表现。其中学科能力活动及表现即是素养形成的路径也是外在表现，有机化合物主题的能力活动仍可分为学习理解（辨识记忆、概括关联、说明论证）、应用实践（分析解释、推论预测、简单设计）、迁移创新（复杂推理、系统探究、创新思维）三大类、九小类。这些活动通过研究对象和问题情境来体现有机化合物主题的内容属性。

从研究对象及问题情境看，有机化合物主题围绕"性质"与"转化"进行对其进行分类，包括有机物的保存使用、分离检验、合成设计、结构推断，这些都是有机化学能够解决的核心问题，也是有机化学的研究对象。不同的问题情境可能会使上述核心问题的解决难度不同，从内容属性（能源、材料、饮食、健康、环境等实际问题）、间接度（给定角度、提示角度、自主角度、多角度）及熟悉度（熟悉原型、简单辨识、复杂陌生）三个维度操控问题情境进而把控问题的难度，也能和不同水平的能力活动对应起来。

综上，要发挥上述有机化合物主题素养和能力构成模型对教学的指导作用，还需要对模型中的知识经验、基于知识经验的学科认识方式、学科能力活动及表现进一步细化，梳理出"有机化学基础"模块核心内容所对应的具体的关键能力及学科核心素养表现，进而转化成相应的教学目标。

🖨 问题的解决

分析课程标准中的模块内容要求、学业要求及相应的学业质量水平，结合学科能力理论，可以将有机化合物主题的素养进一步具体化。

在"有机化学基础"模块的内容要求及学业要求中，"有机化合物的安全使用""有机合成路线设计""有机化合物性质预测"及指向能源、材料、饮食、健康、环境等实际问题解决的"有机化合物分离检验"是该主题的核心问题及研究对象；"有机化合物的分子组成和结构""有机反应类型"分别是研究有机化合物性质与转化的两个核心的一级认识角度。结构的二级认识角度包括分子组成、碳骨架、官能团、空间结构、基团间相互影响和化学键在内容要求中均有体现，反应的二级认识角度以有机化学反应类型为统领呈现在内容要求中。

在必修课程"简单的有机化合物及其应用"主题形成的基于典型代表物的认识水平基础上，选择性必修课程"有机化学基础"模块进一步发展学生对有机化合物的基于官能团和基于化学键的认识水平，系统建立关于有机化合物性质及转化的宏观与微观、孤立与系统、静态与动态的认识方式类型。

一、有机化合物主题的学科能力表现要求

有机化合物主题承担的素养发展外在表现为学科能力活动表现，是指学生通过有机化合物结构、有机反应、物质性质和应用的具体知识经验的学习，在面对不同情境下的有机化合物性质探究、有机化合物结构测定、有机合成和有机推断等化学问题，能够自主调用有机化合物的核心角度——结构、反应、认识有机化合物的一般思路，从宏观和微观相结合的视角解决问题的关键能力。结合课标中有机化合物主题的内容要求和学业要求，我们构建了学生有机化合物主题①学科能力的表现要求，具体如表 5-1-1 所示。

表 5-1-1　有机化合物主题学科能力的表现要求

学科能力要素		具体表现期望
学习理解（A）能力　能辨识、列举和描述典型代表物的组成、结构、性质和用途；对有机化合物的结构、性质及用途进行概括关联和比较，对典型性质的生成物、试剂和条件、反应类型、反应现象进行概括关联和比较；能够利用分子组成和结构、特征反应及现象、用途等说明论证典型有机化合物或官能团的性质	辨识记忆能力（A1）	OC-A1-1 能辨识典型代表物的碳骨架和官能团 OC-A1-2 能描述典型代表物的分子结构特征（键的类型、键的极性、空间结构等） OC-A1-3 能描述典型代表物的主要化学性质及其相应的实验现象，并书写相应的化学方程式 OC-A1-4 能列举典型代表物在生产生活中的重要应用
	概括关联能力（A2）	OC-A2-1 能依据有机化合物分子中碳骨架和官能团特征对其进行分类 OC-A2-2 能建立官能团与有机化合物特征性质的关系 OC-A2-3 能依据反应规律对有机反应进行归类 OC-A2-4 能比较不同有机化合物的组成、结构和性质的差异 OC-A2-5 能建立有机化合物性质与应用之间的关系 OC-A2-6 能概括和比较不同类型有机反应在反应物结构变化、试剂和条件、反应类型及反应现象方面的特征
	说明论证能力（A3）	OC-A3-1 能依据有机化合物化学键的饱和性、极性论证各类有机化合物分子中的反应活性部位 OC-A3-2 能依据有机化合物化学键的饱和性、极性论证官能团的性质 OC-A3-3 能从实验、文献资料、事实、用途等中获取证据，论证有机化合物的性质
应用实践（B）能力　能基于结构和反应的角度，依据有机化合物分子的结构特征、反应规律等分析解释有机化合物的性质及	分析解释能力（B1）	OC-B1-1 能依据有机化合物分子中的官能团类别、化学键特点分析解释各类有机化合物的性质及其转化 OC-B1-2 能依据有机反应规律分析解释各类有机化合物的性质及其转化 OC-B1-3 能利用各类有机化合物组成、结构和性质分析解释日常生产生活现象

① 注：学科能力理论中的有机化合物主题所涵盖的知识内容包括课程标准中的两部分内容，一是必修阶段的"简单的有机化合物及其应用"主题内容，二是选择性必修阶段的"有机化学基础"模块内容。文中后续出现的"有机化合物主题"均为上述含义。

学科能力要素		具体表现期望
转化；依据官能团或化学键特征对陌生有机化合物进行性质精准预测，结合已知信息对有机化合物的组成及结构、性质及反应进行相互推断；应用官能团的特征反应设计实验进行常见有机化合物鉴别、检验、保存、分离、除杂等，能利用典型反应进行有机合成路线的简单设计	推论预测能力（B2）	OC-B2-1 能基于有机化合物的组成、有机反应类型、试剂条件和现象等推断有机化合物的结构 OC-B2-2 能根据类别、官能团预测陌生有机化合物的性质，并书写相应的方程式 OC-B2-3 能根据有机化合物分子中共价键的饱和度、极性推断陌生有机化合物的活性部位、反应类型及其反应，并书写相应的方程式 OC-B2-4 能根据碳骨架、官能团及化学键的转化推断陌生反应 OC-B2-5 能依据碳骨架、官能团推断符合特定条件的同分异构体
	简单设计能力（B3）	OC-B3-1 能根据官能团的特征反应设计实验方案鉴别有机化合物官能团或验证有机化合物结构 OC-B3-2 能根据典型性质设计实验进行常见有机化合物的保存、分离、除杂等 OC-B3-3 能设计简单的定量方法分析说明有机化合物的组成及其变化；或根据实验数据通过简单计算确定物质的组成和物质转化过程中的质量关系 OC-B3-4 能结合已知信息和反应规律进行简单有机合成路线的设计
迁移创新（C）能力 　能基于结构和反应的多个二级角度，结合复杂陌生信息对有机化合物组成与结构、性质和反应进行系统推理，结合复杂陌生反应信息对有机化合物的有机合成路线进行综合推断、设计或评价；对复杂陌生有机化合物的结构和性质系统探究；将复杂陌生反应和有机合成进行远迁移，对有机化合物结构和非典型性质、性质和非常规用途进行远迁移或创意体会	复杂推理能力（C1）	OC-C1-1 能从有机化合物的组成、有机反应类型、试剂条件和现象等系统推理出陌生有机化合物的结构 OC-C1-2 能从有机化合物的官能团、化学键的特点、陌生反应规律分析解释复杂陌生有机化合物的性质及其转化 OC-C1-3 能依据反应规律和合成路线设计的一般方法设计复杂有机化合物的合成路线 OC-C1-4 能依据官能团保护、原子经济性等角度综合评价有机合成路线 OC-C1-5 能利用有机化合物性质对有关能源、材料、饮食、健康、环境等实际问题进行分析、讨论和评价
	系统探究能力（C2）	OC-C2-1 能从自主角度和多角度分析结构，精准预测性质，并设计和实施实验，探究陌生复杂有机化合物的性质 OC-C2-2 能结合已知信息，利用各种实验方法综合分析数据，测定复杂陌生有机化合物的结构
	创新思维能力（C3）	OC-C3-1 能基于复杂陌生反应的碳骨架和化学键转化设计陌生复杂有机化合物的合成路线 OC-C3-2 能根据有机化合物的组成、结构特点创意有机化合物的用途 OC-C3-3 能根据有机反应规律创意有机反应的应用（如燃料电池、生物发酵） OC-C3-4 能结合有机化合物及其反应在能源、材料、饮食、健康、环境等领域的前沿应用，体会有机化学家在问题解决过程中的创意

211

5-1　怎样整体理解「有机化学基础」模块的内容价值？

基于有机化合物主题学科能力的表现要求，结合课程标准对化学学科核心素养的水平划分，我们进一步确定了有机化合物主题的学科核心素养发展要求，具体如表5-1-2所示。

表5-1-2　有机化合物主题的学科核心素养发展要求

素养维度	有机化合物主题的学科核心素养发展要求
宏观辨识与微观探析	能对常见有机化合物及其变化进行描述和符号表征；能依据有机化合物分子的组成和结构特征对物质进行分类；能从有机化合物分子中的官能团类别、化学键特点分析解释各类有机化合物的性质；能比较不同有机化合物的组成、结构和性质的差异；能依据官能团或化学键特征对陌生有机化合物进行性质精准预测；能结合已知信息对有机化合物的组成和结构、性质和反应进行相互推断。其实质为丰富了对有机化合物的认识角度，发展了结构（分子组成、碳骨架、官能团、基团间相互影响、化学键、空间结构）角度；转变对有机化合物的认识方式，基于官能团和化学键认识有机化合物及其性质，分析结构，精准预测物质性质，从宏观和微观相结合的视角分析与解决实际问题
变化观念与平衡思想	能概括不同类型有机反应在反应物结构变化、试剂和条件、反应类型及反应现象方面的特征；能依据有机反应规律分析解释各类有机化合物的性质及其转化，设计有机化合物的合成路线，运用有机化合物性质和有机反应规律分析和解决实际问题。其实质为丰富了对有机反应的认识角度，建立反应类型、反应物、生成物、试剂条件、现象等认识角度，能够多角度、动态地分析生产生活现象，进行合成路线的设计
证据推理与模型认知	能宏观和微观结合获取证据，能依据证据从不同视角分析问题，推出合理的结论；能识别常见有机化合物分子结构模型和官能团、化学键、有机反应的理论模型；运用理论模型解释和预测有机化合物的组成、结构、性质与变化；能说明模型使用的条件和使用范围；能对复杂的化学问题情境中的关键要素进行分析以建构相应的模型，能选择不同模型综合解释或解决复杂的化学问题；能指出所建模型的局限，探寻模型优化需要的证据。其实质为建构有机化合物分子的结构分析模型（图5-1-2）和多角度认识有机反应的思路模型（图5-1-3）。 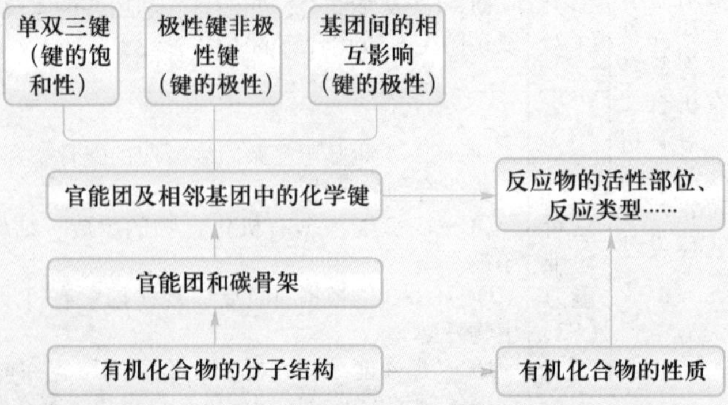

图5-1-2　有机化合物分子的结构分析模型

素养维度	有机化合物主题的学科核心素养发展要求
证据推理与模型认知	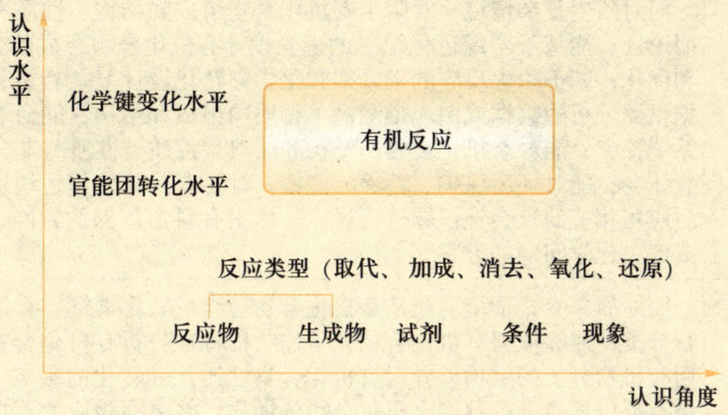 认识水平 ↑ 化学键变化水平 官能团转化水平 [有机反应] 反应类型（取代、加成、消去、氧化、还原） 反应物　生成物　试剂　条件　现象 → 认识角度 图 5-1-3　多角度认识有机反应的思路模型
科学探究与创新意识	能发现和提出有探究价值的问题；能从问题和假设出发，确定探究目的，设计探究方案，运用化学实验、调查等方法进行实验探究；在探究中学会合作，面对"异常"现象敢于提出自己的见解。其实质为建立常见有机化合物鉴别、检验、保存、分离、除杂的基本思路；建立有机化合物性质探究和结构测定的基本思路
科学态度与社会责任	能列举事实说明有机化学在创造新物质、提高人类生活质量、促进社会发展方面的重要贡献；能利用有机化合物性质对有关能源、材料、饮食、健康、环境等实际问题进行分析、讨论和评价；结合有机化合物及其性质在能源、材料、饮食、健康、环境等领域的前沿应用，体会有机化学家在问题解决过程中的创意。其实质为建立化学视角，从有机化合物组成、结构、性质和转化等角度分析解决相关问题，形成正确的价值观

213

三、有机化合物主题的学业质量水平模型

化学学业质量标准是学生在完成化学课程学习后的学业成就表现。因此，可结合有机化合物主题学科核心素养和关键能力构成模型、表现要求和素养发展要求，结合课程标准中的学业质量标准和有机化合物主题的学业要求，从多个维度构建有机化合物主题学业质量水平（图 5-1-4），具体描述如表 5-1-3 所示。

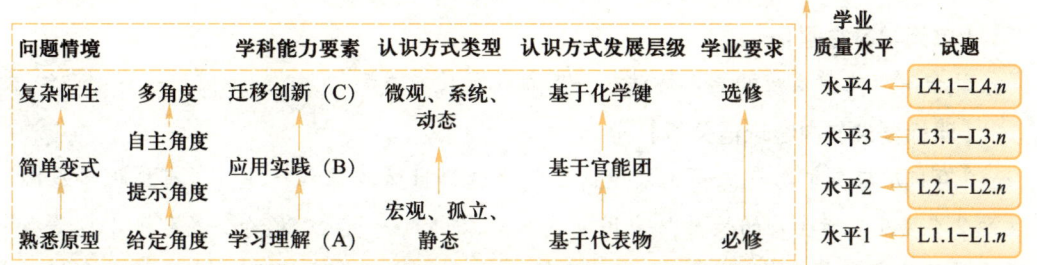

图 5-1-4　有机化合物主题学业质量水平划分维度

表 5-1-3　有机化合物主题学业质量水平描述

水平等级	水 平 描 述
4	面对陌生复杂情境，对陌生有机化合物组成和结构、性质和反应进行系统推理和说明论证；能基于"绿色化学"的理念设计有机化合物合成的方案，并对方案进行评价和优化；基于陌生反应的碳骨架和化学键转化设计复杂有机化合物的合成路线；能根据仪器分析的数据或图表推测简单物质的组成和结构；能对有机化合物的结构和性质系统探究；能对有机化合物的结构和非典型性质、性质与非常规用途进行远迁移和创意体会；能对环境保护、营养与健康、材料选择与使用、垃圾处理等与有机化合物性质应用相关的社会性议题进行讨论，作出有科学依据的判断、评价和决策，提出处理或解决化学问题的方案
3	面对简单变式情境，能从有机化合物的组成、化学键、官能团等多个视角对物质进行分类；能够依据有机化合物分子的结构特征分析有机化合物的某些化学性质，并说明有机物分子的结构差异对有机化合物性质及其转化的影响；能够依据官能团、化学键及反应规律推论预测有机化合物的性质，并书写相应的反应式；能够设计实验方案探究典型有机化合物的性质、测定典型有机化合物分子的组成结构；能够根据需要设计简单的有机合成方案；认识有机化合物转化和合成在社会经济可持续发展、提高生活质量等方面的重要贡献；能分析有机化学品生产和应用过程对社会和环境可能发生的影响，提出降低其负面影响的建议
2	面对熟悉原型情境，能够依据碳骨架和官能团对有机化合物进行分类；能够依据反应规律对有机反应进行分类；能从化学键、官能团等说明有机化合物的特征性质；能够从不同视角说明不同类型有机反应的异同；能够依据典型官能团类别、反应规律等分析解释有机化合物的性质及转化；能够利用典型代表物的主要性质进行鉴别；能够利用典型代表物的主要性质分析和讨论能源、材料、饮食、健康、环境中的简单有机问题
1	面对熟悉原型情境，能够辨识典型代表物的碳骨架和官能团；能够描述典型代表物的分子结构特征（键的类型、键的极性、空间结构等）、主要化学性质及相应的实验现象，并书写相应的反应方程式；能妥善保存、合理使用常见有机化学品；能列举常见有机化合物在生产生活中的重要应用；能将典型代表物的性质和应用进行关联

【案例】

有机化学反应类型（单元及课时学习目标设计）

"有机化学反应类型"是反映有机化学反应内在规律的核心概念，它使得人们能够对数目繁多的有机化学反应进行分类研究，认识新的反应并在此基础上创造新反应。从学生学习看，有机化学反应类型中还蕴含着认识有机化学反应的核心角度和思路。本案例呈现"有机化学反应类型"的单元教学目标和课时教学目标及其确定的路径。

【单元学习主题】

认识有机化学反应的思路方法——有机化学反应类型

【课标要求与内容价值分析】

"有机反应类型与有机合成"是课程标准选择性必修课程模块3"有机化学基础"主题2"烃及其衍生物的性质与应用"内容要求中的一个核心概念，"有机反应类型"对应的具体内容要求为"认识加成、取代、消去反应及氧化还原反应的特点和规律，了解有机反应类型和有机化合物组成结构特点的关系"。有机化学反应类型的重要价值在于引导学生从多种角度认识和理解有机化学反应，既关注参加反应的有机化合物及其结构特点、试剂的特性、发生反应的条件，又关注它们生成什么产物，进而发现反应的相同之处，上述多角度认识反应的思路方法为后续章节中有关烃的衍生物的学习提供关于反应的理论支持。

从学生素养发展要求看，在建构了多角度认识反应的模型后，进一步应用模型解决实际问题，有利于其认识思路的巩固和发展。从能力目标的完整性来看，需要跟进模型应用的内容，即将课程内容进行整合，课程标准还提到"认识卤代烃的组成和结构特点、性质、转化关系及其在生产生活中的重要应用"。卤代烃的性质与制备是认识有机化学反应的思路与方法及核心概念的重要应用。这就提示我们，可以将卤代烃的研究与有机反应类型内容进行整合，通过卤代烃的研究进一步形成基于有机化学反应认识模型解决问题的思路与方法。

基于上述分析构建本单元的知识结构，如图 5-1-5 所示。

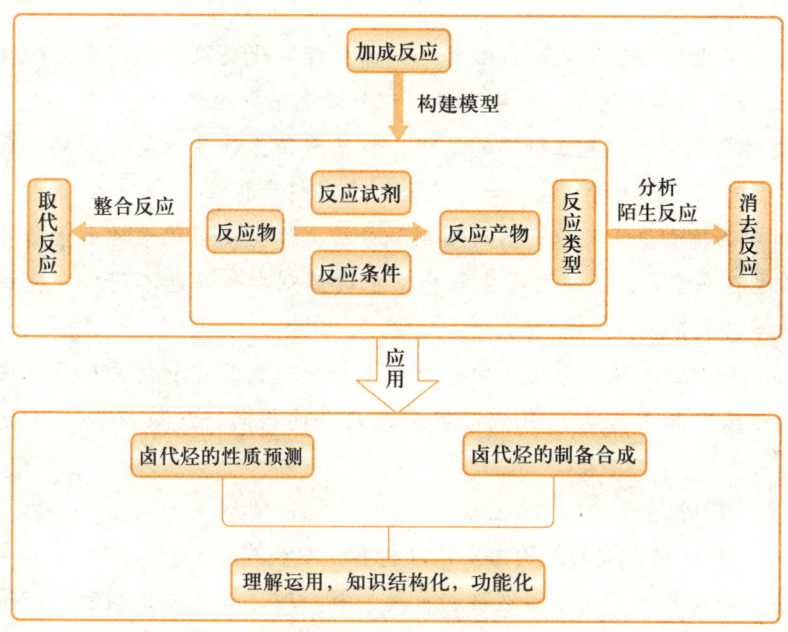

图 5-1-5　有机化学反应类型单元教学的知识结构

【单元学习目标】

1. 通过对加成、取代、消去反应的特征进行分析概括，建立从反应物、生成物、试剂和反应条件等有机化学反应的认识角度。

2. 能从官能团转化、化学键的转化等不同层面分析有机反应中反应物和生成物的结构变化，进而概括加成、取代、消去等有机化学反应的本质特点，形成对有机反应的不同认识水平。

3. 能根据结构预测有机物的化学性质，可能发生的反应类型；能用结构式或者结构简式表示出有机物的结构特点，能用有机化学方程式表征相应的反应。

4. 能应用多角度认识反应的思路模型预测卤代烃等有机物的性质，设计实验方案，验证有机物的化学性质，明确所需的反应试剂、反应条件、产物验证等实验思路。

5. 能应用多角度认识反应的思路模型选择卤代烃等有机物的制备原理，并从成本、环保和安全性等方面进行评价和优化。

【课时学习目标】

（一）第 1 课时

1. 能从微观角度分析加成反应中反应物和生成物的结构特点，关注官能团、化学键的饱和性和极性；能从结构变化角度对有机反应进行分类。

2. 能认识不同类别的有机物是可以相互转化的，在转化时需要一定的条件和一定的反应试剂。

3. 能建立有机化学反应的认识模型，包括认识角度和思路。例如，对加成反应的认识，能从反应物到生成物结构变化，选用适当的加成试剂和反应条件认识反应。

（二）第 2 课时

1. 通过反应物断键、生成物成键特点不断梳理取代反应和消去反应的特点，巩固"结构决定性质"的学科思想，发展宏观辨识与微观探析素养。

2. 通过对取代反应中电性规律的认识，以及对陌生物质性质的预测，巩固对有机化学反应类型的认识，同时发展科学探究与创新思想素养。

3. 通过对丙烯和氯气反应产物的预测和分析，体会相同化学键由于所处化学环境不同，性质也存在差异，能与之发生取代反应的试剂和条件也不同，发展科学态度与社会责任的学科素养。

4. 通过不断运用有机化学反应的分析框架分析取代反应和消去反应，巩固从化学键转化、反应试剂和条件认识有机化学反应的全面视角，发展证据推理与模型认知素养。

（三）第 3 课时

1. 能主动从 1-溴丙烷的结构出发，分析和预测反应类型。

2. 具备分析有机化学反应的思路和角度，能合理选择反应试剂和反应条件，对预测的反应进行验证。

3. 能用化学方程式准确地表示 1-溴丙烷的化学性质。

4. 能自主完成设计制备 1-溴丙烷的方法，并从试剂、操作、环保等角度对制备方法进行评估。

【案例说明】

有机化学反应类型的内容在不同的教材中处理方式不同，有的教材是分散处理，有的教材则集中呈现。本单元教学基于对课程标准及知识内容价值的分析，将有机化学反应类型作为一个独立的学习内容，希望学生通过对反应类型的集中学习达成相应的素养发展目标。

备课过程中，教师围绕如何将有机化学反应类型知识结构化和功能化的问题展开探讨。在充分学习和分析高中有机化合物主题的学科能力的表现要求及学科核心素养发展要求的基础上，对有机反应类型的概念知识体系所承载的素养内涵和实质有了比较系统的认识，明确多角度认识有机反应的思路模型是将知识结构化和功能化的结果。因此，围绕思路模型的建立和应用将教学目标具体化。在确立具体教学目标时，还考虑了学生的认识发展起点和路径，进行了以下学情分析。

在本单元学习之前，学生已经学习过必修第二册第三章"简单的有机化合物"和选择性必修第三册第一章第3节"烃"，掌握了一些有机物的化学性质，基于性质知道了一些有机反应类型，如取代反应、加成反应，并已经通过选择性必修第三册第一章第2节的学习，了解了有机化合物的结构与性质的关系，建立了有机物分子结构的认识模型。

通过课前测查和学生访谈发现学生对本单元学习存在以下障碍点：

（1）大部分学生此时已经建立了有机物的结构的认识角度，能从官能团、化学键和基团间相互影响的角度认识有机物的结构，但是对基于结构分析如何预测有机物的化学性质还没有形成系统完整的分析思路。

（2）大部分学生对有机反应类型——取代反应、加成反应有初步了解，能够列举典型的取代反应、加成反应，但对反应中有机物结构的变化规律没有深入的认识，未将结构与反应类型建立内在关联，在学生的现有认识里这两者的关系是割裂、孤立的。

（3）学生对有机化学反应没有系统的、多维度的认识角度，只知道一些有机化学反应是需要有条件的，但是具体在什么条件下发生的反应，只是依靠机械记忆，缺乏反应试剂、条件、产物等完整认识有机反应的角度和系统分析的思路。

基于上述学情分析，在确立单元学习目标时，从学生的已有经验和认识出发，顺应其认识发展脉络，从建立模型到应用模型依次确定目标。在将单元学习目标转化为课时学习目标时，关注不同的学习内容对学生认识发展进阶的作用，例如，通过加成反应特征分析来建立模型，通过取代和消去反应分析来完善和初步的应用模型，卤代烃的性质和制备则是应用模型解决实际问题。

指导建议

在有机化合物主题重点发展学生的化学学科核心素养是"宏观辨识与微观探析"，同时也承担"变化观念与平衡思想""模型认知与证据推理""实验探究与创新意识""科学态度与社会责任"素养的发展功能。"宏观辨识与微观探析"素养发展的核心是发展学生基于官能团和化学键认识方式发展层级，认识有机化合物和解决有机化学实际问题。已有研究表明，学生在有机化合物主题各认识方式发展层级的得分从基于代表物、基于官能团到基于化学键是依次降低的，学生基于官能团和基于化学键认识有机化合物的表现偏低。具体表现为学生能够建立一些结构和反应的二级认识角度；但欠缺的是自主调用某些结构和反应的二级认识角度思考和解决问题，尤其是将某些认识角度关联起来进行微观、系统、动态的思考，以解决有机化合物的真实问题。

因此，在有机化合物主题教学时，教师要基于有机化合物主题学科核心素养和关键能力构成模型，整体规划"有机化学基础"模块教学，明确不同教学内容对学生有机化合物主题学科核心素养和关键能力发展的功能与价值；要精确且有梯度地设计教学环节和学生活动任务，根据学业质量水平和进阶，合理选取和使用原型变式以及综合复杂陌生的任务情境素材，要通过追问使学生的思维和认识方式外显，帮助学生构建有机化合物分子结构的分析模型和多角度认识有机反应的思路模型，建立"组成、结构决定性质"的基本观念，形成基于官能团、化学键与反应类型认识有机化合物的一般思路，解决不同情境下的有机化合物性质探究、有机化合物结构测定、有机合成和有机推断等真实问题，发展学生有机化合物主题学科能力及核心素养。

如何整体规划"有机化学基础"模块的单元教学？

这个教学关键问题是"有机化学基础"模块教学的课程实践性问题。该问题的分析和解决基于"有机化学基础"模块中各内容主题的素养发展价值定位，分析学生学习过程中的素养发展进阶路径，提出模块内容整体规划和单元教学规划的思路和策略。通过对这个教学关键问题的分析和解决，希望教师能够：

- 明确进行"有机化学基础"模块整体教学规划的整体思路。
- 了解进行"有机化学基础"模块单元教学内容规划的主要策略。
- 了解进行"有机化学基础"模块单元教学活动规划的总体策略。

5-2-1 "探秘手机电池中的离子导体材料"
　　　 课堂实录片段（庞雪）

5-2-2 "有机化学反应类型"课堂
　　　 实录片段（赵弟）

 问题的提出

"有机化学基础"模块包括有机化合物的组成与结构、烃及其衍生物的性质与应用、生物大分子及合成高分子三个内容主题。

一方面，教师开展该模块教学时还会关注到同样的教学内容，但由于其承担的学生素养发展目标的内涵更加丰富了，所以教学时需要在先深入理解课程标准、再挖掘知识所蕴含的素养内涵及表现的基础上，对教学内容进行重组和整体规划。

另一方面，教师也关注到不同版本教材"有机化学基础"模块在整体的目录框架上保持了稳定，但在正文内容组织呈现、栏目设置和内容调整方面发生了各种各样的变化。那么，这些变化的背后，教材编写团队基于课程标准对教材进行了改编，其核心的编写思路是什么。教师在实际教学中对教材的依赖程度还是较大的，一般在内容进程上与教材保持高度一致。因此，如何能够使教材在教学中更好地发挥对学生学习的支持作用，也需要教师深入理解教材，进而对教学内容进行单元整体规划，对单元学习活动进行整体设计。本节以鲁科版教材为例，聚焦以上问题展开阐述。

鲁科版教材《有机化学基础》的章节内容框架如表 5-2-1 所示，通过章节标题体现出全册教材将有机化学基本理论与有机化合物性质两条线索并列、融合的结构体系。

表 5-2-1　鲁科版教材《有机化学基础》的内容框架

章　标　题	节　标　题
第一章　有机化合物的结构与性质　烃	第 1 节　认识有机化学 第 2 节　有机化合物的结构与性质 第 3 节　烃 微项目　模拟和表征有机化合物分子结构
第二章　官能团与有机化学反应　烃的衍生物	第 1 节　有机化学反应类型 第 2 节　醇和酚 第 3 节　醛和酮　糖类和核酸 第 4 节　羧酸　氨基酸和蛋白质 微项目　探秘神奇的医用胶
第三章　有机合成及其应用　合成高分子化合物	第 1 节　有机化合物的合成 第 2 节　有机化合物结构的测定 第 3 节　合成高分子化合物 微项目　改进手机电池中的离子导体材料

为促进学生有机化合物主题的素养进阶发展，教材在章节内容顺序上，搭建了科学合理的认识阶梯。第一章以烃为载体，初步建立结构与有机化合物性质的关联，形成有机化合物分子结构的认识角度思路；第二章以烃的衍生物为载体，系统建立结构、反应与有机化合物性质的关联，形成有机化学反应的认识角度思路；第三章以合成高分子为载体，结合典型案例，应用前两章所建立的认识角度思路，形成有机合成的基本思路和方法。在内容组织上呈现"从烃到烃的衍生物再到高分子，从简单官能团到复杂官能团，从有机物及反应的宏观现象到微观本质"的编排顺序，顺应学生有机化学学习的认识发展脉络，从而有效促进学生有机化合物主题的学科关键能力和核心素养的进阶发展。

教材采用"有机化学认识思路"和"有机化合物性质"双线并进、交叉融合的编写思路，这种将核心内容进行整体、系统架构的编写思路，既发挥了结构和反应理论的指导作用，又保证了有机化合物知识的系统性（官能团体系）；既降低了理论知识的学习难度，又解决了有机化学内容较为零散和容易堆砌事实的老问题，相对于传统有机化学教材体系，是一种突破和创新，巧妙地解决了继承与创新的关系。这样的教材编写思路对教师开展素养导向的教学能否起到充分的支撑作用，还需要教师对教材正文及栏目的编写特色和编写意图有深入的理解，准确把握各核心内容所对应的学生学习活动类型及教学设计关键策略。

问题的解决

教师的教学应与教材的编写意图一致，需要着力建立有机物结构、性质、合成及应用之间的整体联系；外显高中生学习有机化学的认识角度和认识思路，进而发展其探究有机物性质、测定结构及设计合成路线等有机化学学科关键能力及核心素养。

一、发挥有机化学概念理论知识的功能，外显认识角度和思路建构过程

有机化合物认识方式的建构及应用是有机化合物主题关键的素养发展目标，为此，有机教材聚焦结构及反应的主要理论知识单独设置了节内容——第一章第 2 节"有机化合物的结构与性质"和第二章第 1 节"有机化学反应类型"，通过教材正文和栏目全面呈现相应的核心知识，其内容框架见表 5-2-2。

表 5-2-2　第一章第 2 节和第 2 章第 1 节的内容框架

节标题系统	本节主要的活动性栏目
第一章第 2 节　有机化合物的结构与性质 一、碳原子的成键方式 1. 单键、双键和三键 2. 极性键和非极性键 二、有机化合物的同分异构现象 三、有机化合物结构与性质的关系 1. 官能团与有机化合物性质的关系 2. 不同基团间的相互影响与有机化合物性质的关系	联想质疑：从六种常见有机化合物的分子结构及典型性质引入 交流研讨：几种简单有机物中碳原子的成键特点 交流研讨：乙醇和氯乙烷的反应活性部位 交流研讨：判断几种烃的同分异构关系 交流研讨：乙酸、乙醇结构及性质对比分析
第二章第 1 节　有机化学反应类型 一、有机化学反应的主要类型 1. 加成反应 2. 取代反应 3. 消去反应 二、有机化学反应类型的应用——卤代烃的性质和制备	联想质疑：从有机反应的分析角度引入 交流研讨：取代反应的规律 观察思考：利用乙醇的消去反应制备乙醇 观察思考：1-溴丙烷的取代反应 交流研讨：1-溴丙烷的制备

有机化合物性质及转化的认识角度和思路需要学生在实践活动的体验中进行建构，因此，教材通过"联想·质疑""交流·研讨""观察·思考"等活动性栏目，以第一章第 2 节为例，其活动性栏目从性质的分析解释引入，引导学生思考决定性质的本质因素，并外显在性质的分析解释过程中建构认识角度和思路——从官能团中碳原子的饱和程度、键的极性解释有机化合物的化学特性，为后续章节预测有机化合物性质等活动奠定思路基础，在本节的"练习与活动"中，通过习题进一步应用和巩固角度思路（如图 5-2-1）。

此外，教材还在烃及其衍生物性质等章节中穿插编排、持续渗透结构和反应的延伸内容，用理论知识解决有机化合物性质探究、结构测定和推断、分离提纯、保存检验、合成路线设计等实际问题，发挥结构和反应等理论知识的素养发展功能，将"结构决定性质、性质反映结构"的学科核心思想外显为问题解决的过程和方法。

二、利用涵盖学科核心任务的活动性栏目及案例，持续发展学科能力

有机化合物主题的学科能力表现是指学生面对不同情境下的有机化合物性质探究、有机化合物结构测定、有机合成和有机推断等核心任务，能够自主调用认识有机化合物性质及转化的角度、思路，从宏观和微观相结合的视角解决问题的关键能力，不同水平学科能力及其具体表现见表 5-2-3。

▶ 联想·质疑

图1-2-1给出了六种常见有机化合物的分子球棍模型以及它们所能发生的某些反应。

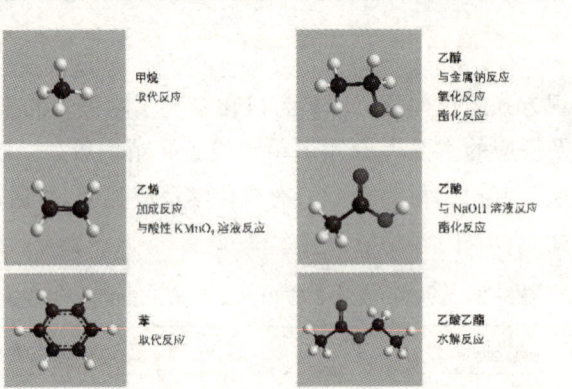

甲烷
取代反应

乙醇
与金属钠反应
氧化反应
酯化反应

乙烯
加成反应
与酸性 $KMnO_4$ 溶液反应

乙酸
与 NaOH 溶液反应
酯化反应

苯
取代反应

乙酸乙酯
水解反应

△图1-2-1 几种有机化合物的分子球棍模型及其所能发生的某些反应

不同类别的有机化合物具有不同的化学性质,这是由其结构特点决定的。那么,你了解有机化合物分子中碳原子的成键方式和官能团的结构特点吗?它们是怎样影响有机化合物的性质的?

⇩

▶ 交流·研讨

乙醇和氯乙烷分子的结构式分别为 $H-\overset{H}{\underset{H}{C}}-\overset{H}{\underset{H}{C}}-O-H$ 和 $H-\overset{H}{\underset{H}{C}}-\overset{H}{\underset{H}{C}}-Cl$。请利用碳原子成键方式的有关知识,分析和预测乙醇和氯乙烷分子在反应中可能的断键部位。

分析和预测

分析角度	预测在反应中可能的断键部位
判断分子中是否有不饱和键:	
寻找分子中有极性的化学键:	

⇩

练习与活动

学习·理解

1. 请分析丙烯酸的结构,将分析结果填入表格中。

丙烯酸的结构式	分析角度				
	官能团	化学键			
		键的饱和性		键的极性	
		饱和键	不饱和键	极性键	非极性键
$H-\overset{H}{C}=\overset{H}{C}-\overset{O}{\underset{}{C}}-O-H$					

图 5-2-1 第一章第 2 节的活动性栏目和习题示例

表 5-2-3　有机化合物主题不同水平学科能力及其具体表现

学科能力水平	具体表现
学习理解（A）	能辨识、列举和描述典型代表物的组成、结构、性质和用途；对有机化合物的结构、性质及用途进行概括关联和比较，对典型性质的生成物、试剂和条件、反应类型、反应现象进行概括关联和比较；利用分子组成和结构、特征反应及现象、用途等说明论证典型有机化合物或官能团的性质
应用实践（B）	能基于结构和反应的角度，依据有机化合物分子的结构特征、反应规律等分析解释有机化合物的性质及转化；依据官能团或化学键特征对陌生有机化合物进行性质精准预测，结合已知信息对有机化合物的组成及结构、性质及反应进行相互推断；应用官能团的特征反应设计实验进行常见有机化合物鉴别、检验、保存、分离、除杂等，能利用典型反应进行有机合成路线的简单设计
迁移创新（C）	能基于结构和反应的多个二级角度，结合复杂陌生信息对有机化合物组成与结构、性质和反应进行系统推理，结合复杂陌生反应信息对有机化合物的有机合成路线进行综合推断、设计或评价；对复杂陌生有机化合物的结构和性质系统探究；将复杂陌生反应和有机合成进行远迁移，对有机化合物结构和非典型性质、性质和非常规用途进行远迁移或创意体会

　　教材在各章节均设置了活动性栏目，并在第二章第 1 节、第三章第 1 节和第 2 节共设置了三个任务式案例——卤代烃的性质和制备、利用逆合成分析法设计苯甲酸苯甲酯的合成路线、某种医用胶的结构测定。上述栏目和案例全面覆盖有机化合物主题的核心任务，且各类核心任务都关注了学科能力的水平进阶。以第二章第 2 节到第 4 节的三个性质预测的活动性栏目为例（如图 5-2-2），这三个"交流·研讨"栏目分别为预测醇、醛、羧酸的化学性质。在预测醇的化学性质时，该栏目不仅给出了结构分析和预测性质的角度，还具体说明了分子中官能团对邻近基团的影响及结果，支持学生开展活动；在预测醛的性质时，只给出结构分析和性质预测的角度，基团间相互影响需要学生自主分析；在预测羧酸的化学性质时，则将上述角度和思路支持全部隐蔽，旨在引导学生自主调用角度思路。上述栏目设置在研究对象的选取上体现了由简单到复杂、由熟悉到陌生的变化，在活动支架的设计上体现了由给定角度到提示角度再到自主调用角度的水平进阶，从而实现有机化合物主题学科能力的持续进阶发展。

三、采用微项目教学凸显学科应用价值，促进学生素养综合发展

　　表 5-2-1 中列出了有机教材每章的微项目共三个。三个微项目的情境领域分别涉及有机结构测定新技术、功能导向的医用胶改性及手机电池的新材料研发，凸显了有机化学的前沿发展及实际应用，充分展现了有机化学的学科价值和魅力。项目的核心任务分别关联有机物分子结构的多重表征、有机化学反应的创造性应用及有机合成的综合应用，是各章的核心内容及思路方法的延续发展，也是有机化学主题核心素养的综合发展，微项目成果见图 5-2-3。

▶ 交流·研讨

氧元素的电负性比氢元素和碳元素的电负性都大，醇分子中羟基上的氧原子对共用电子的吸引能力强，共用电子偏向氧原子，使碳氧键和氢氧键都显出极性，成为反应的活性部位。

醇分子中羟基上氧原子的强吸电子作用，使 α-H 和 β-H 都较为活泼。

$$R-CH_2-CH_2-OH \qquad R-CH_2-CH_2-O-H$$
$$\beta\alpha \qquad\qquad \alpha$$

以 1-丙醇为例，结合上述资料，分析醇的分子结构，预测反应的断键部位及相应的反应类型等，并将讨论结果填入下表。

分析结构	预测性质			
	断键部位	反应类型	反应试剂和条件	反应产物
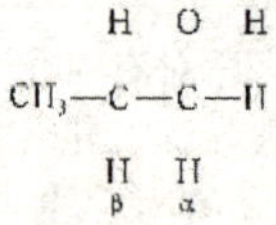 $\begin{array}{c} H\ \ O\ \ H \\ CH_3-C-C-H \\ H\ \ H \\ \beta\ \ \ \alpha \end{array}$ 官能团： 是否含不饱和键： 键的极性： 基团之间的相互影响：				

▶ 交流·研讨

与其他有机化合物相比，醛、酮的化学性质较活泼，这与它们官能团的结构密切相关。

1. 请分析醛的结构特点，利用你所掌握的有机化合物结构与性质间关系的知识，推测醛可能具有的化学性质，完成下表。

分析结构	预测性质			
	断键部位	反应类型	反应试剂和条件	反应产物
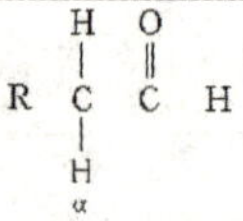 $\begin{array}{c} H\ \ O \\ R-C-C-H \\ H \\ \alpha \end{array}$ 官能团： 是否含不饱和键： 键的极性： 基团之间的相互影响：				

2. 思考酮的化学性质与醛的化学性质有哪些相同点和不同点。

▶ 交流·研讨

下面是丙酸的结构式，请在式中标出可能发生化学反应的部位，并推测可能发生什么类型的化学反应。

分析结构	预测性质
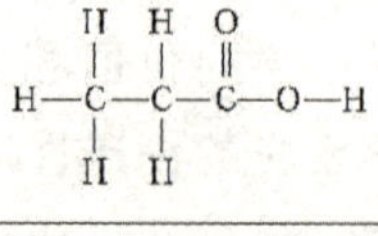 $\begin{array}{c} H\ H\ O \\ H-C-C-C-O-H \\ H\ H \end{array}$	

图 5-2-2　烃的含氧衍生物性质预测栏目示例

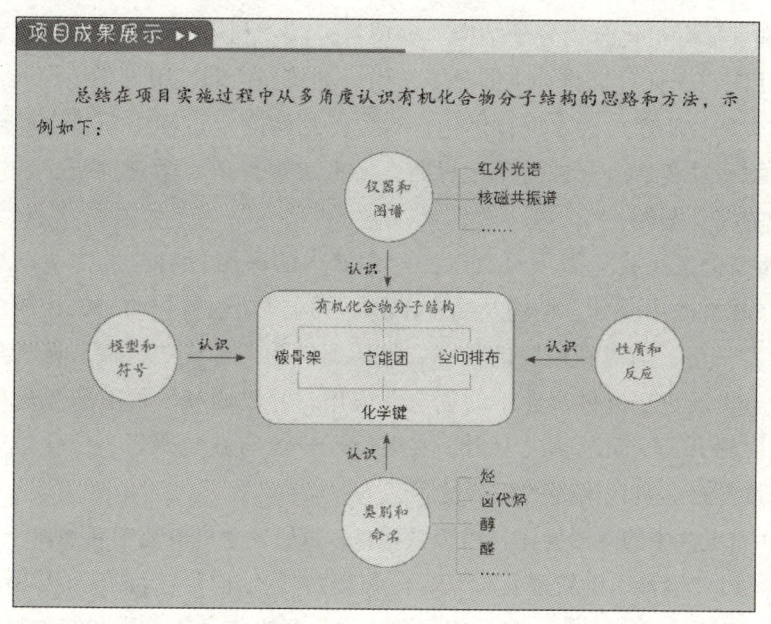

（a）

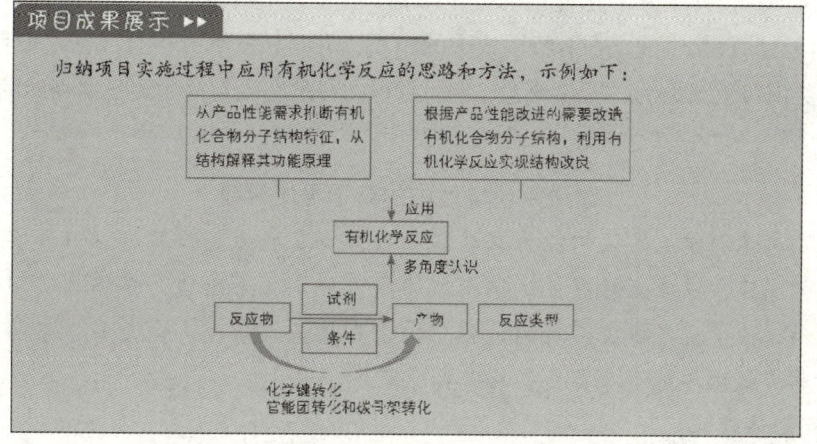

（b）

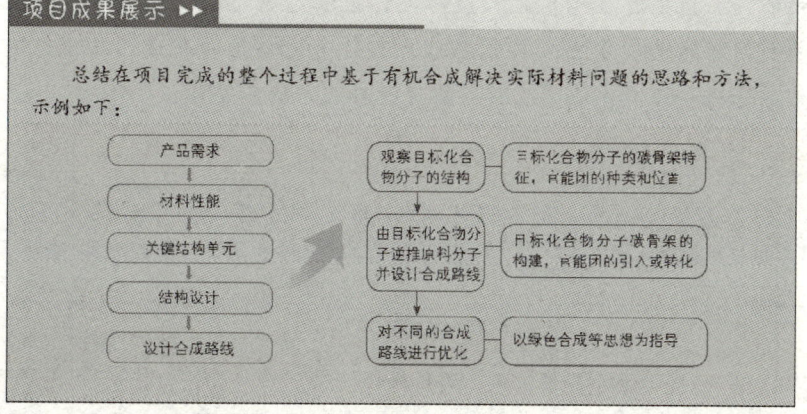

（c）

图 5-2-3　体现素养综合发展的微项目成果

"模拟和表征有机化合物分子结构"微项目，以"利用模型模拟有机化合物的分子结构""利用图谱表征有机化合物的分子结构"为核心活动，引导学生深入体验有机化合物结构的多重表征含义，体验有机化合物分子结构测定过程中新技术和新设备的应用，同时巩固和发展结构分析的角度思路，实现宏观辨识与微观探析、证据推理与模型认知素养的综合发展。

"探秘神奇的医用胶"微项目，以医疗领域中的医用材料改性为驱动性任务，以"从性能需求探究医用胶分子结构及黏合原理""通过结构转化改进医用胶的安全性等性能"为核心活动，围绕医用胶的性能、性质、结构、合成等方面展开探索，引导学生深入体验有机反应在材料改性中的创造性应用，并巩固和发展有机反应的认识角度和思路，同时提升真实问题解决能力，实现宏观辨识与微观探析、变化观念、创新意识、科学态度与社会责任素养的综合发展。

"改进手机电池中的离子导体材料"微项目，以研发手机电池中新型离子导体材料为驱动性任务，以"设计手机新型电池中离子导体材料的结构""合成离子导体材料中有机溶剂的单体"为核心活动，将材料性能问题转化为有机化合物性质和结构问题，聚焦材料的功能基团，设计高分子化合物的分子结构，建立从化学视角分析解决材料问题的方法，同时体会绿色化学理念在有机合成中的应用、巩固和发展有机合成路线设计的思路，实现宏观辨识与微观探析、变化观念、创新意识、科学态度与社会责任素养的综合发展。

【案例】

改进手机电池中的离子导体材料

本单元教学以学生的认识能力发展和学科素养发展为整体目标，以真实问题解决过程为教学明线，以学生对有机认识模型的丰富和完善为暗线，根据真实问题解决过程设计活动，使学生在解决问题的过程中内化有机认识模型，体会科学家解决真实问题的步骤和有机化学对于人类发展的重要价值。

【单元整体规划】

本单元共需2课时，第1课时为功能导向的材料结构设计，从聚焦材料功能，到关注材料性能，寻找关键结构基元，最终设计出满足需求的材料结构，建立基于功能需求解决材料问题的思路方法；第2课时为高分子化合物的合成，从设计有机合成路线，到路线的选择和评价，使学生获得解决材料问题的完整体验。

环节	学习目标	学习内容	学习活动	学习资源
情境引入	从真实问题中抽提出化学问题	从产品需求聚焦材料，关注材料性能，将真实问题转化为化学问题	如何依据手机的功能需求设计有机材料、合成有机分子，实现功能需求？	新型手机图片素材
结构设计	设计材料结构，建立思路方法	有机材料结构设计的思路方法的建立：产品功能需求→聚焦材料→分析材料性能要求→确定分子关键结构单元→设计目标分子	以"手机电池安全性的改进"为例，进行课堂讨论，如何依据需求进行结构设计，分子合成	资料卡片：酯基→提高锂盐的溶解性；醚键→传导锂离子

环节	学习目标	学习内容	学习活动	学习资源
合成路线设计	设计合成路线，制备目标产物	正推、逆推相结合，设计目标分子的合成路线（碳链的增长，官能团转化，官能团保护等），对合成路线进行评价（化学原理，"绿色"合成，合成操作的安全性、原子经济性、试剂与催化剂的无公害性等问题）	以乙烯或丙烯为基础原料（其他无机试剂任选），设计合成路线；以所设计的合成路线和工业合成路线作为"合成路线库"对合成路线进行选择和评价	工业合成路线素材，网络资源，大白纸，彩笔，胶带等
概括小结	梳理思路方法，体会合成价值	梳理解决实际材料问题的思路方法，感受有机材料的贡献和价值	以透明、可折叠手机为素材，梳理巩固解决问题的思路方法	透明、可折叠手机素材

【持续性评价规划】

序号	评价目标	评价任务	评价标准	评价方式
1	系统、熟练应用以组成结构、反应规律为核心研究有机化合物的思路方法，合理应用逆合成分析法，设计有机化合物的合成路线，关注试剂、条件的重要性	以小组为单位：1. 进行合成路线的设计；2. 小组间进行展示和交流	（1）能设计合成路线的片段；（2）能完整地设计合成路线；（3）能有依据地完整设计合成路线，主动关注试剂、条件的重要作用	课堂活动表现性评价：小组讨论过程评价，小组讨论效果评价，小组展示汇报评价；课堂学案评价
2	建立系统的合成路线评价的角度，具有官能团保护、绿色设计等思想	以所设计的合成路线和工业合成路线作为"合成路线库"对合成路线进行选择和评价	（1）角度单一；（2）角度多元；（3）角度系统、全面，有自主选择合成路线的意识	课堂观察；课堂活动表现性评价：小组讨论过程评价，小组讨论效果评价，小组展示汇报评价
3	学生综合实际问题解决的能力水平（真实问题转化成化学问题）和创新能力水平	以小组为单位交流、讨论：1. 设计有机分子，替代传统锂电池中的有机溶剂，提高手机电池的安全性；2. 汇报结构，阐述思路	（1）能从实际问题中聚焦到化学材料；（2）能将实际问题转化为化学问题；（3）能针对问题进行解决方案的初步设计	课堂活动表现性评价：小组讨论过程评价，小组讨论效果评价，小组展示汇报评价；课堂学案评价

【板书设计】

探秘手机电池中的离子导体材料——有机材料的结构设计与合成

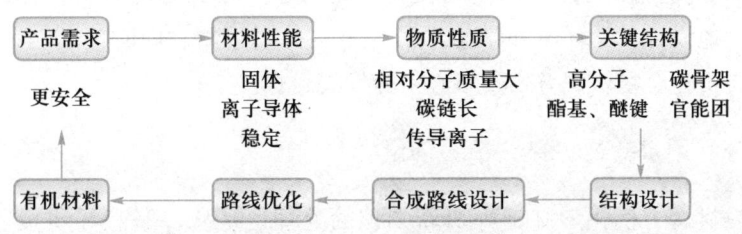

【教学反思】

在本节课教学前，我虽然对化学学科素养已经有了理论上的认识，并做了一些尝试，但对如何能将学科素养更好地落实到课堂教学中，从未停止过思考。也正因为如此，我积极参加"深度学习教学改进项目""学科能力教学改进项目"等，在教学实践中尝试各种新的方式，试图寻找使学科素养落地的有效方式。在各种新的尝试中，我发现，项目教学能够很好地促进学生深度学习，提升学科核心能力，是学科素养落地的有效途径，于是，对这节复习课的设计，我尝试以项目教学的方式展开。

在教学设计过程中，我选择了手机作为项目素材，以设计、合成高分子材料，实现手机新功能需求为项目任务，激发学生的学习兴趣。在具体的教学设计中，我以核心素养为教学设计的指导思想，以解决实际问题为教学任务，以真实情境为教学载体，以化学知识为解决问题的工具。在教学过程中，时刻想着要使教学内容和教学过程与学生认知过程中的思维发展路径相一致，与综合问题解决所需的知识发展脉络相一致。

我发现无论是教师的教还是学生的学都发生了巨大的变化。教师在课堂上不再只是单纯讲授知识，而是通过情境、问题和活动的设计，将化学知识转化为学生认识物质世界的角度，转化成解决真实问题的思路和方法。在课堂上，我不再讲授有机化合物的性质、有机合成的方法，而是让学生在设计分子、合成分子的过程中自主建构思路和方法，同时形成以知识为工具，解决复杂、真实问题的能力。这样的教学对我也提出了更多的挑战：需要对学生活动的内容、任务进行整体架构和规划，并对学生在活动过程中可能出现的问题、困惑进行充分预设，进而设定学生核心任务的评价指标，形成对学生活动进行课堂评价、反馈及师生互动的预案。学生对项目学习的热情超出了我的想象，不仅表现在课内，还延续到课外。通过访谈发现，为了设计和实现手机新性能，学生在课下会主动查阅资料，学生认为这种学习方式使他们获益更多。

（案例提供者：八一学校　庞雪）

🖊 指导建议

在明确核心内容对学生有机化合物主题的素养发展功能和价值、理解教材编写思路的基础上，教师进行教学时，要进行模块—单元—课时的整体规划，开展素养导向的教、学、评一体化设计。在此过程中，教师要认真研读教材，充分发挥教材对教学的辅助、引导和支撑作用；合理使用教材的正文、栏目和习题素材，创设学习情境；精确且有梯度地设计教学环节和学生学习任务，外显思路、即时诊断、跟进指导，最终实现学生有机化合物认识方式及核心素养发展目标。

一、充分利用资料性栏目　精心创设学习情境

鲁科版教材《有机化学基础》对新知识的处理也是从"联想·质疑"栏目开始，

其中涉及有机化合物及有机反应与学生已有学习经验相关联，或是在生产生活中有重要的应用价值。教师对课堂引入环节的设计可重点参考"联想·质疑"栏目，除了利用栏目中的素材内容，还应特别关注其中的驱动性问题。通过引入环节鼓励学生联想已有的经验和熟悉的事物、现象，进而引导其发现问题，明确本单元的学习方向。

教材中还有大量与正文及活动性栏目穿插编排的资料性栏目，如"身边的化学""化学与技术""历史回眸""化学前沿""资料在线""拓展视野"等，栏目的内容选题充分参照了课标中的情境素材建议，为教学设计中的学习情境创设提供了明确的素材选取方向和丰富的素材内容。教师可以在此基础上进一步查阅相关资料，并丰富素材的呈现方式，增加情境的真实性和带入感，增强情境与学习活动的关联与融合，避免情境与学习活动"两层皮"的现象，使情境中蕴含学生要解决且能解决的问题，情境创设的同时跟进学生学习任务。例如，第一章第 1 节"认识有机化学"中的"资料在线"栏目"海葵毒素"，课堂上可提供给学生主题为"海葵毒素的发现及全合成"的阅读材料，并跟进交流研讨问题"通过资料阅读，你对有机化学家研究有机物的思路和方法有哪些新的认识？可用流程图的方式表示出来"，这样才能真正发挥情境的价值——使学生在情境中深刻感悟有机化学的学科魅力，深入体验应用有机化学知识解决实际问题的过程。

"拓展视野"栏目所涉及的知识不是"有机化学基础"模块对学生的基本要求，教师可根据学生需求酌情选用。例如第一章第 2 节"有机化合物的结构与性质"的"拓展视野"栏目"对映异构"，在使用该栏目素材时建议侧重从应用角度引导学生认识对映异构，使他们对手性分子有大致的认识。以"自然界中的手性现象"为题组织学生查阅资料、搜集图片、分组进行活动，了解对映异构在实际生产和生活中应用，进一步体验有机化合物结构的多样性，同时为今后大学深造积累学习经验。

二、重点关注活动性栏目　精确设计学习活动

鲁科版教材《有机化学基础》中，对于核心内容，除正文外还有相应的活动性栏目呈现，如"观察·思考""活动·探究""交流·研讨"等，此外与活动性栏目配套出现的还有"方法导引""知识支持"等工具性栏目。这些活动性栏目旨在引导学生建构各种知识之间的关系，支持学生思考理论与实际、现象与本质之间的关系，从而实现核心内容的素养发展功能。教师在核心教学环节及学习活动的设计上应充分利用活动性栏目的内容提示，结合资料性栏目创设学习情境，同时根据学生的实际情况适时提供"方法导引""知识支持"等学习支架，明确具体活动形式和任务类型，在教学实施时应给足学生思考、动手操作和合作交流的时间，跟进即时性反馈和指导，真正将重点学习活动落实在课堂上。例如，有机物性质预测是贯穿各类烃及其衍生物性质学习的重点活动，在具体教学中根据进度和课标要求对性质探究的不同环节做不同侧重的展开。如醇类性质的探究，可侧重展开"结构分析、性质预测"环节，性质验证环节因学生已有乙醇性质的实验经验，可以简化。在结构分析时，教师应不断追问

学生：预测的断键部位有哪些？预测的依据是什么？基于乙醇性质的预测和基于化学键极性的预测，二者的预测结果和过程有哪些不同？引导学生从基于代表物性质的预测上升为基于官能团化学键的预测，并将预测的思路外显出来，真正发挥结构分析模型对预测有机化合物性质的作用。

教材中的案例及微项目部分均可转化为 1~3 课时的主题单元教学，尤其是微项目部分，按照项目目标、项目导引、项目活动及项目成果的顺序，完整呈现了项目教学的核心要素，建议教师采用微项目教学的方式进行章复习课教学，将真实复杂问题解决过程与有机物性质探究、结构测定及合成路线设计等学科活动进行融合，实现学生素养的综合发展。

三、研读和提炼正文内容　精细跟进概括小结

教材的正文部分既有对核心知识结构体系的阐述，也有对核心知识、对学生有机化合物主题素养发展价值的阐述，这些内容需要学生通过学习活动进行建构，而不是教师在课堂上条分缕析地讲解，因此，素养导向的教学需要教师扭转教学惯性，把课堂的时空还给学生，真正发挥学生的主体性。当教学的核心环节以学生学习活动为主时，就需要压缩教师的讲解时间，这对教师的讲解提出了更高的要求。教师可在每个学习活动结束时进行概括提炼式的精讲，通过精讲帮助学生明确所建构的知识之间的内在本质联系，明确问题解决过程中的思路方法，进而明确学科观念思想。这样的精讲要求教师认真研读教材正文，内化知识及其对应的学科思路方法，提前预设精讲要点，在课堂上根据学生活动表现即时进行语言组织，使学生通过听讲有进一步的提升。以第一章第 2 节"有机化合物的结构与性质"单元教学的第 1 课时为例，核心环节及精讲要点见表 5-2-4。

表 5-2-4　第一章第 2 节第 1 课时的核心环节及精讲要点

核 心 环 节	精 讲 要 点
学习活动 1：拼插 4 碳烃分子的球棍模型，用碳原子成键特点解释有机物多样性，说明有机物多样性的具体表现	① 明确"碳四价"是碳原子成键的核心原则；② 概括碳原子的常见成键方式，梳理有机物多样性的具体表现；③ 引出结构与性质的关联
学习活动 2：依据实验现象和反应事实概括乙烷、乙烯和乙炔化学性质的差异，尝试从共价键饱和性的角度进行解释	① 概括乙烷、乙烯和乙炔能否发生加成反应的差异表现；② 明确加成反应的断键部位；③ 总结共价键饱和性与有机物化学性质的关系
学习活动 3：分析乙醇化学性质中共价键的转化情况，尝试从共价键极性的角度进行解释	① 梳理乙醇典型化学性质中的分子断键情况，对键的反应活性进行大致排序；② 明确官能团中共价键的极性、官能团对邻近基团的影响造成的键的极性变化是乙醇化学特性的决定因素；③ 总结共价键极性与有机物化学性质的关系
学习活动 4：分析陌生多官能团有机物 3-羟基-1-丁炔的分子结构，预测其发生化学反应的活性部位	① 总结不同学生分析思路的差异（基于官能团—基于化学键；只关注键的饱和性—全面关注键的饱和性、极性和基团间相互影响）；② 概括提炼有机物分子结构的分析角度和思路

四、参考章节练习与评价　精准诊断素养发展

教材节后的"练习与活动"及章后的"本章自我评价"习题按照有机化合物主题的学科能力水平及能力表现进行设置，在教师参考用书中明确了每道习题所对应的具体学习表现指标。以第一章第 2 节"有机化合物的结构与性质"的节后习题为例，其相应的学习表现指标见表 5-2-5。

表 5-2-5　第一章第 2 节节后习题的学习表现指标

学习表现指标	学习表现指标描述	题目序号
学习理解 A1	能描述简单有机物分子中共价键的类型（单键、双键和三键；极性键和非极性键），能根据元素性质分析键的极性	1、2、5
学习理解 A2	能根据碳链异构、官能团位置异构、官能团异构、立体异构等不同异构类型的特点判断简单有机物是否为同分异构关系及同分异构类型	3
实践应用 B1	能依据有机化合物分子中的化学键特点分析解释各类有机化合物的性质及其转化	5、6
实践应用 B2	能根据有机化合物分子中共价键的饱和度、极性推断陌生有机化合物的反应活性部位、反应类型或书写相应的方程式	4、5

表 5-2-5 中的学习能力表现指标既体现了知识及其应用，也体现了有机化学的学科角度和思路，与学生的学习活动对应，用这样指标体系及配套习题可以有效诊断学生学习有机化合物主题时的素养发展状况。教师在习题课教学、单元作业布置及阶段性测试时可以重点参考。一方面可以参考表中的学习表现指标及相应习题进行习题、试题选编、开发任务式习题，在此过程中要特别关注题目与学生学习进度及学习目标的一致性；另一方面可根据学生的作答情况对其素养发展状况进行精准诊断，进而跟进反馈和指导，帮助学生有针对性地开展自我反思和提升，促进学生学科核心素养的持续发展。

5-3 如何通过"有机化合物的组成与结构"教学实现素养进阶发展？

这个教学关键问题将以"有机化合物的组成与结构"为例，聚焦"如何在教学中实现化学学科核心素养进阶"这一教学实践性问题，探讨实现化学学科核心素养进阶的单元教学设计思路和教学策略。通过对这个教学关键问题的分析和解决，希望教师能够：

- 以有机化合物结构为例，了解有机化学基础模块的学科核心素养进阶及其梳理思路。
- 体会促进学生有机化合物结构主题学科核心素养进阶的教学设计思路和实施策略。

5-3-1 "模拟和表征有机化合物分子结构" 　5-3-2 "模拟和表征有机化合物分子结构"
第1课时课堂实录片段（刘聪）　　　　　　第2课时课堂实录片段（甄甜丽）

 问题的提出

"有机化合物的组成与结构"是"有机化学基础"模块的内容主题之一，包括"有机化合物的分子结构""有机化合物中的官能团""有机化合物中的化学键"三个核心概念，其中化学键是课程标准中的新增内容，其具体要求为"认识有机化合物分子中共价键的类型、极性及其与有机反应的关系，知道有机化合物分子中基团之间的相互影响会导致键的极性发生改变，从化学键的角度认识官能团与有机化合物之间是如何相互转化的"。从分子结构到官能团再到化学键体现了对有机化合物结构的认识水平的提升，也是基于有机化合物主题的宏观辨识与微观探析素养的表现水平的提升。

在实际教学中，教师对该主题教学主要表现出两方面的困惑和问题：一是对有机化合物结构在必修阶段、选修阶段的内容层级发展把握不清，在选择性必修阶段与必修阶段出现重复，如在选择性必修阶段仍进行甲烷到丁烷的模型拼插活动，或更多地进行知识拓展的讲解，对学生认识发展进阶目标不明确。二是在选必阶段的结构教学出现"就结构论结构"现象，将有机化合物的分类、命名等技能性知识与有机物官能团、化学键等核心概念性知识进行相同方式的处理，将教学重点放在对知识的辨析理解上，而忽略官能团、化学键对认识有机物及其性质的功能和价值。再如对化学键的教学处理，更多的是对单双三键、极性键和非极性键进行概念讲解和示例，而不是将基于化学键分析有机化合物分子结构的思路作为教学重点。这样就很难通过有机化合物结构主题的教学达成学生素养进阶的目的。

问题的分析

以下是一位教师设计的"有机化合物的结构与性质"第 1 课时的教学流程（表 5-3-1）。可以看到，教师针对化学键的饱和性和极性与有机物性质的联系分别设计了两个核心活动，在活动中，通过模型搭建引导学生发现化学键的不同类型，进而用化学键解释其主要性质。

表 5-3-1 "有机化合物的结构与性质"第 1 课时的教学流程

教学环节	教学活动	设计意图
课堂引入	【提问】结合在必修课程中学过的有机化学知识，说说你对有机化合物结构与性质关系的理解。 【讲解】在学生回答的基础上，明确"结构决定性质，性质反映结构"是有机化学的核心思想	引导学生回顾必修阶段的有机化合物结构与性质，概括出二者的关系，引入本节课课题
有机物分子中的单键、双键和三键	【学生活动】搭建甲烷、乙烯、乙炔的分子球棍模型，说明其分子结构特点。 【概括】单键、双键和三键定义。 【提问】对比乙烷和乙烯的性质，二者为什么有差异？请从结构的角度解释。 【呈现】单、双、三键键能数据。 【讲解】以乙烯和乙炔为例，说明有机化合物分子中的双键和三键对有机化合物性质的影响	帮助学生建立有机化合物性质与化学键饱和性的关联，通过键能数据分析理解乙烯发生加成反应的原因，进而知道含有双键或三键的有机化合物容易发生加成反应
有机物分子中的极性键和非极性键	【学生活动】搭建乙醇的分子球棍模型，说明其分子结构特点。 【概括】提供常见元素的电负性数值，明确极性键和非极性键定义。 【讲解】以乙醇为例，说明有机化合物分子中的间的极性对有机化合物性质的影响	帮助学生建立有机化合物性质与化学键极性的关联，知道含有极性键的有机化合物容易发生取代反应等有机反应
概括小结	【总结】有机化合物分子结构中常见的化学键种类及其与有机化合物性质的联系	总结本节课所学内容

上述教学流程设计从知识内容上看，结构是很清楚的；但是从促进学生认识发展的角度看，还有改进的空间。改进方向可以从以下几个方面思考：一是学生已有的认识起点，在必修阶段学生对结构和性质的认识水平达到了什么程度，本节课没有通过课前活动或引入环节进行探查和外显；二是学生对结构与性质关系的认识发展驱动，即如何使活动更加顺应其认识发展脉络，是结构模型搭建后说明结构特点，还是从有机物性质分析解释切入，哪个更有驱动性；三是学生的认识发展的进阶，对键的饱和性和极性两个活动，除了在化学键的类型上拓展以外，是否还应体现出从发现化学键

角度到应用化学键角度的拓展。

　　教师对有机化合物结构的上述教学处理可能来自以下原因：一是对有机化合物结构的学生认识发展功能定位不清晰，二是对如何设计促进学生认识发展的学习活动缺乏经验和策略。这是制约教师教学设计水平的关键问题。

 问题的解决

一、基于课标的内容和学业要求，概括梳理有机物结构的认识发展进阶

　　梳理必修和选择性必修中关于有机化合物结构主题的内容要求及学业要求，结合学科能力及其表现理论中有机化合物主题的能力素养模型，我们提炼了关于有机化合物结构的认识发展进阶，如表5-3-2所示。

表5-3-2　有机化合物结构的认识发展进阶

内容进程	认识发展要求	认识发展进阶点
有机化合物的结构特点（必修）	建立有机化合物结构的认识角度，基于典型代表物建立结构与性质的关联。基于甲烷、乙烯、乙炔、苯认识碳原子的成键特点，以乙烯、乙醇、乙酸、乙酸乙酯为例，认识有机化合物中的官能团。结合乙烯、乙醇、乙酸的结构及其主要性质认识官能团与性质的关系	认识有机物与无机物的结构差异，建立有机物结构的认识角度，初步建立有机物结构中的官能团与性质的关联
有机化合物的组成与结构（选择性必修）	建立有机物结构分析的二级角度：碳骨架和官能团、化学键（饱和性和极性）、基团间的相互影响。从官能团的视角认识有机化合物的分类，认识官能团与有机化合物特征性质的关系，认识同一分子中官能团之间存在相互影响，认识在一定条件下官能团可以相互转化。认识有机物不仅有碳骨架和官能团异构，还有存在立体异构现象。认识有机化合物分子中共价键的类型、极性及其与有机反应的关系，知道有机化合物分子中基团之间的相互影响会导致键的极性发生改变，从化学键的角度认识官能团与有机化合物之间是如何相互转化的	进一步发展基于官能团分析有机物结构的思路，建立典型类别官能团与有机物特征性质的关联。发展有机物分子空间构型的认识。建立化学键的认识角度和基于化学键分析有机物结构的思路，基于化学键理解官能团之间的相互影响
烃及其衍生物的性质与应用（选择性必修）	基于结构分析模型和反应分析模型对烃及其衍生物的性质进行系统探究，包括对一类有机物的结构分析、反应活性部位和反应类型预测等。应用结构分析模型认识新的有机反应，完成有机物结构测定、有机合成路线设计等任务	综合应用结构和反应的分析模型完成有机化学核心任务，解决有机化学应用领域的真实问题

　　在官能团水平应关注，从必修到选择性必修阶段，除了官能团的种类更加丰富以外，选择性必修阶段还要重点发展基于化学键的极性认识官能团内部及官能团与碳骨架中相邻基团间的影响。选择性必修阶段重点发展了基于化学键分析有机化合物结构的角度和思路。从学习进阶看，当学生建立了化学键概念后，在官能团水平认识有机化合物分子结构的基础上，上升到化学键水平认识有机化合物分子结构。在化学键水

平，学生对有机化合物分子结构的认识角度可以进一步细化为三个子认识角度：键的饱和性（单键、双键和三键）、键的极性（极性键和非极性键）、基团间相互影响对键极性的影响，依据这三个角度判断有机化合物的反应活性部位，进而形成有机化合物分子结构的分析模型。

此外，化学键对学生认识有机化学反应也具有一定的功能，有机化学反应中官能团的转化、碳骨架的构建，其本质是局部的旧键断裂和新键形成。从化学键的极性、饱和性的变化分析不同类型的有机化学反应，能够使学生对有机化学反应的认识上升到化学键水平。

虽然我们强调选择性必修阶段学生对结构的认识要上升到化学键水平，但仍要关注这是建立在官能团水平的基础上。忽略官能团水平的基础，会造成学生在结构分析思路上的偏差，表现为学生在面对一个具体的有机化合物分子时，直接从键的饱和性、极性和基团间相互影响的角度分析分子中包括碳骨架在内的所有化学键，导致对反应的活性部位做出错误的预测。因此，在表5-3-1化学键教学的课堂引入环节，教师需要探查学生已有的结构分析角度，并明确碳骨架和官能团对有机化合物性质的不同的决定作用——官能团决定有机化合物的化学特性，碳骨架则与有机化合物的化学通性关联更多。

二、基于课标的教学提示，促进有机化合物结构认识发展的教学策略

课标中关于有机化合物的组成与结构主题的教学建议包括"通过模型拼插或动画模拟建立对有机化合物分子结构的直观认识""将性质作为有机化合物结构教学的切入点和落脚点，关注结构与性质的关联""通过对有机化合物化学性质的分析解释活动，引导学生体会官能团、碳原子的饱和性和化学键的极性对有机化合物性质的决定作用""结合典型实例认识有机化合物分子中基团间存在相互影响，并适当开展基于结构分析预测性质和反应的学习活动"等。

从课标要求可以看到，模型拼插活动仍然是有机化合物结构的重要活动类型。教师在设计模型拼插活动时，一定要关注学生在必修阶段的已有活动经验，不能只是重复必修阶段的活动，如甲烷、乙烯、乙醇等典型代表物的模型搭建，而应基于学生的认识发展进阶点来设计模型拼插活动。

例如，有教师在有机化合物分子结构教学中设计了"利用模型模拟有机化合物分子结构"活动，活动包括三个步骤：一是观察常见的有机化合物分子模型，写出对应分子的 q 球棍模型、结构简式和所属类别，学生通过此活动加深从模型、符号、类别、命名等角度对有机化合物结构的认识，同时体会到分子模型能够真实体现有机化合物的空间结构；二是依次用代表 F、Cl、Br 原子的小球代替甲烷模型中的氢原子，每次替换之后观察该分子是否存在同分异构体，学生在此活动中体会到有机化合物结构的立体性带来的新问题——手性异构；三是拼插出分子式为 $C_4H_{10}O$ 的有机化合物全部可能的同分异构体的分子模型，学生在此活动中可以进一步体会有机化合物的符号表征与模型表征之间的区别与联系，深入理解有机化合物结构的立体性。

有机化合物分子结构专题复习

对有机化合物分子结构的认识，需要关注碳骨架、官能团和空间排布三个方面。有机化合物的分子结构虽然肉眼看不到，但通过性质和反应、仪器和图谱可得到其分子结构信息，进而通过模型和符号、类别和命名将有机化合物的分子结构表达出来。研究有机化合物结构的过程，正是利用上述多重手段对有机化合物结构进行模拟和表征。已知有机化合物的分子结构就能预测其性质、拓展其应用；同时还能对其结构进行修饰，以改良它的性能，更好地利用它。

本课题是有机化合物分子结构主题的复习课。课题以药物多巴结构测定及性能改良等真实问题创设情境，将其与学生已有的认识有机化合物结构的方法和视角建立起联系。在多巴分子球棍模型的搭建过程中，教师引导学生自主发现立体异构，在问题解决过程中，全面综合地认识和运用模拟和表征有机化合物结构的多重手段，建立认识有机化合物结构的全面视角：碳骨架、官能团、空间排布；以及有机化合物结构表征的多重手段：性质和反应、仪器和图谱、模型和符号、类别和名称。发展学生宏观辨识与微观探析、证据推理与模型认知等素养。

【学习主题】

模拟和表征有机物化合物分子结构

【学习目标】

（1）系统建立认识有机化合物结构的全面视角：碳骨架、官能团、空间排布；以及机物结构表征的多重手段：性质和反应、仪器和图谱、模型和符号、类别和名称。

（2）通过模型拼插、图谱表征活动深入体会有机化合物分子结构特征。

（3）通过搭建多巴分子的结构模型和 X 射线衍射法（XRD），自主发现多巴中的手性异构，建立认识有机化合物立体结构的新视角。

（4）通过了解反应停、多巴、左旋多巴乙酯的药效与有机化合物结构的关系，体会认识和修饰有机化合物结构对人类和社会发展的重要性。

（5）知道红外光谱、核磁共振等现代仪器分析方法在有机化合物分子结构测定中的应用，通过虚拟现实（VR）视频体会科学研究中的严密和复杂检测；在多巴结构信息分析过程中认识到仪器分析的局限性和化学分析方法的辅助作用。

（6）根据大量真实的图谱信息书写多巴结构简式，在此过程中体会综合调用认识视角处理复杂信息过程的有序思维。

（7）通过预测多巴结构中的活性位点，体会有机化合物结构与性质之间的关系。

【学习评价规划】

（1）在学生了解帕金森综合征和药物多巴后，教师提出问题：如何研究有机化合物？并写出测定多巴结构的方法和目的。（借此探查学生是否掌握研究有机化合物的一般步骤，是否已经具备通过仪器和图谱方法认识有化合物结构的视角。）

（2）在分析多巴结构信息的过程中，没有给出已经分析好的图谱信息，而是给出红外光谱图和核磁共振氢谱图（借此探查学生在真实而复杂的图谱信息中综合分析获取多巴结构信息的能力）。

（3）面对大量复杂的结构信息，书写多巴结构简式（借此探查学生是否具有综合调用认识有机化合物结构的碳骨架和官能团视角梳理出多巴的结构信息，进而有序书写所有同分异构体的能力）。

（4）搭建多巴分子的结构模型（看学生是否能够搭建出立体模型，借此探查学生对有机化合物结构认识是否为"立体的"）。

（5）搭建多巴分子的结构模型过程中，学生从搭建的多个模型中自主发现立体异构的存在（借此探查学生的空间观察能力和对比能力）。

（6）明确左旋多巴结构后，让学生标出结构中的活性位点并说明原因（借此探查学生是否具有结构与性质的关联能力）。

【教学实施过程】

环节一：多巴结构的测定	
教师活动 1	学生活动 1
［引入］播放视频《不死的癌症》，介绍帕金森综合征及其治疗药物多巴。 ［资料］ 1913 年，科学家第一次得到天然存在于植物体内的多巴。 1957 年 Carlsson 研究结果显示多巴对动物有治疗利血平僵直症的作用。 1958 年 Carlsson 研究结果证实多巴比去甲肾上腺素更能恢复脑部多巴胺的水平。 1962 年 Barbeau 等用多巴治疗帕金森综合征获得明显疗效。 ［提问］假如你是第一次获得天然多巴的科学家，第一步要做什么工作呢？ ［追问 1］获得纯品之后最需要进行哪方面的研究？ ［提问］如何测定多巴的结构？请同学们结合所学的知识，把相关的检测方法和目的填写在学案中。 ［总结］梳理研究有机化合物的一般步骤和方法。落实认识有机化合物结构的方法——仪器和图谱	［聆听体会］观看视频及资料，体会化学研究与人类健康的密切关系。 ［思考梳理］学生进入一个真实的科研情境，梳理研究有机化合物的一般步骤。 ［小组讨论］总结研究有机化合物结构的方法和目的。 ［汇报交流］检测方法和目的；研究有机化合物的一般步骤和方法

方　　法	目　　的
元素分析	实验式
质谱	分子量
红外光谱	化学键、官能团
核磁共振氢谱	氢原子的种类和比例

活动意图

通过引入与人类健康密切相关的帕金森综合征及其治疗药物多巴，激发学生的探究热情。同时教师创设了一个真实的科研情境，让学生调用并梳理研究有机化合物结构的一般步骤，继而思考测定多巴结构的方法，自主调用已有的有机化合物结构的认识方法：仪器和图谱

环节二：分析多巴的结构信息	
教师活动 2	**学生活动 2**

教师活动 2	学生活动 2
［真实检测］VR 视频——在中科院化学所进行有机化合物的结构检测。 ［提问］利用仪器分析的方法获得了如学案中所示的核磁共振氢谱（图 5-3-1），分析讨论：我们能得到多巴的哪些碎片信息？	［观看体会］利用 VR 设备观看视频，了解真实科研过程的复杂。 ［图谱信息分析讨论］获得多巴的相关结构信息。

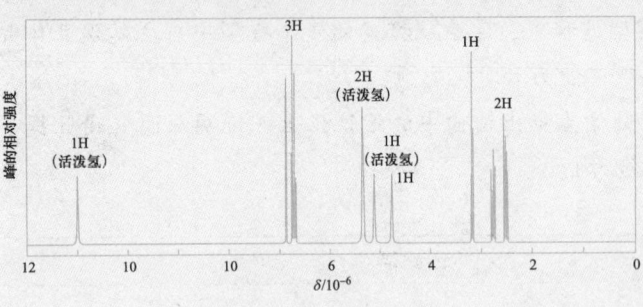

图 5-3-1　核磁共振氢谱

核磁共振氢谱中的横坐标表示氢原子的化学相对位移 δ，纵坐标表示峰的相对强度。氢原子处于不同化学环境中，δ 也会有所差别。比如苯环上氢原子的 δ 通常在 6.5～8.0 范围内，烷烃中氢原子的 δ 通常在 0.8～1.6 范围内。

有机物中相邻基团的相互影响也会在核磁共振氢谱中体现出来，比如脂肪链中某个碳原子与羟基、氨基或苯环等基团相连时，其上面连接的氢原子的 δ 会移至 1.6～3.2 范围内。

直接连在 O、N、S 三种原子上面的氢原子通常被称为"活泼氢"。这些氢原子由于受到与溶剂分子相互交换作用及氢键的影响，δ 很不稳定。不过也正是由于这种交换作用，可以利用"重水交换"的方法确定核磁共振氢谱中的哪些氢属于"活泼氢"。此外，羧酸在溶液中能够以稳定的氢键二聚体存在，因此羧基中氢原子的 δ 会较稳定的存在于 10.0～13.2 范围内。

［追问］多巴中的羟基是酚羟基还是醇羟基？用什么方法可以检测出来？

［实验］用硝酸铈和 $FeCl_3$ 溶液检测醇羟基和酚羟基。

［总结］落实认识有机化合物结构的方法——性质和反应

方法	目的	获得信息
元素分析	实验式	$CqHnNO_4$
质谱	分子量	197
红外光谱	化学键官能团	$-NH_2$ $-OH$ ...
核磁共振氢谱	氢原子的种类和比例	CooH×1　$-NH_2$×1　$-OH$×2　$-CH_2-$ ...

［思考］仪器分析方法之外的结构测定方法。

［观察体会］观察分析实验现象，体会化学分析方法的辅助作用

活动意图

通过 VR 视频真切体会红外光谱、质谱、核磁共振氢谱等仪器分析的过程，了解真实科研中检测过程远比书本上介绍的复杂。接着给出 4 种图谱信息，其中的红外光谱和核磁共振氢谱信息并没有像教材中那样直接在图谱中标注出对应的结构信息，而是给出了比较原始的图谱和分析图谱的相关资料，学生需要结合资料和图谱信息进行综合分析，才能获得多巴的碎片结构信息。这样的设计是为了让学生能够通过分析图谱信息体会科学家探究物质结构的过程和方法。接着用化学分析方法确定羟基种类，使学生意识到仪器分析手段的局限性和化学分析方法的辅助作用，建立从仪器和图谱、性质和反应两个方面表征有机化合物结构的认识方法

环节三：确定多巴结构简式	
教师活动3	学生活动3
［提问］根据梳理出的信息写出多巴可能的结构简式。 ［追问］写了几种结构简式？如何思考的？ ［总结］寻找同分异构体过程中的有序思维，落实有机化合物结构的认识角度——碳骨架、官能团。 ［讲授］中学有限的测定方法不能进一步确定多巴结构，运用更多测定方法确定了官能团的位置，得到多巴结构。 ［提问］多巴可以看作是什么类别的物质？ ［展示］多巴的化学名称 3-(3,4-二羟基苯)丙氨酸 ［总结］分析结构简式获得的结构信息，落实有机化合物结构的表达方法——符号、类别和命名	［小组讨论］书写结构简式。 （大部分学生只能写出一种或两三种可能存在的结构简式） ［汇报交流］由碎片信息确定结构的思考过程，体会认识有机化合物结构的角度：碳骨架、官能团。 ［聆听体会］认识有机化合物结构过程中综合碳骨架和官能团进行有序思维的重要性。体会通过结构简式认识和表达有机化合物结构的作用。 ［聆听体会］运用仪器和图谱测定结构的便捷，同时体会到科学探索的无止境。 ［思考体会］通过符号、名称和类别认识和表达有机化合物结构的方法

活动意图

　　学生在利用碎片信息书写多巴结构简式的过程中，需要综合调用认识有机化合物结构的碳骨架和官能团视角，梳理出多巴的结构信息，并经过有序思考才能找到所有的9种同分异构体。通过说出书写的思考过程，体会到综合调用碳骨架和官能团视角处理真实复杂信息过程中有序思维的重要性。通过对多巴的分类和命名，体会通过符号、名称和类别认识和表达有机化合物结构的方法

环节四：多巴结构再认识——搭建多巴分子的结构模型	
教师活动 4	学生活动 4

[提出问题] 相比植物提取多巴，有些人工合成多巴在动物实验出现了严重的副作用，这是为什么？
 	
[追问] 多巴分子真的存在立体异构吗？
[XRD 简介] 视频介绍 XRD。
[验证假设] 资料：XRD 获得的左旋多巴中原子的平均位置。
[讲授] 植物提取多巴为左旋多巴，人工合成多巴多为左旋和右旋的混合物，因比旋光度不同而得名。
 	
HO   COOH
         H   NH₂
HO
右旋多巴
D-3-(3,4-二羟基苯)-丙氨酸
无生理活性
 	
HOOC   OH
H₂N   H
           OH
左旋多巴
L-3-(3,4-二羟基苯)-丙氨酸
治帕金森病
 	
[总结] 有机化合物中手性异构现象及性质差异，"反应停"事件中立体异构对物质性能的影响。落实有机化合物结构的认识角度——空间排布
	[模型搭建] 分小组用球棍等搭建多巴的分子模型。
	（课堂实施过程中不少学生搭建出的分子模型还是平面结构，需要引导学生如何用球棍构建立体结构才能够搭建出"立体的"模型。）
	自主发现手性异构体的存在，体会模型对于有机化合物结构认识和表达的重要作用。
	（为了让学生能够成功自主发现立体异构的存在，每个小组给出三套模型同时搭建，以便于学生能够自主发现立体异构的存在。）
	
	[聆听体会] 科学探究中"大胆假设，小心求证"的严谨科学态度。
	
	[聆听] 认识多巴的立体异构，建立有机化合物结构认识的新视角。
	[聆听总结] 认识有机化合物中的手性异构现象，以及有机化合物结构对性质和性能的影响

活动意图

创设动物实验中人工合成多巴比植物提取多巴副作用大的情境，激发学生的探究热情；学生通过搭建模型，自主发现手性异构体的存在，建立认识有机化合物结构的新立体视角，这是研究过程中的一个大胆假设；而后通过 X 射线衍射法确定各原子的平均位置进行求证，验证学生搭建的模型，确定多巴分子立体异构的真实存在。这样一个模拟真实科研中的"大胆假设，小心求证"过程，让学生体会到模型对有机化合物结构认识和表达的重要作用，并建立有机化合物分子结构认识的新视角，发展学生科学探究与创新意识、宏观辨识与微观探析、证据推理与模型认知素养。

接着通过介绍多巴、"反应停"等手性异构体及其性质和性能，让学生进一步体会"结构决定性质"的学科思想，初步认识有机化合物分子结构的研究价值

环节五：分析多巴的结构，标出可能的反应活性部位	
教师活动 5	学生活动 5
［提问］分析多巴的分子结构，哪些部位可能成为多巴发挥作用的活性部位？ ［总结］利用结构（官能团、化学键的极性、碳原子的饱和性等）预测性质。 ［资料］多巴治疗帕金森综合征是由于在体内转化为多巴胺起到治疗作用。 左旋多巴 脱羧酶 多巴胺 ［资料］化学家利用预测的活性位点对左旋多巴进行改性。 左旋多巴 左旋多巴乙酯　起效快 耐受性好 不良反应少 ［小结］研究有机化合物分子结构的价值和意义，落实学科思想——结构决定性质	［分析结构］标出活性位点并说明原因。 ［聆听体会］有机化合物结构对性质的影响。 ［聆听体会］有机化合物结构对性质和性能产生的影响。 ［聆听体会］研究有机化合物分子结构对人类发展的重要作用，体会有机化合物分子结构对性质和性能的影响
［本节小结］通过左旋多巴结构的测定过程，认识模拟和表征有机化合物分子结构的多重手段；通过化学家利用预测活性位点对多巴进行改性，进一步明确结构对性质和性能的影响	［聆听体会］体会系统认识有机化合物结构的方法和视角，以及研究有机化合物分子结构的意义和价值

活动意图

通过前面几个环节的活动，学生已经认识了多巴的分子结构，但化学家对多巴结构的研究远不止于此，他们仍在不断修饰左旋多巴的分子结构，期待获得更好药性、更少副作用的药物。因此，为了让学生更深入地体会研究有机化合物分子结构的价值和意义，让学生预测多巴的活性位点，先利用已有经验进行大胆猜想，接着给出化学家对左旋多巴结构修饰而进行的药物性能改良，进而验证猜想。使学生进一步体会结构对物质性质和性能的影响，发展学生"结构决定性质"的学科思想，以及科学探究与创新意识、宏观辨识与微观探析素养

（案例提供者：北京理工大学附属中学　甄甜丽　刘聪）

本教学案例经历了一次备课、两次试讲和一次正式讲的实践环节，在备课初期，教学设计一直围绕着如何让学生在任务中体会这些认识角度和认识方法，却忽略了研究有机化合物结构的功能和价值。如果不能让学生体会到研究有机化合物结构的价值，那么学生便不能将科学研究与人类发展和社会进步联系起来，就只是停留在书本上的研究，是没有意义的。

通过上述讨论，在正式讲时增加了一个环节，让学生分析多巴结构、预测可能的活性部位。开始时学生不敢猜想，在教师的引导下才会说出官能团等预测视角，接着教师给出学生多巴起药效和改良的证据，验证前面的猜想。在这个过程中让学生去体会：科学研究的过程中的"大胆假设，小心求证"，以及研究有机化合物结构的价值和意义。

在课后访谈中，当问及学生认为研究有机化合物结构有什么用时，学生表示：有机化合物的结构不同就会导致其性质的不同，利用这一点可以改变物质结构，创造新物质。这个环节的设置让学生深刻体会到研究有机化合物结构的价值，认识到科学研究可以使我们的生活变得更加美好。把研究的功能和价值体现出来，可以给学生的学习和研究赋予了更加丰满的意义，由此学生能更深刻地意识到在学习过程中要秉持的科学态度和社会责任。

✏️ 指导建议

在有机化合物主题教学时，教师要整体规划"有机化学基础"模块教学，明确不同教学内容对学生学科能力及核心素养发展的功能和价值；要精确且有梯度地设计教学环节和学生活动任务，根据能力水平与进阶合理选取和使用原型变式，以及综合复杂陌生的任务情境素材，帮助学生构建有机化合物分子结构的分析模型和多角度认识有机反应的思路模型，培养学生有机化合物主题学科能力及核心素养。

一、加强不同阶段、不同能力发展层级的教学针对性

教师在新课教学中，要从更本质的角度引导学生对知识进行思考和论证。例如，在结构和性质的关系上，教师应引导学生进一步思考为什么不同的官能团就有不同的化学特性，从化学键的特征上进一步加深学生对问题的理解。在教学中，教师有必要引导学生利用结构和反应的二级角度对有机反应进行说明论证，使学生能够自主从组成变化、物质转化及反应类型的角度认识有机反应。

学生的综合复杂问题解决、实验探究和创新思维能力需要教师在日常教学尤其是模块复习和高三复习课教学中持续加强。

学生对有机化合物性质的认识水平有一个层级发展的过程（图5-3-1）。在新课教学中，教学目的更多的是帮助学生建立认识角度和应用认识角度完成简单任务。而复习课教学中，教学目的则应是帮助学生应用认识角度完成复杂任务，最终形成解决复

杂问题的思路模型。这里所说的复杂有以下几个含义：一是情境陌生或复杂，二是有机物结构陌生或复杂，三是反应陌生或复杂，四是设问类型陌生或复杂。教师可以依据学生的学习进度有针对性地设定上述四个任务要素的陌生复杂程度，从而设定不同复杂程度的多样化任务，在任务驱动的教学中使学生的创新迁移能力逐步得到发展。

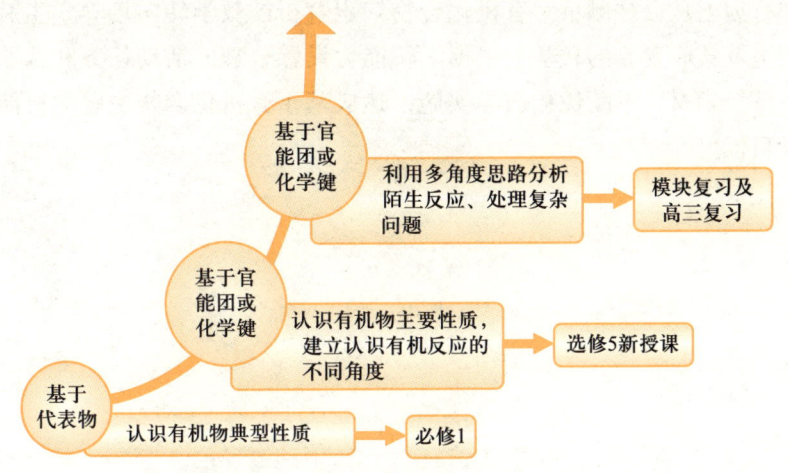

图 5-3-1　有机化合物主题认识层级

二、构建有机化合物分子结构的分析模型

学生通过对有机化合物结构特点、各类有机化合物的学习，建立从官能团中的化学键的角度去分析有机化合物结构，形成基于有机化合物结构特点分析解释、推论预测有机化合物性质的一般思路。

在教学中，教师可以充分利用学生已有的有机化合物性质的知识，创设问题情境，组织说明论证活动，引导学生利用分子组成和结构、特征反应及现象、用途等说明论证典型有机化合物或官能团的性质，引发学生思考结构是怎样决定性质的，进而建立分析结构的角度和思路。例如，为什么乙烯、乙炔能发生加成反应而乙烷不能？为什么乙酸具有酸性而乙醇没有？教师可以从结构分析切入、提出问题并进行解释活动，引导学生思考结构的本源性问题。例如，为什么乙醇分子中的不同化学键表现出来的反应活性不同？教师也可以利用学生已有的有机化合物结构的知识，系统分析有机化合物分子的结构，精准预测性质。通过情境创设和任务设计，引导学生自主建构分析有机化合物分子结构的三个基本角度——碳原子的饱和程度、化学键极性、基团之间的相互影响，进而建立有机化合物结构与性质之间的关联，形成基于有机化合物结构认识有机化合物性质的思路。

同时，教师要根据不同教学内容的功能价值定位，适当选择多官能团陌生有机化合物作为情境素材，让学生进行结构分析性质预测，测查学生对结构和反应的二级认识角度是否完善，是否能够进行系统关联和动态转换。

此外，在教学实施过程中，教师在各个教学环节中都要注意和学生对话、追问和评价学生表现，及时帮助学生概括思路方法，示范总结有机化合物分子结构的分析模型。

　　培养学生有机化合物主题学科能力及核心素养的教学是一个连贯的、持续的、层级递进的过程，其时间跨度从必修 2 模块教学一直持续到高三复习教学。教师必须在教学理念和行为上从以往侧重对有机化合物知识解析的教学转向培养学生有机化合物主题学科能力及核心素养的教学，根据学科能力设置合理的活动任务和选取丰富且有梯度的任务情境素材，不断优化教学实施，达成基于有机化合物主题学科能力及核心素养的教学目标。

如何通过"烃及其衍生物的性质与应用"教学实现教、学、评一体化？

这个教学关键问题将以"烃及其衍生物的性质与应用"为例，探讨教、学、评一体化设计与实施的思路和策略。通过对这个教学关键问题的分析和解决，希望教师能够：

● 以烃及其衍生物的性质及应用为例，了解有机化学基础模块的教、学、评一体化设计的关键问题和实施思路。

● 体会烃及其衍生物主题的教、学、评一体化设计与实施的策略，并应用在教学实践中。

5-4-1 "醇和酚"第1课时课堂 实录片段（赵晓慧）　　　　5-4-2 "醇和酚"第2课时课堂 实录片段（魏洪波）

问题的提出

素养导向的目标体系要真正在课堂落地，其关键是要转变教师的教和学生的学，同时关注对学生的学习评价，即要实现素养导向的教、学、评一体化。课程标准非常明确地提出要进行教、学、评一体化实施。

在前面的关键问题分析中，我们明确了有机化学基础模块内容对学生素养发展的目标定位，也明确了各核心内容如有机化合物的组成与结构，有机化学反应类型对学生有机化合物认识角度和思路（有机化合物主题素养目标的内核）建立的功能价值，并通过案例呈现了达成上述素养发展目标的学习活动的设计与实施。但在实践层面，如何开展教、学、评一体化的教学设计与实施，教师还面临着各种各样的困难和挑战。以下是教师在有机化合物模块教、学、评一体化实施的教师问卷中表现出来的典型困惑。

困惑1：把有机化合物结构和有机化学反应转化为学生分析问题的思想方法，我特别认同，也愿意在教学中尝试，就是课堂上时间不够，学生完成活动，落实了什么，我心里没有底。

困惑2：在有机化合物性质研究的预测性质环节，学生往往没有结构分析的角度，用代表物的性质就能预测，那我非要让他从化学键角度来分析结构吗？如果诊断的话，说学生没有达到化学键的学习目标，好像也不太合适。

困惑3：我们的目标是发展学生应用有机化合物性质解决真实问题的能力，教学活动设计是让学生去经历和体验，那该从哪些方面进行评价？是要用评价量表吗？学生的作业题好像也没有特别合适的，怎么办？

困惑4：我们平时用作业和测验对学生进行评价，现在要把评价变成持续性的，就是强调过程性评价，评价的内容是学生素养发展情况，这个感觉挺难的。学生素养发展的目标有了，活动也有了，但好像进行评价时还是不知道怎么转化。

🔑 问题的分析

从教师提出的上述困惑中可以看到，对学生经历活动后其能力和素养到底发展得如何，教师还是存在很多疑问。

困惑1反映出教师在实施促进学生有机化合物认识发展的活动时，缺少观察的指标，即不清楚学生在活动过程中表现出的关键行为分别对应什么水平的认识发展，缺乏对活动表现水平的预设。

困惑2反映出教师在有机化合物结构分析模型建立的活动设计方面还缺少一些精细化的策略。化学键是分析有机化合物结构的高水平角度，是更接近学科本质的角度。当学生能基于代表物性质（如乙醇）对陌生有机物（如2-丙醇）进行反应活性部位预测时，教师可以追问学生，为什么乙醇分子中的羟基氢氧键及邻近化学键容易发生反应，使学生从更本质的结构角度思考问题。从评价角度看，不需要教师追问就能从化学键进行分析的学生其认识角度是自主的，而需要教师追问才能从化学键进行分析的学生其认识角度则是被动的，两类学生的水平还是有差异的。

困惑3反映出教师对真实问题解决的活动缺乏评价角度和评价工具，这也是教师们的共同问题。

困惑4反映出教师对评价整体思路和规划缺少可操作的策略。

上述困惑可以概括为三个方面：一是从哪些方面评价学生有机物主题的认识发展效果，评价的依据即指标体系是什么；二是用什么方法和手段来进行测评；三是指向学生有机物主题的素养发展的习题有哪些特征，如何进行作业选编。

🖥 问题的解决

一、基于课标学业要求，提炼具体内容的评价指标，规划活动表现评价

课程标准对每个内容主题都提出了相应的学业要求，如"烃及其衍生物的性质与应用"主题的学业要求包括："能写出烃及其衍生物的官能团、简单代表物的结构简式和名称；能够列举各类有机化合物的典型代表物的主要物理性质。能描述和分析各类有机化合物的典型代表物的重要反应，能书写相应的反应式。能基于官能团、化学键

的特点与反应规律分析和推断含有典型官能团的有机化合物的化学性质。根据有关信息书写相应的反应式。能综合应用有关知识完成推断有机化合物、检验官能团、设计有机合成路线等任务。能参与环境保护等与有机化合物性质应用相关的社会性议题的讨论，并作出有科学依据的判断、评价和决策。"学业要求体现出行为化、水平化的特征，并且体现出有机化学的研究对象、核心任务及实际应用情境是设计学习活动和学习评价的重要依据。

在进行具体内容如醇和酚、有机反应类型或有机合成的教学时，教师还要将学业要求具体化才能将其转化成相应的评价指标。在进行指标体系构建时，教师要充分关照单元学习主题、目标及活动，参照学科能力活动表现指标体系，这样才能够确立"能用、好用"的活动表现评价规划，真正发挥其即时诊断、支持反馈的功能。表5-4-1为"醇类"教学活动及表现评价设计。

表 5-4-1 "醇类"教学活动及表现评价设计

环节	学习活动	活动表现评价
环节一：引入醇的广泛用途	教师展示： 1. 学生在课前活动中梳理的卤代烃的化学性质和预测有机化合物可能发生的化学反应的程序。 2. 不同种类的醇的用途。 提问：醇类物质为什么有各种用途？引入本节课学习主题	无
环节二：分析1-丙醇的分子结构	【任务1】 分析1-丙醇的结构，标出可能的断键部位并说明预测依据。 $$CH_3 - \overset{\overset{\displaystyle H}{\mid}}{\underset{\underset{\displaystyle H}{\mid}}{C}} - \overset{\overset{\displaystyle O-H}{\mid}}{\underset{\underset{\displaystyle H}{\mid}}{\underset{\alpha}{C}}} - H$$ （β α） 根据学生的回答情况，教师追问： 1. 为什么这么标，思路是什么？你是如何关注断键部位的，是先关注了羟基还是直接分析所有的化学键如 O—H 键、C—H 键或 C—O 键？ 2. 为什么 C—α-H 键和 C—β-H 键也是反应的活性部位？为什么羟基能使 C—α-H 键和 C—β-H 键活化？	诊断学生对化学键的极性的产生及大小能否准确理解，能否把断键的依据思考清楚。 关注点：①看学生是否关注了官能团和碳骨架；②能否自主调用键的极性进行分析；③分析键的极性时是否关注了基团间的影响
环节三：预测1-丙醇的化学性质	【任务2】 依据1-丙醇的分子结构和我们学过反应类型的知识，预测其可能发生的反应类型，填写学案。 追问1：基于乙醇性质或官能团转化的预测和结构中的化学键分析预测，结果有什么不同？ 追问2：陌生反应的预测，对你来说反应类型、试剂条件和产物中，比较困难的是什么？ 提供一组试剂：CH_3COOH、HBr、$CH_3CH_2CH_2OH$、浓硫酸。 追问3：推断取代产物的思路是什么？	诊断学生能否自主调用有机反应分析模型进行反应预测，能否从断成键水平精准预测。 关注点：① 是基于乙醇性质还是基于官能团，是基于有机物类别还是基于化学键进行预测；② 能否由方法导引想到取代反应应该用极性试剂，产物是否正确；③ 对于消去反应和氧化还原反应，能否基于基团的相互影响进行反应断键、成键的预测

（右侧页边竖排）5-4 如何通过「烃及其衍生物的性质与应用」教学实现教、学、评一体化？

环节	学 习 活 动	活动表现评价
环节三：预测1-丙醇的化学性质	提供下面的方法导引栏目。 **分析取代反应的一种方法** 有机化合物与极性试剂发生取代反应的结果可以用下面的通式来表示： $$\overset{\delta^+}{A_1}{-}\overset{\delta^-}{B_1}{-}\overset{\delta^+}{A_2}{-}\overset{\delta^-}{B_2}\longrightarrow A_1{-}B_2+A_2{-}B_1$$ 追问4：除了取代、消去反应，1-丙醇能否发生氧化还原反应？其断键、成键情况又是怎样的？类比乙醇的性质，继续填写学案	
环节四：实验验证1-丙醇的性质预测	【任务3】 利用提供的试剂设计并实施实验证明预测，也可以根据文献资料寻找支持反应预测的证据。说出证明预测成立的思路。 文献资料：有醇类物质参与的有机合成路线图，部分反应产物的核磁共振氢谱图等	诊断学生利用特征现象证明有机反应发生的实验设计能力及利用文献资料收集证据的证据推理能力。 关注点：① 能否基于反应预测设计出正确的实验操作方案（试剂用量、添加顺序和反应条件）或寻找文献中的关键证据；② 能否基于实验现象论证预测成立

从表5-4-1可以看到，教师针对研究有机物性质程序中的核心环节"分析结构""预测性质""验证预测"分别设计了活动表现评价，包括评价目标及评价关注点（评价指标），评价指标中明确了具体的分析角度和思路，并体现了对学生结构分析及反应分析的不同水平预设。在活动设计中，针对预设的指标及活动表现，教师进行了有针对性的追问。这样的活动及评价的一体化设计，使教师能够在课堂上对学生的生成性表现进行有针对性的即时诊断和反馈，促使学生的能力发展逐级进阶，从而使素养发展目标切实落地。

二、基于具体内容主题的评价指标，丰富作业设计思路及题目类型

编制"有机化学基础"模块的单元作业时，需要首先明确相应的评价指标，确定其对应的具体知识点，在此基础上确定设问点。作业题中的情境素材选取和设问还要兼顾内容属性（能源、材料、饮食、健康、环境等实际应用领域）、间接度（给定角度、提示角度、自主角度、多角度）、熟悉度（熟悉原型、简单变式、复杂陌生）。

下面是以陌生复杂的药物（福辛普利）为情境素材的习题示例及评价指标，评价学生对有机化合物性质的实践应用情况。该题中，随间接度和熟悉度的不同，设问（1）（2）（3）分别对应学习理解、实践应用和迁移创新水平的评价指标。

福辛普利（分子结构如图5-4-1所示）是一种新型血管紧张素转换酶抑制剂，能

够使血管紧张素Ⅱ含量减少，血管扩张，从而起到降血压的作用。请你运用所学知识观察和分析该分子的结构，回答以下问题：

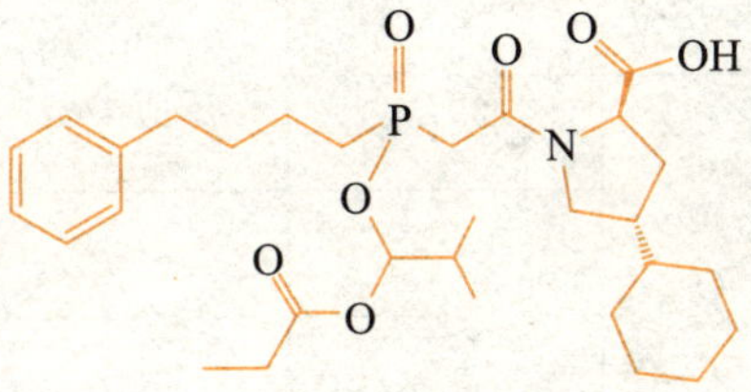

图 5-4-1

（1）请你在图 5-4-1 中圈出福辛普利分子的所有官能团。

【评价指标】（学习理解——辨识记忆）：能辨识陌生有机物中的典型官能团。

（2）根据实验发现，福辛普利显酸性。请你说明原因。

【评价指标】（实践应用——分析解释）：能自主地从官能团角度对陌生有机物的性质进行分析解释。

（3）该药直接对降血压效果较弱，口服后药效缓慢且不能被完全吸收，若将其转变为福辛普利拉（其结构如图 5-4-2 所示），则能够更好地与血管紧张素转换酶中活性部位的 Zn^{2+} 作用，从而迅速抑制血管紧张素转换酶的活性，降低血压。请你推断造成该结果的可能原因。

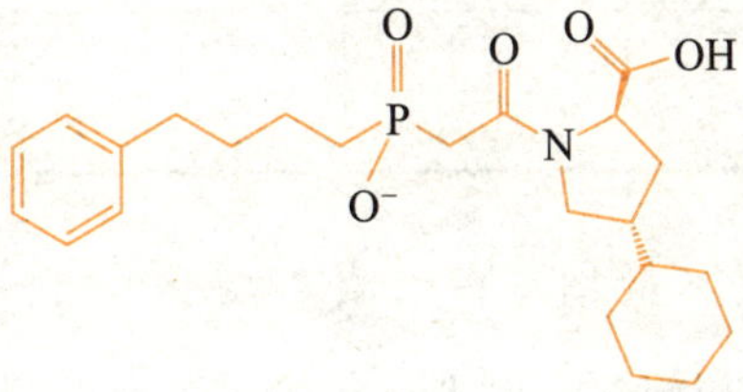

图 5-4-2

【评价指标】（迁移创新——复杂推理）：能基于有机物分子的结构特点对其陌生性质及应用进行复杂推理。

此外，在编制有机化合物主题的单元作业时，应体现对有机化学核心问题的思路方法的考查。例如，学生通过研究陌生有机化合物的性质这一测试题，能获得研究有机化合物性质的一般思路：结构分析→性质预测→性质验证→确定性质，相应的评价指标为"能根据有机化合物分子中共价键的饱和度、极性系统预测陌生有机化合物的活性部位、反应类型及具体反应"。相应的习题示例如下。

当你面对一种新的物质，你将如何研究该物质的性质（燃烧反应除外），请完成表 5-4-2（如果表格不够，可自行加行）。请预测该物质可能发生什么反应，并说明你的预测依据。

表 5-4-2

猜 想 假 设			设计实验进行验证
预测可能的断键部位		预测相应的反应类型	说明具体试剂、条件及产物（可用化学方程式表示）
标出断键部位 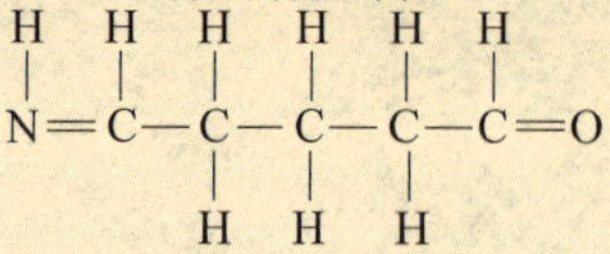	预测依据		
$N=C-C-C-C-C=O$ (带氢原子结构式)			

作业题的评分标准，要保证答案与评价指标的一致性，即只有达到与相应的学科能力水平一致的答案，才能得分，而不是简单地以学生是否答对这一题作为给分的标准。例如，在图 5-4-3 所示的测试题中，评分标准为答出"酚羟基、羧基和苯环的性质，且有预测依据"给 1 分，若学生的答案中"酚羟基、羧基或苯环的性质，或预测依据不全面"则不得分。这是因为该题对应的能力测查指标是系统探究，要求学生能够对多官能团有机化合物的性质进行完整、系统的预测。学生的答案虽然正确，但并未达到系统探究能力水平的要求，因此不能得分。

(2) 已知D的结构为 （邻羟基苯甲酸结构，OH 和 COOH），请你预测其化学性质，并写出预测依据。

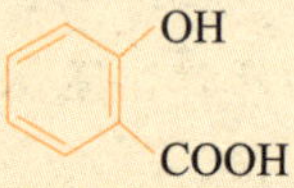

D可能的化学性质	预测依据

图 5-4-3　测试题示例

对一些开放性习题也可以根据需要进行分级评分，如图 5-4-4 所示试题，学生的不同答题表现反映出学生不同的能力水平，因此可以设定多级评分来反映学生的学科能力水平差异，具体如表 5-4-3 所示。

(2) 请你预测1–丙醇可能发生的一个化学反应（用化学方程式表示，燃烧反应除外）＿＿＿＿＿＿＿＿＿＿，请你从结构和性质的关系说明你的预测依据＿＿＿＿＿＿＿＿＿＿＿＿＿＿＿＿＿＿。

图 5-4-4　测试题示例

表 5-4-3　评价标准示例

评 价 指 标	评 分 标 准	能 力（认 识）水 平
B-2：根据醇分子的结构特征对其可能的化学性质进行推论预测	【2分】羟基中 O—H 键的极性强或氢原子活泼 【1分】分子中有羟基或类别	【基于化学键】从化学键的角度认识单官能团有机化合物的化学性质 【基于官能团】从官能团的角度认识单官能团有机化合物的化学性质

有机化学反应类型（单元学习活动及持续性评价）

【单元学习活动规划】

在构建和应用"认识有机化学反应的思路和方法"过程中将挑战性任务拆解为三个课时，共四个活动。第1、2课时是构建"认识有机化学反应的思路和方法"模型，第3课时是运用构建的模型，预测卤代烃的性质和设计制备卤代烃的方法。第1、2课时将知识结构化，第3课时在应用过程中将知识功能化。

【单元具体活动设计】

序　号	教学过程（以任务为线索描述）	与目标的关系
活动1：认识加成反应特点，建构有机反应分析模型	活动1包含3个子任务。 任务1：结合已有加成反应，从反应物、反应产物、反应条件、反应试剂和反应类型等角度认识加成反应特点，建构有机化学反应分析框架。 任务2：以丙烯与氯化氢、乙醛与氢氰酸的加成反应为例，小组讨论分析不对称加成反应，探寻加成反应的电性规律。 任务3：初步应用不对称加成分析思路。利用"有机化学反应分析框架"中各要素的特点及相互联系，通过结构比对和推理得到答案	从多角度对加成反应进行再认识，并在此过程中建立有机化学反应的分析模型。 从键的极性及电荷分布角度分析不对称加成反应，进一步概括提炼加成反应规律
活动2：应用有机反应分析模型概括取代反应的特点	活动2包含3个子任务。 任务1：认识取代反应的特点。通过判断几个熟悉和陌生的取代反应的共同特点，让学生从化学键转化的角度总结梳理取代反应断键和成键特点，关注反映试剂和条件对于取代反应的影响。 任务2：认识取代反应中的电性规律。通过有机物与极性试剂之前发生取代反应时产物的分析，让学生更加深入地从成断键角度认识取代反应的特点。 任务3：深入认识反应试剂和条件对有机化学反应的影响，并利用有机化学反应认识模型概括总结取代反应的特点。学生通过对丙烯和氯气反应产物的预测，进一步体会试剂和条件对反应活性部位的影响以及临近基团给化学键带来的影响	通过从反应物断键、生成物成键特点不断梳理取代反应的特点，深入认识有机物结构与性质的关系。 巩固对反应试剂和条件对有机化学反应影响的认识。 巩固利用有机化学反应认识模型总结
活动3：应用有机反应分析模型发现和分析消去反应	活动3包含2个子任务。 任务1：发现和认识消去反应。通过乙醇与浓硫酸170℃共热产物检验视频，发现消去反应，并结合溴乙烷的消去反应，认识消去反应的特点。 任务2：深化认识消去反应的断成键特点。通过判断有机物能否发生消去反应的练习，强化对于消去反应特点的认识，巩固建立的有机化学反应的认识模型	通过从反应物断键、生成物成键特点不断梳理消去反应的特点、发现和认识消去反应。 通过不断运用有机化学反应的分析框架分析消去反应，巩固认识有机化学反应的全面视角
活动4：应用有机物结构分析模型和有机反应分析模型解决实际问题	活动4包含2个子任务。 任务1：分析1-溴丙烷的结构，预测1-溴丙烷的化学性质，然后小结形成由结构推测性质的分析思路；之后选择合适的反应试剂和反应条件进行性质的验证，形成分析有机化合物的思路方法。 任务2：设计合成1-溴丙烷的制备方法，在具体情境中体会有机化学反应的应用在于制备有机化合物和研究有机化合物的性质，引导学生进一步体会研究有机化合物性质的方法	教师在建构模型的基础上提供具体的应用实例，使学生在具体情境中自主应用模型思路与方法解决实际问题，研究有机化合物的性质

【评价内容与指标】

本单元中，学生对核心概念及知识结构的理解是基础；基于此形成的微观视角与宏微关联是关键；实验与证据推理能力具有重要的方法价值；科学态度与社会责任是根本目标。基于这样的考虑，确定的评价内容和指标如表5-4-4所示。

表5-4-4 "有机化学反应类型"单元学习评价内容及评价指标

评价内容	评价指标
1. 核心概念及知识结构	① 能否正确识别有机反应类型，包括加成反应、取代反应、消去反应、氧化反应和还原反应 ② 能否基于有机化学反应类型，建构认识有机化学反应的思路和方法
2. 微观视角与宏微关联	③ 能否从微观角度分析有机反应中反应物和生成物的结构转化，关注官能团、化学键的饱和性与极性的变化 ④ 能否根据反应认识模型预测有机物的化学性质，包括反应试剂、条件、产物及现象
3. 实验与证据推理能力	⑤ 能否基于有机物的性质预测，设计实验方案，验证有机物的化学性质 ⑥ 能否建立有机化学反应的认识模型，利用模型分析陌生有机反应类型、预测有机物的主要性质
4. 科学态度与社会责任	⑦ 能否从成本、环保和安全性等方面评价和优化，选择制备合成有机物的方案 ⑧ 能否认识到卤代烃对环境和人体产生的危害，对危害较大的卤代烃的有机合成路线进行积极改造

【水平规划与赋值】

（1）对评价内容1和2，预设3个水平。

水平1　只能基于对概念的记忆来识别有机反应类型，无法基于有机化学反应类型建构认识有机化学反应的思路和方法。

水平2　能从微观角度分析反应物的结构，关注官能团和化学键的饱和性，基于官能团和化学键的饱和性预测反应产物，基于官能团的转化判断反应类型。

水平3　能从微观角度分析反应物和生成物的结构，关注官能团、化学键的饱和性与极性的变化，关注反应试剂和条件。能正确识别有机反应类型，并基于有机化学反应类型，建构认识有机化学反应的思路与方法。能根据有机化合物的结构预测其化学性质以及可能发生的反应类型。

（2）对评价内容3，预设3个水平。

水平1　能够机械记忆有机化学反应的认识模型，但不能利用模型分析陌生有机反应类型、预测有机物的主要性质。

水平2　能利用有机化学反应的认识模型系统分析陌生有机化合物的结构特点，预测能发生的反应类型，但无法设计实验进行验证。

水平3　能利用有机化学反应的认识模型主动系统地分析陌生有机物的结构特点，预测能发生的反应类型，并形成由结构预测性质的具体思路和方法。在预测反应和性质时，能关注到反应试剂和反应条件的选择，能通过反应类型的认知模型预测产物。能合理地设计实验验证反应产物，并关注到反应条件（如酸碱性）环境对反应的影响。

（3）对评价内容4，预设3个水平。

水平1　没有明显的态度和责任感变化。

水平2　有一些初步的感受和体验，例如有些化学试剂很贵，卤代烃对环境有污染，但没有意识到可以利用所学知识改进合成路线。

水平3　有较为深刻的感受和责任体验，意识到环保、成本等问题会影响人们的居住环境和化工生产的发展。能主动应用认识有机化学反应的思路和方法，选择合适的反应类型和合理的合成路线。学生在活动中表现出高度投入和较强的代入感，能将自己的学习、方案设计实践与社会发展相关联。

【活动评价建议】

对核心概念和学科观念等评价内容，可以借助教学过程中的黑板贴纸、化学用语书写、化学方程式与反应条件连线等活动中形成的文本，完成指标①②③④的评价。对证据推理等评价内容，可以在有机化合物结构分析、陌生反应产物预测、设计实验验证卤代烃的化学性质时，结合学生的解释、论证和体会，完成指标⑤⑥⑦⑧的评价。本单元中基于活动的评价建议如表5-4-5所示。

表5-4-5　"有机化学反应类型"单元活动评价建议

活　　动	评价建议
加成反应的特点分析	通过方程式书写，探查学生是否对加成反应基本概念有正确的理解；通过加成反应特点的分析，判断学生能否关注反应物的结构特点、反应条件和生成物的结构特点
加成反应产物推测	探查学生能否从键的极性的角度分析反应物及反应试剂的结构特点，推测可能的主要产物；通过学生能否结合资料卡片，根据电性规律分析预测可能的主要产物，诊断学生基于证据推理论证的能力
丙烯和氯气反应产物的预测	学生能否关注到不同的反应活性部位，预测出多种反应产物；学生能否关注到反应试剂和条件对反应活性部位的影响
1-溴丙烷的性质预测和实验验证	学生能否主动系统地分析1-溴丙烷的结构特点，预测能发生的反应类型，并形成由结构预测性质的具体思路与方法；在预测取代反应性质时，学生能否关注到反应试剂和反应条件的选择，能否主动应用取代反应的分析思路预测出产物，正确写出化学方程式；在验证取代反应产物时，学生能否关注到反应条件如酸碱性环境对反应的影响；在预测消去反应性质时，学生能否主动选择反应试剂和反应条件，能否根据信息正确写出反应的化学方程式
设计制备1-溴丙烷的合成路线	学生能否主动应用认识有机化学反应的思路与方法，选择合适的反应类型，能否关注到反应试剂和反应条件的选择；学生能否从成本，环保等角度对合成路线进行选择；学生能否主动运用认识有机化学反应的思路，形成设计制备有机化合物合成路线的方法

（案例提供者：北京理工大学附属中学　叶斐　张雅玲　甄甜丽）

【案例说明】

本教学案例经历了一次备课、一次试讲和一次正式讲的实践环节，在备课、试讲过程后，教师针对学生学习活动表现进行了调整和改进。

在第1课时第1个环节的小组合作任务中，学生以小组讨论的形式尽可能多地列举加成反应，集思广益，既巩固了已有认知，又通过学习借鉴他人经验，丰富拓宽了对加成反应的认识。但由于受学生的知识水平和熟练程度所限，教师试讲时这个环节略显拖沓。在正式讲时，教师课前增加了对已学过的有机化学反应的梳理和总结任务，课堂上的讨论效率大大提高。

试讲时，在分析总结加成反应特点并建立有机化学反应分析模型之后，教师给出两组反应物和反应试剂（丙烯和 HCl，乙醛和 HCN），由学生推测可能的产物，学生分析后得到两种可能的结果，然后教师直接告知正确答案。正式讲时，教师在这一环节建立矛盾冲突，追问学生两种产物有无主次之分，引导学生从键的极性角度进一步探寻加成反应的规律，突出了学生主体活动，学生参与度高，课堂实施效果较好。

从后续单元教学环节来看，由于本节课建构了认识有机化学反应的思路方法，并以卤代烃为例运用该思路方法，后续在进行醇、酚、醛，酸和羧酸衍生物的教学中，学生能够主动地从结构出发，从化学键的极性、饱和性以及基团之间的相互影响等角度，对物质的化学性质进行预测，或者对性质进行解释；能从结构的角度出发，选择合适的试剂盒反应类型，设计合成路线进行目标产物的制备。因此，从后续教学的反馈来看，本节课实现了在本单元教学中方法统领的目标。

 **指导建议**

一、构建多角度认识有机反应的思路模型的教、学、评一体化设计

在有机反应类型的教学中，在活动设计上，教师可以从反应类型的角度切入，引导学生认识有机反应规律，多角度地关注有机反应，包括反应类型、反应试剂、反应条件及反应物与生成物结构的对比、官能团、键的饱和程度及键的极性变化等。在评价设计上，教师要关注学生是否具有上述角度及其运用程度，追问为什么要把反应这样归类，使学生能够自主地从组成变化、物质转化及反应类型的角度认识有机化学反应。教师也可以设置利用反应规律分析解释陌生有机化学反应、有机合成、有机推断等活动。在活动的难度水平上，教师可以根据教学进程适当选择陌生反应、合成路线、功能导向的结构改良等作为任务情境素材，引导学生将认识有机化学反应的思路与方法运用到真实问题解决中，相应的教学案例见教学关键问题5-5中的案例。

二、基于能力测查结果改进学生学习活动及作业设计

以实践应用能力为例，学科能力研究结果表明，学生的推论预测能力稍弱于分析

解释和简单设计能力。教师在日常教学设计中应不局限于分析解释型任务，应使用多样化的学生活动任务类型。尤其在学习新的类别有机化合物时，推论预测型任务应该成为学生的主要活动类型。在学习结构特点和反应类型的基础上，学生非常有必要利用所学的结构和反应的知识对尚且陌生的有机化合物进行结构分析和性质预测的活动。此外，在日常的作业评价中，教师要有意加强习题训练中的推论预测型任务，按照学习进度适当地选择多官能团陌生有机物，让学生进行结构分析和性质预测，测查学生对结构和反应的二级认识角度是否完善，能否进行系统关联和动态转换。

5-5　如何开展"生物大分子与合成高分子"主题的项目教学？

这个教学关键问题将以"生物大分子与合成高分子"为例，探讨有机化学基础模块设计实施项目学习的思路和策略。通过对这个教学关键问题的分析和解决，希望教师能够：

- 了解有机化学基础模块设计、实施项目学习的基本思路。
- 初步掌握有机化学基础模块项目学习设计实施的关键策略。

5-5-1 "探秘核酸"
项目学习课堂
实录片段（张岩）

5-5-2 "蛋白质的
全合成及单晶获取"项目
学习课堂实录片段（常昊男）

5-5-3 "探秘医用胶"
项目学习课堂实录
片段（尚荣荣）

问题的提出

项目教学能够使学生经历成果导向下的综合任务完成过程，形成真实情境下的复杂问题解决思路，因而对培养学生的实践应用及迁移创新能力有着独特的功能和价值。在"有机化学基础"模块教学中，项目教学正越来越受到教师的认同和重视。采用项目教学，使学生体会有机化学的"有趣"和"有用"，感受有机化学的学科核心思想及其对真实世界问题解决的价值，是教师开展项目教学实践探索的原动力。

项目教学给教师也带来了很大的挑战，项目教学强调使学生体验真实问题解决的过程，但从教学的角度还要考虑学生能力素养的发展路径，因此，如何将二者在素养目标的统领下实现融合，是教师在开展项目教学时首先面临的问题。

问题的分析

开展项目教学时，教师的首要任务是寻找一个适合学生的项目学习主题，并规划相应的项目学习成果。教师通常可以从教学内容对学生学科核心素养发展的价值、学科核心知识在生产生活领域中的实际应用等角度切入，进行发散式搜索。

从素养发展的角度来看，"有机化学基础"模块对进一步发展学生的"宏观辨识与微观探析""科学态度与社会责任""科学探究与创新意识"素养具有重要作用。

　　从学生的学科能力发展来看，通过烃及其衍生物的性质和应用、有机化学反应类型的学习，在面对不同情境下的有机化合物性质探究、有机物结构测定、有机合成路线设计和有机推断等化学问题时，能够自主调用有机化合物的核心认识角度，从宏观和微观相结合的视角解决问题。复习课的目标应定位于模型的实际应用，即通过项目学习让学生应用结构分析模型和多角度认识有机化学反应模型解决相关的实际问题。

　　从学科发展的角度来看，随着结构理论和有机反应理论的发展，功能导向的有机化合物结构设计逐渐成为有机合成之外的另一项能够体现有机化学学科在社会发展中实际应用价值的关键任务。有机化学家从人们对有机化合物产品的实际需求出发，设计能满足功能需求的有机化合物分子结构，进而进行有机合成，实现新产品的研发。

　　依据学科能力及其表现理论，无论是功能导向的结构设计还是有机合成路线设计，都是高水平的迁移创新活动，需要动态、系统地调用对有机化合物结构和反应的认识角度和认识思路。因此，教师需要寻找一种来自于真实世界的、学生感兴趣的、含有典型官能团且结构不太复杂的有机化合物，让学生能够围绕该物质从功能、性质、结构、合成等方面展开探究。

📖 问题的解决

一、项目学习主题的确定

　　鲁科版教科书选择来自实际生活的"α-氰基丙烯酸酯"类医用胶作为研究对象，是基于以下几点考虑：医用胶的神奇性能有利于激发学生学习兴趣；分子中的官能团除氰基外，其余均为课标要求的官能团（如图5-5-1）；围绕医用胶的功能、性质、结构、合成等方面展开探究，既能帮助学生梳理巩固常见有机物的性质及转化，又能帮助其形成真实问题解决的思路方法，巩固认识角度和认识思路，达成复习课素养发展的教学目标。因此将项目学习主题确定为"探秘神奇的医用胶"，确定项目学习成果为"设计医用胶的分子结构及合成路线"。

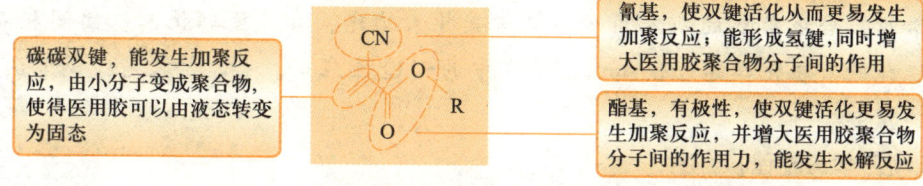

图5-5-1　α-氰基丙烯酸酯类医用胶的结构与性能的关系

　　α-氰基丙烯酸酯类医用胶看似神奇的功能与其分子中的官能团结构密切相关。如图5-5-1所示，分子中的碳碳双键能够在一定条件下发生聚合反应，使小分子有机化合物转化成稳定的高分子；邻近碳碳双键的氰基、酯基等官能团对聚合反应具有催化活化作用，使聚合反应在温和的条件下即可发生，符合人体使用环境；此外，氰基还能够与蛋白质大分子形成氢键，有助于医用胶高分子与人体组织紧密结合；分子中的酯基在一定条件下能够发生水解反应，有利于医用胶在人体内的降解。具备上述结构特点的医用胶，在室温下受到人体组织中的水的引发，可快速聚合，固化成膜，并与创面紧密镶嵌，表现出良好的黏性及止血性能。

二、项目学习活动的设计

项目学习活动应该聚焦项目学习中关键问题的解决来考虑，即活动内容应体现学科思想方法的应用，活动组织顺序应遵循项目成果达成或关键问题解决的逻辑顺序。依照上述活动设计思路和教学目标，"探秘神奇的医用胶"项目引导学生沿着科学家的探究过程，依次经历医用胶性能和结构分析、设计医用胶的分子结构及合成路线、论证医用胶使用的安全性等活动，经历一个完整的项目学习过程。通过上述活动的体验，学生在问题解决的过程中巩固和应用有机化合物结构分析及有机反应的多角度认识思路模型，深刻体会有机化学学科蕴含的创造性魅力，最终达成相应的项目学习目标。

【案例】

探秘神奇的医用胶——体验有机化学的创造性应用

【项目学习目标】

（1）通过经历真实问题解决过程，熟练掌握各类烃及烃的衍生物的结构特点、重要性质及相互转化关系。（必备知识基础）

（2）通过探究医用胶结构与性能关系、讨论医用胶的安全性，应用有机化合物性质分析解释实际现象，巩固学生认识有机物结构的基本角度，尤其是官能团的认识角度和基团间相互影响的认识角度；发展学生运用结构、性质、性能三者关系解决实际问题的能力；深入领会"结构决定性质，性质反映结构"的学科思想。（宏观辨识与微观探析）

（3）通过设计医用胶分子结构、设计医用胶合成路线的活动，进一步巩固认识有机反应的基本角度，主要是反应条件的认识角度；巩固有机合成的一般分析思路和设计合成路线的基本角度，包括碳骨架构建、官能团转化、基团间相互影响等，体验有机化学的理论知识在实践中的创造性应用。（科学探究、模型认知、科学态度）

【项目学习流程】

本项目学习过程包括4个核心环节，分别对应从性能需求探密医用胶的结构及黏合原理，基于使用需求设计医用胶分子结构，设计医用胶合成路线，论证医用胶使用的安全性4个项目学习活动。为了使学生能够顺利完成这4个项目学习活动，将部分项目学习活动细分到具体课时。

第 1 课时

环节	项目学习活动	驱动性问题	能力任务	教学目标
引入	创设情境，明确本节课的项目学习主题——探秘神奇的医用胶，项目学习成果——设计医用胶分子结构及合成路线			
环节 1	1. 从性能需求探密医用胶的结构及黏合原理 1.1 从化学角度解读医用胶的黏合、固化等性能 1.2 建立性能与性质、结构的关联	驱动性问题1：医用胶为什么具有黏合人体组织的神奇功能？	分析解释：从性质、结构角度分析"黏结强度好""常温常压下迅速固化"性能的化学含义。 概括关联：归纳满足医用胶黏合性能需求的分子结构特征	应用性质与结构的关系分析解释性能，建立性能、性质及结构的关联；巩固碳碳双键等典型官能团的结构及性质
环节 2	2. 基于性能需求设计医用胶分子结构	驱动性问题2：怎样设计满足性能需求的医用胶分子结构？	简单设计、说明论证：结合学案资料，小组合作设计符合需求的医用胶分子结构，依据结构、性质和性能的关系论证其合理性	应用多角度分析有机化合物结构和多角度认识有机反应的思路方法，解决有机化合物结构设计问题

第 2 课时

环节	项目学习活动	驱动性问题	能力任务	教学目标
环节 3	3. 设计医用胶合成路线	驱动性问题3：怎样合成医用胶？	系统探究：回顾有机合成的基本思路；小组合作设计医用胶的合成路线并用海报展示，对不同小组的合成路线进行优化完善	应用有机合成的一般思路设计、优化陌生有机化合物的合成路线；应用常见的有机化合物转化关系
环节 4	4. 论证医用胶使用的安全性 4.1 探索医用胶在人体内的代谢 4.2 探讨医用胶分子结构与使用安全性的关系	驱动性问题4：我们设计的医用胶满足安全使用的需求吗？	分析解释、推论预测：小组合作依据资料分析医用胶在人体组织中的代谢条件、代谢产物等。据此进一步探讨医用胶可能存在的安全隐患，为了增强安全性，探讨医用胶的结构改进方向	应用多角度认识有机反应的思路论证人体内医用胶的代谢及使用安全性等实际问题；巩固重要的有机反应规律
小结	回顾对医用胶性能、性质、结构、合成的探索之旅	梳理结构、性质、性能三者的关系，体会科学家的研发思路		整合结构、性质、性能三者的关系，探秘实际应用领域中有机化合物的研发思路

【项目学习实施】

下面以第 1 课时为例，呈现项目活动过程中的师生关键行为，从【行为记录】中可看出活动实施的效果。

环节 1 从性能需求探密医用胶的结构及黏合原理

【教师讲解，提出驱动性问题 1】理想的医用胶通常应满足以下性能需求：在有血液和组织液的条件下可以使用；在常温常压下可以快速固化实现黏合；具有良好的黏合度及持久性；黏合部分具有一定的弹性和韧性；安全、可靠和无毒性，等等。医用胶为什么具有黏合人体组织的神奇功能？

【布置任务】请各小组同学利用"资料卡片"所提供的信息，结合对有机化合物结构与性质的认识，完成以下任务。

（1）从物质结构和性质的角度解读"在常温常压下可以快速固化实现黏合""良好的黏合度及持久性"等医用胶性能需求的含义，概括满足上述性能要求的有机化合物在分子结构上应该具备哪些特征，将讨论结果填入表 5-5-1 中。

表 5-5-1　医用胶性能、性质及结构特征分析表

医用胶性能	相应有机化合物的性质特征	相应有机化合物的结构特征
在常温常压下可以快速固化实现黏合		
良好的黏合度及持久性		
……		

（2）分析 504 医用胶的分子结构，解释其黏合作用的原理：该医用胶分子中含有哪些官能团？官能团之间有什么影响？官能团在黏合过程中分别起什么作用？黏合过程中发生了什么反应？反应的条件是怎样的？

资料卡片

资料 1

α-氰基丙烯酸酯是一类瞬时胶黏剂，具有单组分、无溶剂、黏结时无须加压、黏结后无须特殊处理、常温可固化、固化后无色透明且有一定的耐热和耐溶剂性等特点。其中，α-氰基丙烯酸甲酯（俗称 501）、α-氰基丙烯酸乙酯（俗称 502）的聚合速率较快，但对人体组织的刺激性和毒性较大，被用作普通的"瞬干胶"。α-氰基丙烯酸正丁酯（俗称 504）、α-氰基丙烯酸正辛酯（俗称 508）既有较快的聚合速度，对人体细胞几乎无毒性，同时还能与比较潮湿的人体组织强烈结合，被用作"医用胶"。

α-氰基丙烯酸甲酯　　α-氰基丙烯酸正丁酯

资料 2

氰基（—CN）中的碳原子和氮原子通过三键相连接，这一三键给氰基以相当高的稳定性，使之在通常的化学反应中都以一个整体存在，目前许多临床使用的药物都含有氰基。氰基具有较强的极性，对碳碳双键具有活化作用，使其在常温常压下即可发生加聚反应。氰基体积小，约为甲基的 $1/8$，因此氰基能够深入蛋白质内部与蛋白质的氨基、羧基形成较强的相互作用——氢键。

学生以 4 人小组的方式展开讨论，完成学案，之后进行小组汇报和交流。

【学生观点1：溶剂挥发】我们组认为医用胶在容器中是液态，所以它应该是只有接触到空气或皮肤时才会变成固体，表现出现黏性，有机体里面有大量水分，医用胶的黏性有可能与水有一定的关系。我们还考虑到也可能医用胶里面有溶剂，是类似于酒精的物质，在空气中溶剂迅速挥发，然后剩下溶质就变成固体了。

【学生观点2：发生化学反应】我们组认为，固化可能有化学反应发生，生成了固体，比如复分解反应生成难溶的盐。再如，我们原来说羟基越多熔点越高，如果羟基数量特别庞大的话，熔点就会变高，它就能从液态变成固态。

【教师分析论证学生的思路，并追问、提出分析型问题】两组同学都认同黏性是通过固化实现的，尝试对黏性和固化进行解释，并提出两种可能的固化路径，一是溶剂挥发，二是发生反应。那我提示同学们，溶剂挥发需要吸热会导致温度变化，这对创口皮肤可能会有刺激，所以第一种猜想成立的可能性不大。第二组同学，你们是怎样想到会发生反应的？

【持观点2的学生补充说明】资料卡片提供的医用胶分子中有碳碳双键，我们想可能是加聚反应导致的固化，因为加聚能让小分子变成高分子，高分子通常就是固态的。但有个问题，加聚反应通常需要高温高压的条件才行，人体中不可能提供这样的反应条件。

【教师概括分析角度和思路，追问和反问、提出预测型问题】很好，同学想到了生成高分子，这样的话就能"速干"，即迅速凝固。我觉得特别棒的是，刚才同学还想到试剂和条件。工业生产中加聚反应确实条件苛刻，但只要反应能发生，我们可以想办法寻找温和的反应条件，那同学们想想，加热加压的目的是什么？（学生：加快反应速率。）我们还可以用什么方法加快反应？（学生：用催化剂？）对了，用催化剂或引发剂，你们看使用医用胶时也没往里面加什么其他物质了？催化剂或引发剂在哪里呢？（学生顿悟：可能是空气或者皮肤里面的物质。）非常好，研究者就是循着这个思路，想办法通过空气中的水催化或引发反应。

【教师追问、提出设计型问题】我们对医用胶的反应有了共识，请同学们进一步思考，为什么变成高分子了就能变成固态，你能从微观角度解释吗？

【学生观点1：材料内部分子间作用力】我们以前学过物质的三态，固态分子间作用力最强。高分子之间结合紧密，黏性强。如果是网状高分子，链和链之间通过化学键结合，作用力更强，结合得更牢固。

【学生观点2：材料和人体组织的分子间作用力】黏性强，除了因为高分子之间有较强的作用力，还因为高分子与皮肤组织的分子之间存在较强的作用力，这样才能使医用胶固化后紧密地附着在皮肤创口表面。

【教师概括分析角度，追问、提出设计型问题和分析型问题】这两位同学从微观角度来解释黏性，非常好。他们想到成键和分子间作用力。就是说医用胶分子之间、医用胶和皮肤组织的分子之间需要形成一种作用力。聚合就是让小分子变成高分子，高分子间作用力比较强，那么我们能让这些作用力尽可能再强一些吗？结合资料进一步思考。

【学生观点3：氢键】那就是氢键了。氢键是一种比普通分子间作用力还要强的作用力，比如羟基这样的官能团，就能使分子间形成氢键。从资料我们可以看出，医用胶的氢键是医用胶氰基与皮肤组织分子的氨基之间形成的。

【教师引导学生概括归纳】从化学角度解释医用胶性能，建立其性能与性质、结构的关联（表5-5-2）。

表 5-5-2　医用胶性能与性质、结构的关联

医用胶性能	相应有机化合物的性质	相应有机化合物的结构
常温常压下可以快速固化实现黏合	单体能在温和的条件下发生聚合反应	单体分子中含碳碳双键，相邻部位还含有能使双键活化的官能团——氰基
良好的黏合强度及持久性	常温呈固态，与人体组织表面的分子间能形成较强作用力	高分子，分子间作用力大；分子中含氰基，氰基中的氮原子可以与其他分子中羟基或氨基上的氢原子形成氢键

点评分析：此环节中，学生从化学角度解释医用胶性能时，较易从笼统的物理或化学性质的角度解释医用胶的固化，教师提出分析型问题后，他们才能够进一步从结构官能团及对应性质反应的角度进行较为深入的分析解释。师生互动过程中，教师不急于给出问题答案，通过持续追问引导学生调用官能团、基团间相互影响、官能团的典型性质、化学反应的条件等认识有机物和有机反应的核心角度，最终由学生自主建立性能、性质、结构之间的关联。活动过程师生互动有效促进了学生问题解决思路的形成，较好地达成了教学目标。

环节2　基于性能需求设计改良医用胶分子结构

【教师讲解，提出驱动性问题2】在医用胶的使用过程中，人们发现仍然存在一些问题，如单体聚合放热对细胞和人体组织存在潜在危害，聚合后的薄膜柔韧性不够，从而导致黏结性能降低或使用部位受限等，因此需要对医用胶进行结构改良来提高其柔韧性和生物相容性等性能。怎样设计满足性能需求的医用胶分子结构？

【布置任务】仍以α-氰基丙烯酸酯类医用胶为例，请同学们利用"知识支持"栏目中的提示，设计出尽可能多的符合性能需求的医用胶的分子结构。

知识支持

　　研究发现，医用胶分子中的酯基部分的变化会影响其耐水性、柔韧性、降解性等性能。例如，增长酯基碳链有助于柔韧性提升并降低其聚合热；在酯基部位引入易水解的官能团有利于改善降解性能；增长丙烯酸部分的碳链有助于延长医用胶的固化时间。

学生继续以4人小组的方式展开讨论，将设计出的医用胶分子结构写在白纸上（图5-5-2），汇总后进行小组汇报和交流。

【学生汇报设计结果1】我们设计单体结构为A，增加了一个能水解的酯基，增长了酯基碳链，这样就能改善降解性能和柔韧性，还有降低聚合热。

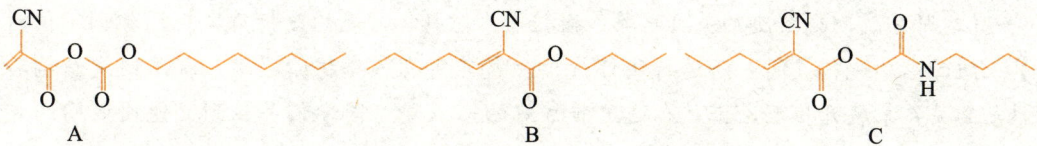

图 5-5-2　学生对医用胶进行改良设计的结果示例

【学生汇报设计结果2】我们设计的单体结构为B，在两端都增加了碳链，主要是考虑延长固化时间和改善柔韧性、降低聚合热。

【学生汇报设计结果3】我们设计的单体结构为C，增加了能水解的酰胺键官能团，增长了丙烯酸部分的碳链，能改善降解性能、延长固化时间。

【教师简单概括分析角度，反问、提出论证型问题，追问、提出分析型问题，并为学生进行示范，给学生提示分析和反思的角度】同学们能很好地利用资料对医用胶进行结构改良，并且能迅速地将结构和性能关联起来。我还想问同学们，你们认为这些改良后的结构是否合适，有没有要向其他组提的问题？比如老师就想问一个问题，这里面好几个组都增长了碳链，但长度好像不一样，有的组加了四个碳，有的组画了很长的碳链，数数大概有十几个。这个问题你们是怎么考虑的？为什么要增长碳链，可以随意增长碳链吗？

【学生回答碳链增长的原因，外显结构性能关联的思路】增长碳链意味着相对分子质量增大，分子间作用力增大，有机化合物的状态也有可能变成固态，这样就不符合医用胶在使用前应为液态这个要求了，所以我们认为不能随意增长碳链。

【教师概括分析思路并继续追问、提出分析型问题】对的，我们从性能改善的角度考虑结构改良设计，但同时不能忽略了医用胶的基本性能要求，那就要回到新的结构考虑它与性能的关系，会不会产生一些新的不利影响。同学们还有其他问题吗？

【学生沿着教师提问的思路，对比按照同一改进方向设计出的不同结构，提出相应问题】我对A和C也有个疑问，增加的易水解基团应该和原来一样还是不同，还是都可以？还有就是增加多少个合适？

【学生从官能团相互影响的角度关联结构与性质，回应提问】我觉得尽可能增加一样的比较保险，因为酰胺键和酯基相互影响会怎样，我们没学过，不好把握。至于加几个，我认为没必要加太多，加多了分子量又上去了，而且还要聚合，聚合后高分子里会有更多的酯基。

【教师继续追问、提出分析型问题】同学们观察得很仔细，通过结构对比，思考差异背后的原因，你们观察到A、B、C还有其他不同吗？你们对这些差别又是怎么考虑的？

【学生从官能团相互影响的角度高水平关联结构与性质，回应提问】我们组在增加水解基团时考虑过，是让两个基团相邻还是隔开（中间相隔1~2个烷基碳），后来我们考虑隔开比较合适，因为相邻的话，基团间相互影响，有可能会影响水解的难易，所以我们认为，A分子的结构（两个酯基）中间应该增加碳原子，像C的结构就比较好，但C的碳链估计有点太长，不知道还是不是液态物质。

【教师总结问题解决的关键思路，概括学生对具体问题的分析角度】同学们不仅对其他组的结构进行提问，还进行了评价，大家其实有一个核心思路，就是围绕结构和性质的关系来展开推理论证。在这里非常好的一点是，同学们关注到官能团之间的相互影响，进而提出了更多在结构改良时要注意的问题，比如碳链不要过长；又如两个酯基之间要有烷基碳隔开，同时碳原子也不能太多；再如水解基团要尽量用相同的。当然，如果我们查到文献酯基和酰胺键没有相互影响，那就还是能用的。

【教师用文献资料对学生的表现进行肯定，增强学生学习效能感】其实，老师查阅了一些资料，发现现在真的有酰胺类的医用胶，同学们的表现很棒，可以像科学家一样讨论问题了！老师查阅了关于α-氰基丙烯酸酯类医用胶结构改良的文献，这是几个改良后的医用胶分子（图5-5-3），研究者已经做过性能实验，证明效果良好，大家看是不是和你们设计的结构很像！

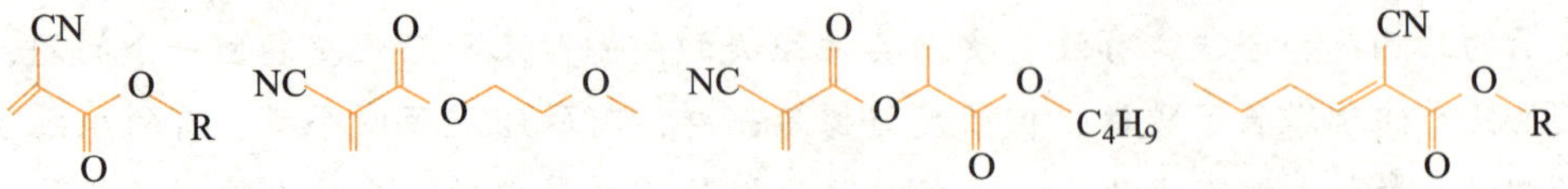

图5-5-3　文献中"α-氰基丙烯酸酯类医用胶"改良后的分子结构示例

点评分析：此环节中，教师作为引导者和支持者帮助学生解决问题、完成任务，学生经历了功能导向的有机物分子结构设计之后，能否从基团间相互影响的角度对分子结构进行改进，对学生来说既是难点也是障碍点。教师让学生对比不同小组设计的结构的差别，引导他们分析这种差异背后可能存在的问题，学生在论证过程中应用基团间相互影响对性质、性能可能造成的影响的思路，不断深入地分析和论证所设计结构的合理性。教师多次反问和追问有效地促进了学生不断完善分析问题的思路，从而使解决问题的能力得到提升。

（案例提供者：北京市丰台区第二中学　张岩　陈松）

【案例说明】

本项目经过二轮次教学实施，通过教师教学行为分析得到以下启示。

项目实施过程中，教师的提问有助于学生外显思维路径。如通过"如果是化学变化的话，你会想到什么样的反应？""你想用什么样的聚合方式？"等分析型问题，引导学生推进项目；通过"为什么？理由呢？""加聚为什么就容易实现了？"等追问，引导学生外显推理路径，或探查学生思路的起点，帮助学生运用相关认识角度解决问题和外显认识思路。

教师对学生发言内容的观点提炼、概括或追问也有助于学生的认识角度和思路的发展。教师通过提炼观点呈现更多的思考路径，通过复述帮助学生将认识角度和思路外显出来。通过引导为学生做思考路径的示范，给予学生思路方法方面的收获。

在项目教学中，学生得到项目成果的过程需要经历项目拆解、寻找关键问题、解决关键问题等环节。在该项目中，项目拆解过程的核心是将实际问题转化为化学问题，关键问题是建立微观结构与宏观性能的联系，找到结构、性质、性能的关系。学生解决问题既需要知识基础，更需要认识角度和认识思路的支撑，即知识、认识角度、认识思路构成了学生完成项目的工具。在该项目中，官能团、基团间相互影响等有机物及其性质的认识角度，官能团转化、碳骨架构建等有机合成的认识角度和一般思路，是设计医用胶单体结构、合成路线的工具。

教师在项目实施过程中应如何帮助学生获得工具？教师要给予学生充足的时间与足够的机会挖掘并运用认识角度和认识思路。教师给学生提供充足的时间自主思考与讨论交流，运用相关的认识角度解决问题，帮助学生外显认识思路。在实施过程中，教师通过陈述提醒学生关注真实问题的限定条件，对陌生情境给学生提供信息支持，通过提问驱动学生在真实情境中思考，通过询问或追问使学生产生更多想法，在真实问题情境中深刻体会化学学科的价值，建立结构、性质、性能三者关系的思维模型。

🖊 指导建议

在项目学习的整个教学实施过程中，从学生活动表现可以看出，教学核心环节的驱动性问题和能力任务能够较好地满足学生的素养发展需求，教师的高频次反问、追问等行为，一方面有效促进学生应用核心知识解决问题，进一步巩固对所学知识的理解，另一方面，学生不断反思问题解决过程中的认识角度和认识思路，并将其完善并外显。整个项目学习实现了复习课"知识结构化、问题解决思路化"的功能。

开展项目教学对教师来说，是一种尝试也是一种挑战，需要在实践过程中不断改进。本案例在试讲阶段的课后访谈中，学生反映他们认为最神奇的是医用胶性能和微观分子结构的关系，但课堂上没有把这个问题展开讨论，使得他们没有机会应用"结构决定性质"的思路自主发现宏观性能的微观本质。针对上述访谈结果，教师在正式讲时将活动进一步调整和细化，教学效果显著提升。

通过实践我们总结了项目教学设计和实施的基本方法与思路：基于素养目标，深入挖掘情境素材的素养发展价值，确定具有挑战性的项目学习主题；发现学生在真实问题解决过程中的关键发展点，设计有针对性的项目学习活动；开发整合项目学习资源，支持项目学习活动开展，促进项目学习目标达成。应用上述方法研发新的教学案例，值得教师在实践中持续探索。